Bernhard Riggenbach

Das Chronikon des Konrad Pellikan

D1693376

Bernhard Riggenbach

Das Chronikon des Konrad Pellikan

ISBN/EAN: 9783959136785

Auflage: 1

Erscheinungsjahr: 2015

Erscheinungsort: Treuchtlingen, Deutschland

Literaricon Verlag Inhaber Roswitha Werdin, Uhlbergstr. 18, 91757 Treuchtlingen,

www.literaricon.de

Das Chronikon

DES

KONRAD PELLIKAN

ZUR VIERTEN SÄKULARFEIER

DER

Universität Tübingen

HERAUSGEGEBEN

DURCH

BERNHARD RIGGENBACH
phil. Dr., theol. lic., Pfarrer.

———————

BASEL
BAHNMAIER'S VERLAG
(C. DETLOFF)
1877

Memoria neque indignum neque inutile.
S. 157.

DRUCK VON J. HUBER'S BUCHDRUCKEREI IN FRAUENFELD

Der

EHRWÜRDIGEN ALMA MATER

Eberhardo-Carolina

als Festgruss

GEWIDMET

VON

IHREN DANKBAREN SÖHNEN

IN DER

SCHWEIZ

VORWORT.

Von dem ersten Schweizer, der in Tübingen im Jahre 1477 studirt hat, heisst es in der Matrikel «nondum dedit», er habe seine Gebühren noch nicht bezahlt. Ich kann es füglich den Mathematikern vom Fach überlassen, auszurechnen, zu welch' ungeheurer Summe diese Schuld in 400 Jahren angewachsen. Vom Abzahlen ist ja ohnehin nicht die Rede; nicht Abrechnung will die «alma mater» an ihrem Ehrentage mit den Söhnen halten, aber billig darf sie verlangen, dass Jeder auf's Neue es anerkenne, wie viel er selbst, und wie viel das geistige Leben seines Stammes von Alters her ihr zu verdanken habe. Einen solchen Dankesgruss soll die vorliegende Schrift der Tübinger Hochschule aus der Schweiz bringen. Wir bieten in ihr die bisher noch nicht veröffentlichte Selbstbiographie Konrad Pellikan's, erläutert und ergänzt aus ungedruckten und gedruckten Quellen: ein Denkmal mithin aus einer Zeit, wo Schwaben und die Schweiz in besonders lebendigem und segensreichem Verkehr mit einander stunden.

Pellikan selbst (geb. 1478, † 1556) hat zu Ende des XV. Jahrhunderts während eines mehrjährigen Aufenthaltes in Tübingen, eng befreundet mit den hervorragendsten Lehrern der jungen Universität, den Grund zu seinen linguistischen Studien gelegt; später hat er zu zwei Malen in Basel und schliesslich während dreier Jahrzehnte in Zürich als hochgeschätzter Lehrer gewirkt und ist mithin wohl der Erste gewesen, der Tübingische Wissenschaft für die Schweiz in hervorragender Weise fruchtbar gemacht hat. Der beste Beweis für die Anerkennung, welche die Zeitgenossen seinen hohen persönlichen Eigenschaften und seinen bedeutenden wissenschaftlichen Leistungen zollten, ist der Umstand, dass Tübingen im Jahre 1535 sich sehr anstrengte, ihn für einen theologischen Lehrstuhl zu gewinnen. Allein Pellikan war zu sehr mit der schweizerischen Reformation verwachsen, als dass er sich in seinen vorgerückten Jahren noch hätte losreissen können. Immerhin bleibt seine Person für Tübingen von Interesse und dürfen wir hoffen, dass unser Festgruss der «alma mater» nicht ganz unwerth sei. Was der Herausgeber an Arbeit auf die Schrift verwendet hat, möchte er gerne als ein geringes Zeichen seiner persönlichen Dankbarkeit für vieles von Tübingen Empfangene angesehen wissen.

ARISDORF, am 24. Juni,
dem Geburtstag des schwäb. Reformators
JOHANNES BRENZ.

BERNHARD RIGGENBACH.

EINLEITUNG.

--- --

A. LITTERARISCHES.

1. Die Handschrift und ihre gegenwärtige Veröffentlichung.

Die Handschrift, welche hier zum ersten Mal vollständig zum Abdruck gelangt, befindet sich auf der Zürcher Stadtbibliothek und ist mir von der Aufsichtsbehörde derselben mit gröster Bereitwilligkeit zur Verfügung gestellt worden. Es ist ein mit der Signatur A. 138 versehener, in Pergament gebundener mässiger Quartband. Die engbeschriebenen Blätter sind von Pellikan selbst am untern Rand mit den Nummern 1 bis 76 bezeichnet, und oben an der ersten Seite steht der Titel: Chronicon C. P. R. ad filium et nepotes 1544. Die Schriftzüge sind in dem Hauptbestandtheil der Chronik, wenn auch nicht gerade sehr deutlich, so doch sauber; auf den letzten Blättern dagegen tragen sie — wie übrigens auch der Inhalt -- den Charakter flüchtig hingeworfener Tagebuchbemerkungen an sich. Pellikan hatte nämlich den Bericht über seine Erlebnisse bis 1545 in den Jahren 1543 und 1544 mehr oder weniger aus einem Guss niedergeschrieben, den Schluss dagegen hat er mit zitternder Greisenhand Jahr für Jahr nachgetragen. Das letzte Ereigniss, das er berichtet, fällt in den Herbst 1555. Die kurze Notiz über seinen Tod und über die Wiederbesetzung seiner Professur ist von der nämlichen

Hand wie die in dritter Person von ihm redenden Marginalien der ersten Blätter (bei uns S. 1—13), wahrscheinlich von der Hand seines Sohnes Samuel. Dieser und seine beiden Söhne Konrad und Leonhard standen im Zürcher Kirchendienste. Nach der Angabe Leus (helvet. Lexikon: Artikel Pellikan, XIV, 423 ff.) ist das Geschlecht schon im Jahre 1692 ausgestorben. Im vorigen Jahrhundert kam das Chronikon in den Besitz des feingebildeten Landvogtes J. J. Zoller, der es durch den damaligen französischen Pfarrer Gesner von Zürich kopiren liess und es dann sammt der Abschrift der Stadtbibliothek schenkte. Da die ursprünglich etwas mangelhafte, aber gut lesbare Kopie (F. 146) durch Herrn Prof. Dr. Salomon Vögelin, Vater, vor 20 Jahren bei der nachher zu erwähnenden Veranlassung auf das Allergenaueste nach dem Original verbessert worden ist, so habe ich nur in zweifelhaften Fällen die Handschrift Pellikans selbst zu Rathe ziehen müssen.

Es fragte sich bloss, ob ich bei meiner Arbeit so wie Vögelin bei der seinigen verfahren, d. h. die Orthographie und Interpunktion des Originals getreu wiedergeben sollte. In diesem Falle wäre es mir prinzipiell nothwendig erschienen, auch die Abkürzungen Pellikans beizubehalten, und so entschloss ich mich, den Bedürfnissen der heutigen Leser möglichst entgegenzukommen und sowohl in die sehr inconsequente Schreibweise als auch in das Labyrinth der Satzzeichen einige Ordnung zu bringen; selbst auf die Gefahr hin, bei derjenigen Richtung in Ungnade zu fallen, welche den Werth eines Historikers fast ausschliesslich nach der diplomatischen Genauigkeit der von ihm mitgetheilten Aktenstücke zu bemessen pflegt. Immerhin glaube ich versichern zu dürfen, dass meine Arbeit, wenn auch nicht buchstäblich, so doch wörtlich genau ist. Absichtlich habe ich bei den Eigennamen die Orthographie des Originals beibehalten, ausgenommen die Auflösung der Endung e in ae bei Ortsnamen. In Betreff des Styls, den Leu a. a. O. in einer mehr für seine eigene als für Pellikans Latinität charakteristischen Weise „saubere lateinische Redensart" nennt, habe ich Fehler weder corrigirt noch mit einem pedantischen sic! zu schulmeistern gewagt. Wer solche sic! liebt, kann ja sein

Exemplar nachträglich selbst damit verzieren und auch alle Missgriffe des Herausgebers so anzeichnen.

Kritische Leser werden mir vor Allem da und dort Verstösse gegen die vorhin genannten Grundsätze nachweisen können, aber sie werden auch so billig sein, dieselben mit der Erwägung zu entschuldigen, dass das Vorliegende als Gelegenheitsschrift zu bestimmtem Termin fertig gestellt werden musste. Diesem Umstande ist auch die Grösse des Druckfehlerverzeichnisses sowie die Unvollständigkeit und Ungleichmässigkeit der Anmerkungen zuzuschreiben. Es ist mir nämlich erst durch die Veröffentlichung Geigers in den Theologischen Jahrbüchen 1876, S. 202 ff.: „Wie Konrad Pellikan hebräisch lernte" (s. unten S. 14, Anm. 1) der Gedanke nahegelegt worden, die schon mehrfach von den Historikern der Reformationszeit gewünschte Herausgabe der Pellikan'schen Selbstbiographie auf das Tübinger Jubiläum zu veranstalten. Wäre die Universität Tübingen nur ein Jahr jünger, so hätte ich das gedruckte und ungedruckte Material über Pellikan und über die in seinem Chronikon vorkommenden Personen und Ereignisse natürlich weit erschöpfender benutzen können. So musste ich mich damit begnügen, zu geben, was ich eben während der kurzen Zeit in Erfahrung bringen konnte. Dass der aufmerksame Blick der Sachverständigen auch ausserhalb des Pellikan'- schen Textes verhältnissmässig viel Interessantes finden wird, ist vorzüglich der selbstlosen Liebenswürdigkeit des genannten Herrn Prof. Vögelin zu verdanken, der nicht müde wurde, aus den reichen Fundgruben Zürichs für meinen Zweck zu schöpfen. Unter dem mir von ihm zugewiesenen Material war mir besonders eine Sammlung von 50 der wichtigsten Briefe von und an Pellikan sehr nützlich und bequem. Dieselbe stammt von Salomon Hess, dem Biographen des Erasmus, welcher sie sammt einem ziemlich verwässerten Auszug aus Pellikans Chronikon s. Z. herauszugeben beabsichtigte. Das Manuskript befindet sich im Besitz der Stadtbibliothek in Zürich und trägt die Signatur G. 337. Die wichtigeren Briefe, die es enthält, habe ich, ehe ich Stellen daraus abdruckte, in der so überaus schätzbaren Simler'- schen Sammlung nachgeschlagen. In Basel haben mich die Herren

Erziehungsrath Dr. Sieber und Staatsschreiber Dr. Göttisheim bei meinen bezüglichen Arbeiten auf der öffentlichen Bibliothek und im Staatsarchiv mit ausgezeichnetem Wohlwollen unterstützt.

Die litterarischen Hilfsmittel, soweit sie nicht in dem folgenden Abschnitt dieser Einleitung erwähnt sind, habe ich jeweilen gewissenhaft citirt. Von besonderem Werth sind mir die Basler Chroniken (I. 1872) gewesen und zwar nicht sowohl wegen des Textes als wegen der reichhaltigen und zuverlässigen Anmerkungen des Herrn Prof. Dr. Wilhelm Vischer. Eine Wohlthat, welche dieses mustergiltige Buch dem Forscher bietet, habe ich bei vielen andern Werken schmerzlich vermisst: ein alphabetisches Personenregister. Natürlich habe ich nicht versäumt, der vorliegenden Schrift ein solches beizugeben, um ihre Benutzung als Quelle für die Kirchen-, Kultur- und Litteraturgeschichte des Humanismus und der Reformation und somit auch etwaige Ergänzungen Seitens der Fachgenossen möglichst zu erleichtern. Eine derartige fortbauende Benützung meiner Arbeit erwarte ich um so freudiger, als ich es mir vorbehalte, gelegentlich eine anschauliche Biographie Pellikans zu schreiben.

2. Bisherige Biographieen Pellikans und Benützungen seines Chronikons.

Die älteste Biographie Pellikans, die wir besitzen, ist der Artikel Conradus Pellicanus in der Bibliotheca universalis sive catalogus omnium scriptorum, autore Conrado Gesnero Tigurino, doctore medico. Frosch. 1545, fo. 183 b—185 a. Eine Menge von Ausdrücken, welche im Chronikon wiederkehren, leisten den Beweis, dass dieser Artikel der Hauptsache nach von Pellikan selbst geschrieben, und von Gesner bloss der anerkennende Schluss hinzugefügt worden ist. Vielleicht ist gerade bei Gelegenheit dieser Skizze, die Pellikan für die werthvolle Gallerie seines Freundes zu liefern veranlasst wurde,

der Gedanke an eine ausführliche Darstellung seines Lebens in ihm
entstanden. Vom Chronikon durchaus unabhängig und schon darum für uns
besonders schätzbar ist ein anderes Lebensbild Pellikans. Johannes
Fabricius[1]) nämlich, der seine Studien in Zürich gemacht hatte und
eine Zeit lang Pellikans Hausgenosse gewesen war, hatte als praepositus studiosorum bei der zu Pellikans Ehren veranstalteten aka-
demischen Feier eine Gedächtnissrede gehalten. Er dachte damals
nicht daran, dieselbe zu veröffentlichen, kam auch schon im Jahre
nach Pellikans Tod von Zürich weg und wurde Pfarrer in Chur. Als
ihm nun dort im Jahre 1562 die Lobrede des Josias Simler auf
Martyr (s. *Schmidt:* Peter Martyr Vermigli S. 290) zu Gesichte kam,
da fühlte er es wie eine Schuld, dass er seine Rede auf Pellikan
zurückbehalten, und er machte sie sofort im Jahre 1563 mit einer
Vorrede an Pellikans Enkel Konrad druckfertig. Aus der Publikation
wurde aber wiederum nichts. Fabricius starb am 6. Sept. 1566 und
hinterliess das Manuscript seinem Freunde Tobias Eglinus. Dieser
starb jedoch im nämlichen Jahr, und nun kam dessen Sohn, der
durch seine wechselvollen Schicksale bekannte Raphael Eglinus
Iconius (vgl. *Heppe* in Herzogs Realencykl. XIX, 456 f.) in den
Besitz der Handschrift. Allein auch dieser fand erst im Jahre 1608
als Doctor und Professor der Theologie in Marburg die nöthige
Musse, um im Anschluss an seine genealogia Dn. n. Jesu Christi die
Rede des Fabricius herauszugeben. Er widmete sie Pellikans anderem
Enkel, Leonhard, Pfarrer in Kappel. Diese historica Johannis Fabricii
Montani oratio, qua et vita reverendi in Christo patris Conradi
Pellicani et brevis temporis illius res continentur, Marpurgi e typo-

---

[1]) Vgl. über ihn, ausser der im Register angegebenen Stelle des Chronikons, das Lexikon von *Leu* VII, 5 und *Pestalozzi:* Leo Judä S. 92. · Er war
Leo Judäs Schwestersohn, gebürtig aus dem von Pellikans Heimat Ruffach
bloss 6 Stunden entfernten Bergheim im Elsass und wird daher auch Montanus genannt.

gráphia Guolgangi Kezeľii MDCVIII, in 4°, E 3 hat als seltenes Stück wieder abgedruckt J. J. Ulrich in seinen Miscell. 'Tigur. III, 413—439. Da Fabricius glaubwürdig erklärt, Alles, was· er aus Pellikans Leben mittheile, beruhe auf dessen eigener mehrmaliger Erzählung, so ist seine Rede als eine sehr erwünschte Ergänzung des Chronikons von uns mehrfach benutzt worden.

Während dieses Lebensbild Pellikans in dem Pulte des Eglinus, wie er selbst gesteht: diutius delituit, war im Jahre 1582 bei Froschauer in Zürich eine neue Auflage der Pellikan'schen Kommentare erschienen und mit ihr als würdigste Einleitung ein guter Auszug aus dem Chronikon von der Hand des verdienstvollen Antistes Ludwig Lavater († 1586), des Schülers und Freundes von Pellikan. Die Arbeit Lavaters wurde, freilich mit bloss beiläufiger Nennung des Verfassers, weitern Kreisen zugänglich gemacht von Melchior Adam in seinen vitae Germanorum Theologorum. Heidelb. 1620, p. 262—299, und auf Adam haben sich dann die Historiker bis auf die neueste Zeit gestützt.

Mittlerweile war von dem Fortsetzer der J. G. Müller'schen „Bekenntnisse merkwürdiger Männer von sich selbst" im VI. Band 1810, S. 1—186 der grössere Theil des Chronikons in ziemlich guter deutscher Uebersetzung erschienen, und hatte Salomon Vögelin für das Zürcher historische Taschenbuch von 1858 (S. 139—204) die von der Jugendbildung, von den Reisen und dem häuslichen Leben Pellikans berichtenden Stücke trefflich übersetzt, es dabei aber deutlich ausgesprochen, dass „eine Veröffentlichung des ganzen Werkes in der Ursprache für die Geschichte der Gelehrtenbildung sowie für die Reformationsgeschichte wünschbar" wäre. Von Salomon Vögelin sind auch die Mittheilungen über Pellikan in dem Neujahrsblatt der Zürcher Stadtbibliothek 1871. Das Original des dort als Titelblatt ·stehenden Bildes Pellikans ist nach den Ausführungen des Kunsthistorikers S. Vögelin, Sohn, Neujahrsblatt der Stadtbibliothek 1875, S. 4 f., ein Werk, wenn nicht von Holbein selbst, so doch aus dessen Atelier.

Unter den eigentlichen biographischen Arbeiten über Pellikan, wie sie in verschiedenen Sammelwerken (Athenae rauricae, Ruchat, Nicéron, L. Meister, helvetische Kirchengeschichte von Hottinger, helvetisches Lexikon von Leu u. A.) sich finden, sind von eigentlichem Werth bloss der kurze Artikel „Pellikan" von Hagenbach in Herzogs Realencyklopädie XI und die gediegene Arbeit von Escher bei Ersch und Gruber III, XV.

~~~~~~~~~

B. BIOGRAPHISCHES.

1. Der Hebraist.

In Thomas Murners Kirchendieb- und Ketzerkalender steht beim 20. Brachmonat: „Pellicanus ein observantischer abtriniger ketzer und ein apostata in dryen sprachen." Als ein besonderes Merkmal Pellikans galt mithin auch dem entschiedensten Gegner die umfassende Sprachgelehrsamkeit und zwar namentlich seine Kenntniss der Sprache des alten Testamentes, deren Erlernung zu jener Zeit mit den grösten Schwierigkeiten verbunden war. Schon das Studium des neuen Testamentes in der Grundsprache war in Pellikans Jugendzeit sehr erschwert. Ludwig Lavater erzählt a. a. O., er habe seinen greisen Lehrer mehr als einmal sagen hören, in seiner Jugend habe man in ganz Deutschland kein griechisches Testament auftreiben können, auch wenn man es hätte mit Gold aufwägen wollen, und jetzt besitze jeder Schüler sein eigenes Exemplar. Ungleich schlimmer war derjenige daran, der das Studium der hebräischen Sprache betreiben und damit ein trilinguis werden wollte. Der Abschnitt des Chronikons S. 14 ff., in dem Pellikan erzählt, wie er die ersten Schwierigkeiten überwunden habe, gehört zu den Interessantesten. Doch enthält das Chronikon auch ausserdem eine Fülle von Beiträgen zur Geschichte der hebräischen Studien. Was Pellikan einmal mit so grosser Energie begonnen, das führte er unermüdlich fort bis in die letzten Tage seines langen Lebens. Ueber manche Einzelheiten seines Studiengangs als Hebraist wird vielleicht gerade in Folge der Veröffentlichung des Chronikons von Seiten der Fachmänner näherer Aufschluss erfolgen.

Eine Frage, die Geiger (Jahrbb. für deutsche Theologie 1876, S. 213) etwas voreilig glaubte erledigt zu haben, soll, wie ich mit Vergnügen vernehme, in einer andern Gratulationsschrift zum Tübinger Jubiläum durch den Herrn Repetenten Dr. E. Nestle ihre Erörterung finden: die Frage nämlich, wer zuerst eine hebräische Grammatik veröffentlicht habe, ob Pellikan oder Reuchlin? Nach dem Vorgang des bekannten alten Reuchlinforschers Hermann von der Hardt (prodromus ephemeridum philologicarum de fatis studii hebraici 1692) war man gewohnt, diese Frage ohne Weiteres zu Gunsten Reuchlins zu beantworten, und auch Geiger thut dies, indem er sich auf Pellikans eigene Aeusserungen (im Chronikon S. 23 oben und in einem Briefe an Nik. Ellenbog) beruft. Er hätte überdies die Stelle aus Capitos institutionum hebraicarum lib. I (D. 4 b) anführen können, wo es von Pellikans hebräischen Studien heisst: Conradus Pellicanus noster doctus ille franciscanus perquam acuti atque diligentis ingenii, qui doctrina ista utiliore christianaque veterum theologorum cura et memoria eximie pollet, adhaec hebraice adeoque paucis annis αὐτοδίδακτος, non solum praeceptorum praesidio, sed et chartarum prope subsidiis indigus, opinione citius evasit. Cujus rei testimonium est a se pridem edita suis familiaribus grammatica simul ac lexicon linguae s.

Allein trotzdem behält doch eine andere Tradition, welche seit Langem da und dort neben der Reuchlin'schen auftaucht, schliesslich Recht, die Nachricht nämlich, Pellikan habe im Jahre 1503 eine Schrift de modo legendi et intelligendi hebraea nicht bloss geschrieben, sondern auch veröffentlicht und habe mithin vor Reuchlin hierin die Priorität. Pellikan selbst beansprucht dieselbe unumwunden in einem Briefe an Wolfgang Musculus (5. Febr. 1551; s. Siml. Saml.), indem er sagt: „postquam per sedecim annos olim nihil haberem librorum praeter nuda Biblia, cum quibus laborare coeperam solus, donec concordantiam colligerem operosam ex vulgata traductione et

grammaticam mihi scriberem ante alios omnes, jam a 35 annis commentaria Rabbinorum majori cum labore intelligere didici." Damit
wäre nun wohl die Abfassung, aber noch nicht geradezu die Veröffentlichung einer Grammatik ante alios omnes bewiesen. Allein.
es wird doch einmal Jedermann höchst unwahrscheinlich vorkommen,
dass der von Gregor Reysch um der hebräischen Grammatik willen
zu Pellikan abgesandte Martin Obermüller mit leeren Händen sollte
nach Freiburg zurückgekehrt sein. Zudem fand ich in der Bibliotheca
universalis des Konrad Gesner a. a. O. folgende Stelle: anno sequenti (i. e. 1501) grammaticam scripsit congessitque dictionarium
hebraicum in gratiam Gregorii Reischii Carthusiani Friburgensis, adjecit
et methodum proficiendi in ea lingua, quam postea Groningerus
typographus Argentinensis *una cum* Margarita philosophica publicavit.
Reliqua vero non quidem excusa, cum id temporis Hebraici characteres
nondum extarent, *sed amicis aliquot communicata sunt.* Ich gieng
also auf die ältesten Ausgaben der Margarita philosophica zurück,
und siehe da, schon in der ersten fand ich, freilich durch den Druck
von dem übrigen Text unterschieden, die Schrift, betitelt: de modo
legendi et intelligendi hebraea, Basileae MDIII. Es muss also die
Grammatik Pellikans, welche in den spätern Schott'schen und Grü-
ninger'schen Ausgaben der Margarita als integrirender Bestandtheil
erscheint, zuerst separatim gedruckt und nachträglich einzelnen
Exemplaren der ersten Auflagen von Reyschs interessantem encyklo-
pädischem Werk[1] eingefügt worden sein. Diese Ansicht wird bestätigt durch eine Notiz in den Reisebriefen des Jakob Jonas Björnstahl, Band V, S. 343: „in der Büchersammlung der Benediktiner zu
Köln sahen wir Conradus Pellicanus de modo legendi et intelligendi
Hebraea, Basileae MDIII in Quart. Dies ist ein seltenes Buch und
eine von den ältesten gedruckten hebräischen Sprachlehren. Das

---

[1] Eine monographische Behandlung desselben würde sich in hohem
Grade lohnen. Was *Schreiber* in seiner Arbeit «die Karthause bei Freiburg»
und in seiner Geschichte der Universität Freiburg darüber beibringt, ist besonders bibliographisch ungenügend.

Hebräische darin scheint mit schlecht gearbeiteten hölzernen Lettern gedruckt zu sein; am Schlusse ist ein hebräisch-lateinisch-griechisches Wörterbuch beigefügt." Leider sind seit Ende des vorigen Jahrhunderts, wo (der sehr glaubwürdige) Björnstahl reiste, laut einer Privatmittheilung des Kölner Stadtarchivars Dr. L. Ennen, die Bibliotheken der alten Kölner Klöster in alle Winde zerstreut. Hoffen wir, die in Aussicht gestellte Schrift über Pellikans Antheil an der Margarita philosophica werde die Frage abschliessend beantworten. Ueber die in Basel aufbewahrte Grammatik Pellikans von 1508 wird Herr Prof. Dr. Kautzsch gelegentlich referiren. Dieselbe ist von Geiger (Jahrbb. für deutsche Theol. 1876, S. 214) erwähnt.

Zur Ergänzung dessen, was Geiger a. a. O. über Pellikans grammatikalische Arbeiten sagt, mögen hier einige Details ihre Stelle finden. Zuerst will ich nicht versäumen, eine Beschreibung des Psalters und der Grammatik Capitos von 1516 zu geben, welche weder *Baum* (Capito und Butzer S. 577 f.) noch *Geiger* selbst gesehen haben. Das zierliche Büchlein (27 Bogen in Sedez) befindet sich auf der öffentlichen Bibliothek in Basel und auf der Stadtbibliothek in Zürich und trägt den Titel: סֵפֶר תְּהִלִּים, darunter Frobens bekanntes Druckerzeichen und dann Hebraicum Psalterium. Auf der Rückseite des Titels folgt unter der Ueberschrift Conradus Pelicanus, Rubeaquensis, or. mi Hebraeis lectoribus eine hebräisch und zwar unpunktirt geschriebene Doxologie. Der Psalter selbst hat Punkte, aber keine Accente und sehr viele Druckfehler. Dies beweisen die auf 6 Blättern enthaltenen, selbst nicht fehlerfreien Errata, betitelt: insigniores mendas castigavimus adjuti opera Sebastiani Franciscani docti Hebraice et in his rebus mire vigilantis. Hierauf folgt auf zwei Bogen: institutiuncula in hebraeam linguam authore Volphgango Fabro Prophessore Theologiae. Am Ende derselben das Datum: Basileae mense Novemb. Anno MDXVI. Dass Pellikan an dieser Taschenausgabe der Psalmen mehr gearbeitet als bloss das kleine Vorwort, sagt er selbst in der Vorrede zu Münsters Ausgabe der Proverbia von 1520; vgl. Geiger a. a. O. S. 215. Im Chronikon freilich (S. 55; vgl. die 1. Anm.) redet er bloss von der Hauptarbeit seines damaligen Basler Aufenthaltes: von dem psalterium quadruplex für Frobens Hieronymus-ausgabe. Allein gerade der Umstand, dass Pellikan im Sommer 1516 in Basel und für Froben mit den Psalmen beschäftigt gewesen, berechtigt uns zu der Annahme, dass er den hebräischen Psalter, der im November jenes Jahr aus der nämlichen Presse hervorgieng, ebenfalls der Hauptsache nach besorgt. Pellikans ganzer appendix zur Hieronymusausgabe scheint die Veranlassung zur Publikation Capitos gewesen zu sein; ist doch dort auch dem Psalter eine Miniaturgrammatik „in litteras Hebraeas institutiuncula C. P." beigegeben, welche freilich bloss die nothwendigsten Aufschlüsse über das Alphabet und die puncta vocalia enthält. Capito[1]) war überhaupt damals erst ein Anfänger im Studium des Hebräischen, während seine beiden Mitarbeiter an jenem Psalter, Pellikan und dessen Schüler Sebastian Münster, schon tiefer in dasselbe eingedrungen waren.

Später haben wenigstens in grammatikalischen Publikationen Capito und Münster dem ängstlicheren Pellikan den Rang abgelaufen. Dagegen hat dieser nie aufgehört linguistische Studien zu treiben. Nachdem theologische Arbeit dieselben bei ihm eine Zeit lang in den Hintergrund gedrängt, unternahm er gegen das Ende seines Lebens noch das Riesenwerk einer Uebersetzung des Thalmud und anderer rabbinischer Commentare. Zu diesen Arbeiten, von denen seine eigenen Berichte im Chronikon (S. 133 und 172 ff.) und dicke Bände von Manuskripten auf den Bibliotheken von Zürich Zeugniss ablegen, bewog ihn offenbar in erster Linie das sprachliche Interesse. Von dem Inhalt war er nicht eben erbaut. Er vergleicht die rabbinische „Gesetzesweisheit und Gesetzesthorheit, Geistesschärfe und Geistesarmuth" (Pressel in Herzogs Realencykl. XV, 615) nicht unfein mit der scholastischen Wissenschaft der „Magistri Parisienses,

---

[1]) Ich bemerke hier beiläufig, dass Geiger, Stud. der hebr. Spr. S. 111 im Irrthum ist, wenn er sagt, Capito sei nie Professor in Basel gewesen. Im Professorenkatalog heisst es ad 1515: Capito Oecolampadium pro gradu examinat, sub decanatu L. Beri.

quorum et stilum referunt et suo modo eruditionem" (Brief an Capito
vom 28. Juni 1528; s. Siml. Samml.). Und mit ähnlichen Worten
verweist Gesners bibliotheca universalis a. a. O. auf die betreffenden
Manuskripte alle diejenigen, qui addiscere velint hujusmodi magis-
tralem ut vocant et intricatissimum stilum Judaicum ac Judaeorum
tam veras quam stultas expositiones in sacra volumina cognoscere.
Hottinger spricht im Anschluss an den Index derselben (Altes und
Neues aus der gelehrten Welt I) den Wunsch aus, es möchte ein
„specimen der versiones des Pellicani" veröffentlicht werden. Da
eine solche Probe jedenfalls nur dazu dienen könnte, die wissen-
schaftliche Beurtheilung der Pellikan'schen Leistungen zu fördern, so
möchte ich diesen Wunsch zu Handen der Orientalisten neuerdings
unterstützen. Freilich wäre vorläufig noch verdankenswerther eine
Untersuchung über Pellikans Reisen mit Satzger in den Jahren
1514–1516. Ein Blick in die betreffenden Blätter des Chronikons
(S. 46 ff.) genügt, um zu sehen, dass diese Visitationsreisen sich für
Pellikan fast ungesucht zu wissenschaftlichen Reisen im Interesse
des hebräischen Studiums gestalteten.

2. Der Reformator.

Wie in wissenschaftlicher, so erhielt Pellikan auch in religiöser
Beziehung die ersten für sein ganzes Leben bedeutsamen Anregungen
durch den trefflichen Paul Scriptoris.[1]) „Consilio Pauli Scriptoris
syncerioris theologiae priscos doctores Origenem et Ambrosium
ardentius complecti coepit" heisst es a. a. O. der Gesner'schen

---

[1]) Man vergleiche über ihn die im Register aufgeführten Stellen des
Chronikons, ferner *Schnurrer:* Nachrichten von den Lehrern der hebräischen
Litteratur in Tübingen. Ueber ihn und die andern Männer, mit welchen
Pellikan in Tübingen verkehrt, fasse ich mich absichtlich kurz. Ich setze
nämlich voraus, es werde zum Jubiläum zumal über jene ältesten Koryphäen
der Universität ungleich Besseres veröffentlicht werden, als ich es zu bieten
vermöchte.

bibliotheca universalis. Wie ernst Pellikan es mit dem Studium der Kirchenväter genommen, beweist am Besten sein Gespräch mit Capito über das Abendmahl (s. Anhang). Schon im Jahre 1512 war er über eine Reihe von Irrthümern der kirchlichen Lehre und Missbräuchen der hergebrachten Praxis im Reinen. Allein mit dieser innerlichen Umgestaltung seiner Anschauungen war der schüchterne und durchaus unpraktische Mann noch lange kein Freund äusserer Aenderungen, geschweige denn ein Reformator. Wohl konnte Joh. Fabricius a. a. O. in Wahrheit von ihm sagen: „aeternum Dei judicium vanis hominum praetulit minis et terroribus," aber es bedurfte eben der stärksten und unverkennbarsten Intriguen der Altgläubigen, um ihn zur Entscheidung zu bringen. Am Liebsten hätte er gleich Erasmus[1]) unbehelligt von den Tageskämpfen und ohne persönlich Stellung dazu oder doch wenigstens darin nehmen zu müssen, litterarisch gewirkt. Allein dies erlaubte ihm schon seine offizielle Stellung nicht.

Pellikan stand nämlich als Minoritenguardian an der Spitze gerade desjenigen Klosters, aus dessen Mauern welche von den wirkungsvollsten Heroldsrufen zu Basels Reformation ergiengen. Ohne Oekolampads weit überwiegendes Verdienst um die baslerische Kirchenerneuerung irgendwie in den Schatten stellen zu wollen, glaube ich doch auf die Stücke des Chronikons hier besonders aufmerksam machen zu müssen, welche auf die Anfänge der Basler Reformation ein neues oder doch ein helleres Licht werfen. Schon vor der Ankunft Oekolampads im November oder Dezember 1522 (sein erster Aufenthalt zu Basel in den Jahren 1515 und 1516 kommt hier nicht in Betracht) hatte der Minoritenprediger Joh. Lüthard mit solchem Erfolg in reformatorischem Sinne gepredigt, dass der Rath, unter dem Einfluss der Herren vom Stift und von der theologischen Fakultät, im Juni 1522 ein Mandat „des ewangelium halb" erliess.[2])

---

[1]) Ueber das Verhältniss der beiden Männer vgl. ausser den betreffenden Stellen des Chronikons den Briefwechsel des Erasmus.

[2]) Es fällt somit die Bemerkung des pragmatischen *Ochs* (Geschichte Basels V, 449) gänzlich in sich zusammen, die er zu Oekolampads Berufung

Vgl. S. 88 f. und das dort in Anm. 5 Bemerkte. Pellikan konnte und wollte aber seinem Prediger nicht hindernd in den Weg treten; denn auch für ihn waren die Schriften Luthers, deren Druck er beförderte und deren Lektüre er seinen Ordensgenossen wenigstens nicht wollte verboten haben, Zeichen zum „Aufstehen aus dem tiefen Schlaf". Immerhin wollte der friede- und ruheliebende Mann in keiner Weise aggressiv vorgehen. Als daher der Ordensprovinzial, sein Freund und ehemaliger Mentor Kaspar Satzger, im Frühling 1523 zur Visitation nach Basel kam, so war sein Erstes, um seine Versetzung einzukommen. Satzger schlug ihm die Bitte ab, machte aber dann nachher doch Miene, ihn und sämmtliche reformatorisch gesinnte Ordensglieder von Basel entfernen zu wollen; und aus den Anstrengungen, welche die Chorherren und Professoren, die Hohepriester und Schriftgelehrten, wie Pellikan sie nennt, machten, um den Provinzial zu diesem Schritt zu bewegen, kann man am Besten ersehen, dass die ganze „cohors" gerade das Barfüsserkloster als den Herd der Bewegung ansah. Pellikan aber, als er bemerkte, dass man mit seiner Person auch die Sache des Evangeliums zu beseitigen vorhabe, wollte nun nichts mehr von seiner Versetzung wissen. Und auch der Rath von Basel protestirte, offenbar in vollem Einverständniss mit der Mehrheit der Bürgerschaft, gegen die von dem beeinflussten Satzger projektirten Personaländerungen. Die betreffenden Protokolle sind so charakteristisch, dass wir nicht umhin können, sie zur Ergänzung der Berichte Pellikans hier abzudrucken. Sie sind enthalten in einem Hefte des Staatsarchivs, betitelt „Rathserkanntnussen von 1518—1524" fol. 202 b und 203, und scheinen bisher nicht beachtet worden zu sein.

„Als dann der provincial barffusser ordens denn bellican gwardian vnnd den predicanten vnnsers clofters vnnd gotzhus hie zu den barfüssern, die sich bis har wol vnnd erlich gegen Eim Ersamen Rat

---

als Vikar des kranken Pfarrers bei St. Martin macht: «wer weiss, wenn der Zancker nicht an Gliederschmerzen gelitten hätte, ob wir Reformirte geworden wären!»

vnnd gmeiner burgerschafft der statt Başell gehalten mit predigenn
vnnd anders wy innen gepurt hat, villycht uff styfftung[1]) etlicher vonn
der hochen styfft vnnd vnniversiteten der statt Basell zwuschenn dem
Capittel hinweg ze fierenn, vnnd dy selbigen Empter mit anderen
Eim Ersamen Ratt vnnd gmeind der statt Basell vngelegnen pärsonen
zu versehen vnderstanden, Do nun wir der Stathalter des burger-
meistertumbs vnd der Rat der statt Basell solches gleublich erfarenn,
haben wir vnnser treffenliche III botschafft zu vermeltem provincial
in fruntlich zu bitten gedachte guardian vnnd predicanten domit kein
vneynikeit vnder gmeinem volck entstund, hy ze lassen, des glichen
artickel welcher gestalt sy verklagt vnd wer das thon hat vnns zu
vberantwort an im begert, des er sich gwyderet vnnd nit thun hat
wellenn, sunder selb fur vnns begert hatt. Demnach ist der selb
provincial uff samstag vor Quasi modo des XXIII jars vor vnns
erschinnen, ein lange meynung erzelet vnnd zu letst daruff beharret
das er unangesechen unsere ernstliche pitt angezeugte gwardianum
vnnd predicanten vber das er nút uff dy an hat kennen zeygen, hin
mit im enweg wellen nemen, ouch vnnder anderem gerett vor
gesessenem Ratt, *Es sig nit gut das ein predicant alwegen die
worheit sag, sunder sol sy zun zyten hinderhalten domit das der gmein
man im zoum gehalten mug werdenn*, das do gross vnnd schwer ze
hörenn ist. Uff das habenn wir Erkannt Dwyl der gwardian vnnd
predicant als vnns vnnd dem gmeinen volck vnnser stat Basell an-
genem, wol und recht das wor gottes wort, das heylig Evangelium
gelert vnnd prediget, ouch nút unerlichs uff sy dar thonn mag werden
vnnd wurt, Das dorum der provincial dieselbigen hy lassen vnnd nit
hinweg thun well, so er aber, der provincial, je vnnser bitt nit ansehen wel vnnd dy hinweg, wy gehert, fierenn, das er dan alle andere
brieder im closter zun barfüssern mit im nemen vnnd hinweg fieren
soll, oder aber man wel dy noch schicken, des glichenn so sol er
denn langen predicanten so er von Nierenberg mit her gefiert hatt[2])

---

1) Auf Anstiften.
2) Joh. Winzler.

vnnd denn bichtfatter zu gnadental[1]) ouch mit im hin vnnd hinweg
neinen, dan man dy nit wyssen in unser statt oder haben wel. actum
Samstags vor dem sontag quasi modo geniti anno MDXXIII.

Wyter hand wir auch erkannt Dwyl dy vonn der unniversitet
namlich doctor hans gebwyler, doctor moritz zun augustineren prior,[2])
doctor johannes mörnach vnnd doctor wonneck, jerlich pension ab
dem bret (?) vonn vnns nemen vnnd rucklich mit dem provincial
wyder die gmein der statt Basell practiciert, das man dorum innen
soll iere pensionen vnnd stypendia abkunden,[3]) als innen auch das
abkündet vnnd geseyt ist samstags vor quasi modo anno XXIII.“

An die Stelle der Abgesetzten rückte nun ausser Oekolampad
eben Pellikan vor. Leider wissen wir über seine Thätigkeit als
Professor der Theologie in Basel ausser dem, was seine eigenen
spärlichen Bemerkungen enthalten, nicht viel. Um so werthvoller ist
das Wenige, das sich findet in der seltenen und interessanten Schrift:
„Von der Priester Ee Dispetation, durch Stephanum Stör von Diessen-
hoffen, wonhafft zu Liechstal, und andern vyl christlicher Brüdern,
in eerlicher versammlung zu Basel im Collegio am XVI Tag Februarii
imm XXIV jar gehalten“ (ohne Ort und Zeit; s. *Füssli:* Beiträge II,
151—227 und öffentliche Bibliothek zu Basel FP. XI, 12.[d]). Von
Stephan Stör aufgefordert als „der ander ordinarius in der theology
der Vniversitet Basel“ sein Votum über die Priesterehe dem des
Oekolampad anzureihen, ergriff auch Pellikan das Wort. Er fängt
mit der Erklärung an, er sei „allezeit geneigter gelert lüt ze hören
denn gehört werden“. beruft sich auf die Publikationen der Strassburger, wirft einen Rückblick auf die Entstehung des Cölibates und
meint, dessen Urheber würden unter gegenwärtigen Umständen selbst
die Aufhebung mit Händen und Füssen betreiben. Dieselbe sei
durchaus nothwendig, um aus den Missverhältnissen herauszukommen.

---

[1]) Gregor Heilmann.

[2]) Mauritius Fininger.

[3]) Aus Kanonikaten zu St. Peter erhielten 7 Professoren solche Gehalts-
zulagen; s. *Mähly:* Seb. Castellio S. 33 ff.

Zum Schluss erklärt er sich mit Störs Thesen durchgängig einverstanden. Diese Thesen aber, welche Stör am Münster, am Universitätsgebäude und an allen Pfarrkirchen und Klöstern der Stadt angeschlagen hatte, lauteten: „1. Die heylig Ee ist keinem stand in der heyligen geschrifft verbotten. 2. Unküschheit usserthalb der Ee unnd hury ist nach allem gsatz allen stenden verbotten. 3. Unküschheit usserthalb der Ee und hury zu vermyden ist die Ee allen stenden gebotten. 4. Sollich unküschheit und hury ist in keinem stand der ergernüss halb schädlicher dann in dem priesterlichen. 5. Ein öffentlicher hurer ist nach götlichem gesatz in dem rechten waren Bann unnd desshalb untüglich zu priesterlichem ampt". Ausser Pellikan und Oekolampad nahmen an dem Gespräch Theil der damals gerade in Basel anwesende Hartmuth von Kronberg, der nachmalige Bieler Prediger Jakob Wirb und die Basler Prediger Jakob Immelin. Wolfg. Wyssenburger, Bonifazius Wolfhart, Peter Frabenberg.

Dass Pellikan für Störs so entschiedene Thesen öffentlich eintrat, ist um so bezeichnender, als er sonst gerade nach dieser Seite hin zur Besonnenheit und zu einem bloss allmählichen Vorgehen mahnte, s. S. 111. Als er von einigen Sturmschritten der Strassburger hörte, schrieb er an Capito (April 1524, s. Siml. Samml.): „non alia causa vereor periculo negotio, quam ex parte nimium Lutheranizantium, qui, ut obiter placuerit, invertere cuncta moliuntur, hinc enim vehementer timeo. Aliud audio, sed non credo et a malignis disseminari puto, de praeconibus evangelii vobiscum, nullo tamen mihi nominato, qui operibus et exemplo ac quotidianis studiis, etiam verbis publice prolatis contra mansuetudinem et humilitatem agunt et libidini multifariam obnoxios eos traducunt." „Scio", fügt er bei, „quantum comminiscantur Papistae passim." Desshalb suchte er ihnen auch seinerseits jede Gelegenheit zur Verläumdung abzuschneiden. So lange es irgend ging, blieb er im Kloster, und noch im Frühling 1525 wiederholte er dem Generalkapitel den schon im Sommer 1523 gemachten originellen Vorschlag: es sollen alle des Lutherthums verdächtigen Brüder ihm nach Basel geschickt, und als Tausch an deren Stellen die der Reformation abgeneigten Basler Minoriten versetzt werden!

(S. 94, 101 ff.) Natürlich fand dieser naive Vorschlag, von dessen Durchführung sich Pellikan in allem Ernst viel versprach, keine Beachtung. Dagegen wurde er in Ruhe gelassen, und erst der Ruf nach Zürich half ihm gänzlich aus dem Ordenskleid, mit dem die Bande der Gewohnheit den unpraktischen Mann mehr noch als Andere verknüpft hatten.

Doch behielt Pellikan sein Leben lang für die alten Klosterbrüder und für die Ordensleute überhaupt ein warmes Interesse. Ein Beispiel hievon verdient hier schon desshalb angeführt zu werden, weil das Chronikon die Begebenheit verschweigt. Joh. Kessler's Sabbata (Ausgabe von *Götzinger* II, 441) erzählt Folgendes: „1536 Heumonat ritt Diethelm Abbt von St. Gallen und mitt im H. Ottmar Glus statthalter zů Wil gen Zürich. Wyl das Cůnrad Pellicanus allda vernommen, ist er uss hertzlichem Yfer und Brunst zů inen keret, sich mitt inen der Religion halben ze besprechen und ainen abbt des alten stands sines clausters alls vor ziten ainer behusung viler gelerten männer ze erinnern, ob er jenen zů einer reformierung oder besserung desselbigen hette bewegen mogen etc. Aber spöttlich antwurt empfangen." Pellikan selbst hielt den Vorgang für wichtig und bezeichnend genug, um seinem Freunde Vadian ausführlich darüber zu berichten (22. Juli 1536; s. Siml. Samml.):

„Casus mihi incidit cum abbate vestro, cui dudum pro reformatione Christianae religionis scribere volueram; nuper autem prae sente eo, spiritu certe non malo impulsus, solus eum adii in hospitium. Admissus autem in colloquium, praesente quodam monacho Othmaro, praefando benevolentiam captabam, quod ignotus et humilis D. S. auderem interpellare; nihil intenderem, nisi sanctum, utile et statui suo vere gloriosum, qui, ut fuissem diu monachus et Benedictini ordinis semper amator, dolerem, monasteria prisca et religiose instituta ad ecclesiae profectum, passim nunc subverti, dicipi et in profanos usus rapi. Id cum timerem S. Gallensi monasterio celeberrimo, in quo olim viguisset eruditio et pietas vere Christiana, nunc crederem inveniri posse opportunitatem restituendi illius statum in primaevam sanctimoniam, scilicet si resumerent studium S. Litterarum, unice necessarium patriae docendae et regendae in fide et moribus. Id cum favore Papae, Caesaris et bonorum omnium posse tentari, maxime cum et hodie Pontifex dicatur ordinasse, ut clerus pro canonicis horis suis nihil legat praeter solum V. et N. T. canonem, omnium Sanctorum legendis obmissis, et lectionem duodenariam contraxisse in ternariam pro matutinali officio, unde spes esset, neminem, etiam Episcoporum, improbaturum, si in monasteria hujusmodi reformatio cum vitae innocentia institueretur, quo tantum duraret priscorum institutio pie praesumta ante multa saecula. Alioque verendum omnia proculcanda et in nihilum redigenda, quae sancta intentione olim sunt a sanctis ordinata. — Is orationis meae status erat, cum quibusdam interlocutoriis, si vellem regredi et in suo monasterio cooperari. Respondi, uxorem me habere et filium cum vocatione sancta, optare me tantum, ut monasterium suum et alia in Dei gloriam et ecclesiae aedificationem ordinarentur. Respondit Othmarus, hactenus se bene egisse, sufficere, si juxta regulam Benedicti vitam instituerent et observarent, instare jam concilium generale,[1] cujus ordinationi stare vellent, et cetera quaedum frivola. Quibus cum responderem breviter, abruperunt unus post alium sermonem. A quibus, accepta licentia, me subduxi, sinens eos suis qualibuscunque negotiis involutos, contentus didicisse utriusque ingenium, quos non continget emendari nisi calamitatibus. Ubi illae ingruerint, tunc forte memores erunt eorum, quae audierant. Nondum venit hora eorum, sed nec diu tardabit spero."

---

[1] Von diesem allgemeinen Concil erwartete Pellikan gar nichts. Mit Recht nennt er die Verweisung darauf ein frivoles Gerede. Unter seinen hinterlassenen Manuskripten befindet sich auch ein bezügliches ausführliches Gutachten «de generali concilio judicium Conradi Pellicani» (1536, 20. Jan.). Dasselbe enthält treffliche Winke und ist wohl zu Handen der Zürcher Regierung geschrieben; u. A. sagt er: amputetur episcopis et Papae gladii saecularis brachium et restituatur gladius verbi Paulinus et omnia tuta erunt sub Christianis principibus et magistratibus.

3. Die Kommentare.

Im Oktober 1524 hatte Johann Bugenhagen von Wittenberg aus an Oekolampad geschrieben (ep. Oec. et Zwingl. p. 176): „saluta quaeso amanter Pellicanum nostrum, admonens, ut non cesset ex Hebraicis conferre, quae potest, ad sanum scripturarum intellectum, quando non passim multis datum est quod ei datum videmus". Dieser Aufforderung, seine linguistischen Studien immer mehr für die biblische Exegese fruchtbar zu machen, fing Pellikan schon in Basel an nachzukommen, indem er speziell für Genesis und Psalmen nach der Richtung der Textkritik und der wortgetreuen Uebersetzung emsig arbeitete. In Zürich brachte die Verpflichtung seines Amtes und sein Antheil an dem Werke der dortigen Bibelübersetzung[1]) es mit sich, dass er diese Thätigkeit nach und nach in den Jahren 1528 bis 1530 über das ganze Alte Testament ausdehnte. Die Veröffentlichung der so entstandenen Erklärung des Alten Testamentes lag vorerst nicht in der bestimmten Absicht des Verfassers. Indessen überarbeitete er das Ganze sofort nochmals und zwar in der Weise, dass er dem Gerippe der wissenschaftlichen Exegese eine dogmatische, ethische und theilweise auch homiletische Betrachtung der einzelnen Stellen und Abschnitte einfügte. Und nun liess der unternehmende Froschauer, der es überhaupt — wie früher die Basler Druckerherren — trefflich verstand, Pellikan gegen keine oder nur sehr geringe Honorare für Indices und Korrekturen aller Art auszubeuten, nicht nach, bis Pellikan sich wenigstens dazu entschloss, einen Versuch zu machen, ob seine Art der Verbindung wissenschaftlicher und praktischer Exegese Anklang finde. Er wählte dazu das Büchlein Ruth, dessen Auslegung im Sommer 1531 gedruckt und im Verlauf weniger Wochen bei einer Auflage von 800 Exemplaren ausverkauft war. Vgl. S. 123 ff. Jetzt fing natürlich das „Pressen der Presse" erst recht an und hörte nicht auf, bis alle 7 Folianten des Pellikanschen Bibelwerkes erschienen waren.

---

[1]) Vgl. hierüber das sofort anzuführende treffliche Buch von Mezger.

Dieselben verdienen schon darum hier mit bibliographischer Genauigkeit beschrieben zu werden, weil das Werk der einzige aus der Reformationszeit hervorgegangene Kommentar über das Gesammtgebiet der alt- und neutestamentlichen Schriften ist. Auch sind die Angaben *Rudolphis* (die Buchdruckerfamilie Froschauer, 1869) sehr unzuverlässig, und da man das Werk wohl nirgends vollständig findet und selbst in Zürich es da- und dorther zusammen tragen muss, so ist sogar in dem sonst sehr zuverlässigen, nicht genugsam zu empfehlenden Werke von Dr. *Mezger:* Geschichte der deutschen Bibelübersetzungen 1876, S. 119, ein Band vergessen worden.

1. *Christophorus Froschoverus* | *pio lectori s. d.* || *En damus tibi* *christianissime lector,* | *COMMENTARIA BI-* | *bliorum et illa* *brevia quidem ac catho-* | lica, eruditissime simul & piissimi viri *Chuonradi Pellicani* | Rubeaquensis, qui & Vulgatam commentariis in seruit | aeditionem, sed ad Hebraicum lectionem accurate ¡ emendatam. Habes autem in hoc opere quicquid | syncerae theologiae est. Ideoque si sapis, ex | ipso potius Sacrorum fonte, quam ri- | vulis Religionem veram im- | bibe. Vive & | Vale. (Schönes Druckerzeichen mit Einfassung.) TOMUS PRIMUS | *in quo conti-* *nentur V* | *libri Mosis.* | 9 Blätter Vorrede, 237 Blätter. Am Ende: *Tiguri apud Christophorum Froscho-* | *verum, mense Augusto.* | *Anno* M.D.XXXII.

2. TOMUS SECUNDUS. | *In quo continetur historia* | sacra, prophetae inquam priores, libri vi- | delicet Josue, Judicum, Ruth, Samuelis, Regum | & ex Hagiographis, Paralipomenon, Ezre. | Nehemiae, et Hester. Commentariis | Chuonradi Pellicani Rubeaquensis illustrati. *Anno* (Kleineres Druckerzeichen) *M.D.XXXIII.* TIGURI IN OFFICINA | FROSCHOVIANA. | 283 Blätter. Am Ende: *Tiguri apud Christophorum* | *Froschover, anno* | M.D.XXXIII.

3. TOMUS TERTIUS. | *In hoc continentur Pro-* | *phetae posteriores* *omnes, videlicet Ser-* ¡ mones Prophetarum maiorum, Jsaiae, Jeremiae, | Ezechielis, Danielis, & minorum Duode- | cim, Commentariis Chuonradi Pel- | licani Rubeaquensis summa | diligentia enarrati. || *M.D.* (Druckerzeichen wie vorhin) *XXXIIII. Tiguri*

in officina Christo- | phori Froschoueri, Mense Martio. | 4 Blätter Vorrede. 303 Blätter. Am Ende: *Tiguri,* apud Christophorum Froschouer, anno | M.D.XXXIIII.

4. TOMUS QUARTUS | *in quo continentur scripta* | *reliqua, quae vocant Hagiographa,* | libri videlicet quinque, Job, Psalterium, Pa- | rabolae, Ecclesiastes, & Cantica Salo- | monis, Comment. Chuon. Pel. | Rub. illustrati. (Druckerzeichen wie vorhin, zwischen vier Blättern) *Christophorus Froscho-* | *verus excudebat Tiguri,* | *Mense Martio, Anno* | *M.D.XXXIIII.* | 3 Blätter Vorrede. 272 Blätter. Am Ende: *Tiguri,* apud Christophorum Froschouer, anno | M.D.XXXIIII.

5. TOMUS QUINTUS | *in quo continentur omnes libri* | *verteris instrumenti qui sunt extra cano-* | nem Hebraicum, perperam Apocryphi, rectius autem | *Ecclesiastici* appellati, puta Tobiae, Judith, | Baruch, Sapientiae, Ecclesiastici, libri singuli, Ezrae, | duo, Machabaeorum duo, cum fragmentis | Danielis & Esther, Commentariis | Chuonradi Pellicani Ru- | beaquensis expositi. (Das ganz grosse Druckerzeichen mit Portaleinfassung.) CHRISTOPHORUS FROSCHOVERUS | *excudebat Tiguri Mense Martio,* | *Anno* M.D.XXXV. 11 Blätter Vorrede. 342 Blätter. Ohne Schlussschrift.

6. IN SACROSANCTA | *quatuor evangelia et aposto-* | *lorum acta, D. Chvonradi Pellicani* | Rubeaquen. Commentarii, in quibus veluti Com- | pendio selectissima quaeque congesta habes, quae hodie in illa cum apud Priscos | tum apud Neotericos Euange | liorum interpretes or- | thodoxos extant. (Das grosse Druckerzeichen.) Non pudet me Euangelii Christi. Potentia siquidem | dei est, ad salutem omni credenti. *Tiguri* in officina Froschoviana, mense | Martio, anno M.D.XXXVII. 5 Blätter Vorrede. 316 Seiten (Matthaeus). 238 Seiten (Johannes). 152 Seiten (Marcus). 248 Seiten (Lucas). 246 Seiten (Acta App.)

7. IN OMNES APOSTO- | *licas epistolas, Pavli, Petri, Jaco-* | *bi, Joannis et Jvdae D. Chuonradi Pellicani* | Tigurinae Ecclesiae ministri Commentarii, ad collationem opti- | morum quorumque interpretum conscripti, & aediti, in usum theologiae apostolicae |

studiosorum. (Grösseres Druckerzeichen mit der Einfassung.)
Psal. XIX. ‖ In omnem terram exiuit sonus eorum, & in fines
orbis ¦ terrarum uerba illorum. *Tiguri in officina Froscho-* |
uiana Mense Augusto, Anno | M.D.XXXIX. 4 Blätter Vorrede.
791 Seiten. *Totius operis | finis.*
Pellikan selbst äussert sich nach seiner Weise sehr bescheiden
über seine Arbeit; vgl. S. 128 ff. In Briefen an Mykonius ereifert
er sich gewaltig darüber, dass man ihm diese Arbeit überlassen habe,
und dass Solche, die, wie Luther, Melanchthon, Capito, Buzer und
Zwingli, gerade auf diesem Gebiet berufen gewesen wären, Grosses
zu leisten, ihre schönen Kräfte in unnützen Streitigkeiten verbraucht.
Das wichtigste Geschäft sei doch gewiss, das heranwachsende Geschlecht und die schlichten Landpfarrer in ein richtiges Verständniss
der heiligen Schrift einzuführen, damit sie wüssten, wie es im Chronikon heisst: „quomodo sacris scripturis uterentur commode et erudite
ad ecclesiarum aedificationem". Ad quod opus et negotium miror,
quo consilio divino ignorans protractus sim homo, qualem norunt
omnes prorsus elinguem et aridissimo stylo" (Brief an Mykonius 1532)
„qui certe stylus dici non meretur, sed indiligens quaedam verborum
coacervatio, quo fit, ut non raro sensus exponatur impeditior, sed
emendare id ipsum dum, volo et affectare lucem, nescio quid emendo.[1])
Simplicibus simplex simpliciter scripsi et miror, quomodo placere
possit nisi simplicibus. Voluissem materiam praebuisse tersioribus"
(Brief an Mykonius vom 9. August 1533). Mit diesem letztern
Gedanken tröstete er sich immer wieder. So schreibt er an Vadian
im September 1532, als das Werk kaum begonnen war: „Quod nuper
didici ex eruditissimis commentariis tuis im Pomponium, ubi sic
scripsisti: plerique, qui post me aliis erunt in annis, nostra audacia
ducti, fortasse meliora proferent. Nam vilia nonnunquam ingenia,
dum pro tempore quid commode conantur, magnos animos provocant
ad id praestandum, quod in illis nec confectum nec absolutum natura

---

[1]) Aus dem in den Briefen öfter wiederkehrenden Plan, dem ganzen Werk
einen Band retractationes anzuhängen, ist nichts geworden.

reliquerat. Haec Vadianus. Unde abunde consolor, sperans ea conditione nostra ab eruditis suscipienda." Und den nämlichen Gedanken
spricht er in einem Brief vom 5. Februar 1551 an Wolfgang Muskulus
aus, als seine alttestamentlichen Commentare bereits die zweite Auflage erlebt hatten: „Quae potui egi, non quae voluissem. Barbariem
enim tot annis sic imbibi, in qua natus sum et enutritus per temporis
injuriam, ut venia dari debeat mihi et gratia de inventis, non irrisio
et calumnia de non assecutis, qui in hunc quoque diem paratus essem
audire Magistros doctiores in talibus et fateri ignorantiam et laboribus
non parcere, qui ad insigniora studia natus non sum nec a Domino
destinatus. Videor tamen mihi huic tam humili sed sacrae vocationi
satis diligenter incubuisse et viam stravisse, qua sint ambulaturi hi,
qui ad gloriam majorem a Domino sunt destinati et gratia ampliore
donandi".

Ganz anders urtheilten schon die Zeitgenossen. Vadian schreibt
(s. *Pestalozzi:* Leo Judä, S. 60), die Beschäftigung mit Leo Judäs,
Bullingers und Pellikans Schriften sei seine liebste Ergötzung. In
Frankreich wurden Pellikans Commentare mit Freuden gelesen (s.
Pestalozzi: Bullinger S. 306), und dass sie, wie wir im folgenden
Abschnitt hören werden, im Wittenberg förmlich auf den Index gesetzt
wurden, ist ebenfalls ein deutlicher Beweis für ihr damaliges Ansehen.
Seither haben besonders Richard *Simon* (bibl. crit. III, 279 ff.[1]) und
Semler (apparatus ad V. T. interpret. 157) auf die unbefangenen
hermeneutischen Grundsätze Pellikans aufmerksam gemacht, und auch
Diestel lässt in seinem trefflichen Buche: Geschichte des Alten Testa-
mentes in der christlichen Kirche. 1869, S. 272, Pellikan wenigstens
insofern Gerechtigkeit widerfahren, als er ihn unter die namhaftesten
Vertreter der grammatisch-historischen Exegese seiner Zeit zählt.

---

[1] Was Simon zur Charakteristik Pellikans beibringt, hat gar keine posi-
tive Begründung. Die Beurtheilung der Commentare dagegen ist trefflich.
Er sagt u. A.: «Si l'on examine les commentaires de Pellican par rapport à
ceux des autres protestans de ce tems là, il est bien moins fécond en digres-
sions contre les catholiques, il s'attache ordinairement au sens littéral.»

Hier kann es sich natürlich nicht um eine durchgehende kritische Würdigung des Pellikan'schen Werkes handeln. Einige Beispiele mögen genügen, um zu zeigen, dass Pellikan keineswegs (wie man aus seiner Selbstkritik schliessen könnte) bloss Excerpte, sondern die Resultate eines sehr unabhängigen Denkens bietet. Wohl verlangt er in der Vorrede immer wieder, dass der Exeget der biblischen Bücher mit Pietät zu verfahren habe, allein bei ihm ist eben Pietät nicht, wie bei Manchen vor ihm und bei leider noch viel Mehreren nach ihm, identisch mit Kritiklosigkeit. Einmal stand ihm fest, dass der Punktation des hebräischen Textes nur ein sehr geringer Werth beizumessen, und in vielen Fällen der Lesart der LXX und der Vulgata unbedingt der Vorzug zu geben sei.[1] Sodann nahm er auch Interpolationen und Depravationen des Textes ohne Aengstlichkeit an. Zu Deuteron III, 14 bemerkt er: non derogat autoritati scripturae, si dicatur alicubi insertum textui cum tempore quiddam pertinens ad historiae claritatem; und zu 2. (resp. 4) Kön. I, 18: mihi nullum est dubium, libri autorem verissima scripsisse, sed pro temporum longitudine potuisse in numeris vitiatos fuisse codices.

Bei den historischen Büchern finden wir nicht selten Erörterungen religionsgeschichtlicher Natur, deren erstes Auftreten man gewöhnlich in eine viel spätere Zeit setzt. So leitet er z. B. die Erklärung des Levitikus mit folgenden Worten ein: „continet Leviticus ritum et ceremonias Deum colendi juxta ipsius beneplacitum, ne prolaberentur filii Israel in gentilium idololatriam multiplicem, ad quam nimium propensi erant, et ut natura superstitiosus populus exercitium haberet fidei et devotionis in sua imperfectione. Necesse erat illi populo praescribi leges ceremoniarum a Domino, ne vagarentur per improbas et impuras gentium religiones et sine lege diffluerent ad illicitas naturae corruptae consuetudines. His sacrificiis et ritibus Israelitae ducebantur et revocabantur a gentilium sacrilegiis ad veri et unius Dei qualemcunque cultum, ut exercitarentur usque ad fatigationem et onus, simulque praeludebatur ad spiritualem et sincerissimum Dei

[1] Eine bezügliche Stelle hat auch Geiger a. a. O. S. 215 abgedruckt.

cultum omnibus tandem gentibus in Christo commendandum." Angesichts solcher Aussprüche verstehe ich nicht recht, wie Diestel dazu kommt, a. a. O. Pellikan den Vorwurf zu machen, er verflüchtige konkret Gemeintes zum Bilde, und es blicken bei ihm die üblichen alten Typen durch. Nüchterner kann man doch das Typische des alten Testamentes nicht wohl fassen als mit dem Wort praeludere! Noch verwunderlicher ist es, dass Coccejus, welcher jene Vorwürfe in ausgedehntesten Masse verdient, die Kommentare Pellikans, ohne seinen Gewährsmann zu nennen, bei seinen Schriften über das alte Testament vielfach wörtlich ausgeschrieben hat. Und doch war Pellikan keineswegs ein Theologe nach dem Herzen des Scripturarius; denn er sucht durchaus nicht nur, wie Diestel sagt, „in eben nicht glücklicher Vermittlung die rein historische Beziehung neben der messianischen festzuhalten", sondern er hält im Gegentheil Geschichte und Typik reinlich auseinander und sagt z. B. zu Hosea XI, 1, der Prophet rede hier bloss von den Israeliten, Matthäus hingegen beziehe die Stelle auf Christum. Endlich hatte, um nur dies Eine noch anzuführen, Pellikan einen feinen Sinn für die Kraft der hebräischen Poesie. In einem Briefe an Vadian (22. Juli 1536; Original in St. Gallen) charakterisirt er dieselbe kurz folgendermassen: „poëtica illa longe ab omni lenocinio nostrorum abhorrens in vehementia affectuum consistit non numero syllabarum". Die Fehler und Schwächen der Pellikan'schen Kommentare werden weit überwogen durch ihre bisher nicht genugsam beachteten Vorzüge. Im Allgemeinen darf man sagen, dass Pellikan nach Massgabe seiner Zeit für das alte Testament ungefähr das geleistet hat, was zweihundert Jahre später Johann Albrecht Bengel für das neue.

Was Pellikan über die neutestamentlichen Schriften publizirt hat, ist nach seinem eigenen Geständniss durchweg bloss Bearbeitung vorhandenen Materials, ausgenommen seine viel später als Anhang zu den Paraphrasen des Erasmus erschienene Erklärung der Apokalypse; s. Chron. Einen Anhang zu seinen Kommentaren bildet der umfangreiche Folioband:

INDEX BIBLIORUM | *authore D. Chuonrado Pel-* | *licano Rubeaquense* ||
Opus omnibus studiosis sacra- | rum literarum, Concionatoribusque
Ecclesiasticis, apprimè necessa- | rium & utile, cuius consilium,
usum, utilitatemque uerso | folio in Praefatione intelliges. (Grösseres
Druckerzeichen in Einfassung.) *Tiguri in officina Froschoviana*
mense | Augusto, Anno Domini M.D.XXXVII. DE CONSILIO VSU | *et*
utilitate hvivs operis, | *H. Bvllingeri ad lecto-* | ctorem Praefatio.
1 Blatt (mit Pellikans Porträt als Initiale). EPITOME HISTO- |
riarum sacrarum et lo | *corum communivm cum pro-* priis, utrius-
que instrumenti. 24 Blätter.

LOCORUM COM | *mvnivm et propriorum sa* | *crosancti ecclesiasti* | ci
canonis Index. 63 Bogen zu je 6 Blättern, 1 zu 4, 1 zu 5 Blättern
in zwei Spalten.

Mit diesem Buche setzte Pellikan seiner vielseitigen Thätigkeit
als Verfasser derartiger Arbeiten die Krone auf.

Gegen das Ende seines Lebens beschäftigte ihn neben seinen
linguistischen Arbeiten am Thalmud und anderen rabbinischen
Schriften die Abfassung eines Bibelwerkes für die Gemeinde. Er
berichtet uns selbst, Seite 158, 162 und 182, wie er die Erklärung
des Jesajas, der Genesis, des Ezechiel und des Hosea hiefür
druckfertig gemacht. Dieselbe ist nicht herausgekommen; dagegen
erschien im Jahre vor Pelikans Tod ein Probeheft dieser populären
Bibelerklärung, und zwar, wie einst der Prospekt des wissenschaftlichen
Kommentars, über das Büchlein Ruth:

„Ruth. Ein heylig Büchlin des alten Testaments, mit einer
schönen kurzen Auslegung: darinn vil nutzlicher guter leeren vnd
vndericht viler Tugenden, so einem yeden frommen Christen wol
anstandt vnd sunderlich zierend, gegeben vnd angezeigt werdend.
Allen hausvätern vnd liebhabern gottliches worts gantz dienstlich,
nutzlich vnd gut. Durch den wolgelerten Heren Cunraten Pellican
zu Zürich, erst neuwlich zu nutz vnd gut den frommen in truck
gegeben, vormals in teutscher sprach nie gesehen. Gedruckt zu
Zürich bey Andrea vnd Jacobo, den Gessneren gebrüder, im jar als
man zalt von Christi unseres Heylands geburt 1555."

Der Inhalt ist zwar in der That „ganz dienstlich, nützlich und gut", aber ebenso weitschweifig wie dieser Titel; und da es zu jener Zeit an gediegenen deutschen Schriftauslegungen nicht fehlte, so ist das Ausbleiben des von Pellikan projektirten Bibelwerks nicht so sehr zu bedauern. Ohnehin gesteht Pellikan selbst in einem Briefe an seinen Schwager Fries (23. Dezember 1536), es fehle ihm eine rechte Gewandtheit im deutschen Ausdruck.

An Aufforderungen zur Herausgabe dieses Werkes liessen es Pellikans Freunde nicht fehlen. Gerhard zum Camph schrieb ihm (6. Dez. 1552): „Si precibus meis permoveri posses, immo piorum, rogamus ac obtestamur te, ut edas Germanica Commentaria in tota Biblia, ac quae corrigi velles in latinis Commentariis, ea transfer in hos commentarios ac hunc laborem principi nostrae ac ecclesiis nostris dedices velim. Hic autem titulus est viduae principi „der Edelen vnnd wolgebornen Anna geboren zu Aldenburg, Gräffynn zu Oestfrysslandt". „Ne recondas tuum talentum, satis diu delituit."

4. Die theologischen Streitigkeiten.

Dass Pellikan von solch umfassender literarischer Thätigkeit ziemlich absorbirt wurde, ist natürlich. Auf dem Schauplatz der Tageskämpfe „ist vom stillen Pellikan nur selten die Rede". *(Mörikofer: Zwingli I, 322).* Bei ihm finden wir ohnedies von der rabies theologorum keine Spur. Jenes hartnäckige Eifern für menschliche Ansichten, als wären es göttliche Wahrheiten, war dem demüthigen Mann ein Gräuel. Schon im Jahre 1528 glaubte er (Brief an Capito; Siml. Samml.) die Strassburger davor warnen zu müssen, „ne nimium judaissare videamus et spiritui nostro arrogemus divinitatem, quem toties humanum deprehendimus; et exempla errorum etiam in piis hominibus videmus, cum divino spiritui tribuunt, quod ingerit carnalis sensus et humana cogitatio." In dieser Beziehung würde er trefflich zu Melanchthon gepasst haben. Charakteristisch für Pellikans

confessionellen Standpunkt, und zwar sowohl für seine Unbe-
fangenheit als auch für seine Einseitigkeit, ist Folgendes aus
einem Brief an Mykonius vom 12. November 1537: „Nuper cap-
tato tempore diligenter legi locos communes Philippi Melanchtonis
et cum nostris dogmatibus contuli et nihil offendi, quod nolim
non aliter scriptum, sic mihi placet et fratribus quoque nostris;
praeter hoc unum quod de idolis in ecclesiis nihil dicit prorsus, quae
credo Dei esse abominationem et Satanae figmentum pernitiosissimum
in ecclesia, quae illi doctores ferre possunt et defendere, unde perti-
mesco daemonis machimamenta.“

Dass er der Unionsarbeit Buzers eher abgeneigt als günstig
war, hat seinen Grund durchaus nicht in starrem Zwinglianismus.
Wohl war er ein warmer Verehrer Zwingli's[1]), und seine theologischen
Anschauungen waren, wie er selbst im Epilogon zu dem von ihm
herausgegebenen Jeremiaskommentare Zwingli's 1531 gesteht, und wie
Alexander Schweizer (die Centraldogmen der reform. Kirche.I, 139 ff.)
an trefflich gewählten Beispielen nachweist, denjenigen des grossen
schweizerischen Reformators völlig homogen, aber ich möchte sagen,
gerade seine Homogeneität mit dem klaren, durch doktrinären
Idealismus unbeirrbaren Zwingli liess ihn über Buzers Bestrebungen
das richtige Urtheil fällen: „Buceri studium nimis perplexitati aptum.“

Im Chronikon geht er über seinen Antheil an den vielfachen
Verhandlungen der Schweizer unter sich und mit den Strassburgern,
einige trockene Sätze abgerechnet, stillschweigend hinweg, sagt auch
fast nichts von der abschätzigen und feindseligen Behandlung, die
ihm von Seiten der Wittenberger zu Theil wurde. Mehr erfahren wir
aus seinem Briefwechsel, verglichen mit seines Schülers, des Ludwig
Lavater „hictoria de origine et progressu controversiae sacramentariae
de coena Domini ab anno 1524 usque ad annum 1563 deducta.“

Buzer's anfängliche Bemühungen begrüsste Pellikan in einem
Briefe an denselben (6. Aug. 1529) mit den Worten: judicium tuum

---

[1]) Sein poetischer hebräischer Nachruf an Zwingli ist den ep. Oec. et
Zwingl. vorgedruckt.

de moderandis nonnihil dogmatibus Lutheranis valde probo, quandoquidem multa potuerunt ab initio mitius et persuabilius proferri."
Doch scheint der schlimme Ausgang des Marburger Gesprächs, den
er im Chronikon nicht unfein mit dem sauern Wein jenes Herbstes
zusammenstellt, ihn gegen Unionsbegeisterung gründlich abgehärtet
zu haben. Zwar verhärtete er sich auch nach Zwingli's Tod nicht in
dem Grade gegen die Deutschen, wie manche seiner Kollegen, so dass
Buzer gerade durch ihn noch im Sommer 1535 mit den andern
Zürchern anzuknüpfen versuchte (Brief vom 10. Juli; Simml. Samml.)
und ihnen sagen liess, es sei contra apostoli (wahrscheinlich Pauli)
et omnium sanctorum morem, wenn man wie sie alle Versuche zur
Verständigung ablehne. Nichtsdestoweniger begleitete Pellikan zu dem
Konvent der Schweizer in Aarau (Dezember 1535) seine beiden
Freunde Leo Judä und Bullinger nur, um zu genauester und vor-
sichtigster Prüfung der Buzer'schen Vorschläge zu mahnen. Und nach
Wittenberg (beziehungsweise Eisenach) ging er so wenig als Bullinger,
trotz den Bitten von Zwick. Dagegen reiste Pellikan im Juni nach
Strassburg, und da er im Chronikon keinen andern Grund zu dieser
Reise angibt, so dürfen wir annehmen, dass er, sei es aus eigenem
Antrieb, sei es aus Auftrag Bullingers, sich persönlich von dem Erfolg
der zwischen Luther und den Süddeutschen stattgehabten Verhandlungen überzeugen wollte. Es ist interessant, zu vernehmen, wie er
den Bericht seines Freundes Zwick in einem Briefe an Joachim Vadian
vom 7. Juli 1536 (Autogr. in St. Gallen) wiedergibt: „Argentinam
veni 16. Junii; sequenti die sabatho redierunt Capito et Bucerus cum
D. Zuiccio; convenerant Francfordiam praedicatores ecclesiarum
Augustan. Ulmen. Memmingen. Esslingen. Rutlingens. Fürfeld. pariter
autem et cum Francoford. Isnacum pervenientes neminem invenerunt.[1]
Quando et de negotio toto illic nihil audierant in Isnaco, progressi
itaque sunt pariter Wittenbergam, ubi contulerunt cum praesentibus
Luthero, Jona, Pomerano, Melanchtone, cum tribus aliis, tantum de
causa eucharistiae, in qua satis concordare eos contigit, quoad sen-

---

[1]) Vgl. *Baum*: Capito und Butzer, S. 506.

sum nostrarum ecclesiarum, quamquam verbis suis utantur „corpus Christi adesse, exhiberi et sumi vere et substantialiter" negare transsubstantiationem et localem inclusionem in pane aut durabilem conjunctionem extra usum sacramenti, concessa unione tantum sacramentali etc. Aegre tulerunt praefationem Theodori[1]) quoad verba quaedam, quibus visi sunt irritati vel paululum perstricti, quamquam substantiam dogmatis in eadem probarint. Quia vero pauci convenerant, non confirmarunt concordiam, quam ad alios quoque referre volebant. Ascensionis die Lutherus praedicavit, multa debilitate corporis afflictus, ut vix sermonem perficeret. Sequenti Dominica Bucerus ibidem concionem habuit de eucharistiae negotio, ea forma loquendi, quae placuerit Wittenbergensibus omnibus et nostris non displicuerit. Sic mihi retulit Zuiccius."

Schon aus der Art und Weise dieses Berichts und noch mehr aus dem betreffenden Passus des Chronikons erhellt deutlich, dass Pellikan in Strassburg nicht wie Zwick für Buzers Machenschaft gewonnen worden. Ja, es ist sogar anzunehmen, dass in der Folge gerade er das fortwährende ablehnende Verhalten der Zürcher gegen Buzers wiederholtes Drängen betrieben hat. In einem Briefe an Ambros. Blaurer vom 11. August 1536 (s. Siml. Samml.) spricht er unverhohlen seinen Widerwillen aus gegen die Propaganda, welche Buzer durch Sammeln von Unterschriften hervorragender Theologen zu Gunsten der Konkordie unternommen hatte, und motivirt diese Antipathie in ächt protestantischer Weise mit folgenden Worten: „colligit subscriptiones, quas praejudicare ecclesiis non debere judico; quid enim nos sumus, ut fidelium conscientiis et fidei praejudicemus? Credimus, quod probare verbo Dei possumus. Credant quique, quod conscientia de verbo Dei persuaserit".

Mit Recht verheisst er a. a. O. und in Briefen an Mykonius einer künstlich („per spinosos Buceri articulos" — „tanto labore et sumptu Buceri"[2]) hervorgebrachten Einigung wenig und kurzen Erfolg,

---

[1]) Die Vorrede Biblianders zu den «Epistolae Zwinglii et Oecolampadii».
[2]) S. *Baum* a. a. O. S. 516 ff.

empfiehlt dagegen für beide Konfessionen eine objektive, von keiner falschen Rücksicht gefärbte Darlegung ihrer Anschauungen, wie sie von reformirter Seite sein Gesinnungsgenosse Vadian in den „Aphorismen" gebe, und versichert, dass wenigstens in Zürich durchaus keine Verbitterung herrsche gegen irgend wen: „Nos certe (o. a. Brief an Blaurer) non vulgariter, sed ardenter amamus omnes, quos cernimus et sensimus in opere Christi fuisse studiosos, quos multum promovisse ad reformationem ecclesiae gaudemus". Aehnlich schreibt er den 12. November 1537 an Mykonius: „sicut ob doctrinas displicentes nobis neminem odimus, sic nec doctrinas nostras ob amicitiam cupimus tolerari, sed ad verbum Dei exigi. Non tantus est respectus personarum habendus et quicquam contra conscientiam et verbum Domini dissimulandum. Vellem autem omnia libere, synceriter et ad faciem geri, dici et scribi a sinceris hominibus".

Diese vorurtheilslose Anerkennung des Verdienstes auch der Gegner hinderte jedoch Pellikan durchaus nicht, gehörigen Ortes entschiedene Polemik zu treiben. So finden z. B. an verschiedenen Orten seiner Evangelienkommentare und wiederum in seiner Auslegung von Act. 1, Angriffe von Brenz auf die Schweizer ihre energische Abweisung. Doch wird Brenz nicht genannt, was Pellikan in einem Briefe an Vadian (3. April 1537; Original in St. Gallen) damit motivirt, er wolle in der Konkordiensache durchaus kein Gewicht in die Waagschaale legen. Es fehlte nämlich nicht an Solchen, die ihn um seine Zustimmung zur Konkordie bestürmten und es gerne gesehen hätten, wenn er seine verbreiteten Kommentare in den Dienst der Union würde gestellt haben. Von seinem alten Kollegen Lüthard schreibt er (an Mykonius, 12. November 1537): „Luthardus perpetuo me flagellat quasi nolentem concedere Bucero". Allein Pellikan hatte nun einmal die Ueberzeugung gewonnen, dass der von Buzer eingeschlagene Weg kein solider sei, und konnte nach seinen Erfahrungen auch der im Frühling 1538 eingetretenen friedlichen Stimmung, der Korrespondenz zwischen Luther und Bullinger einen bloss relativen Werth beimessen (s. die Briefe an Mykonius in der Siml. Samml.). In der That kehrte der Sturm über Nacht zurück, und Luther und seine „Kartelträger" wütheten bald wieder ärger als je gegen die Schweizer. Hierüber findet sich im Chronikon wohl hin und wieder eine leise Klage, die Hauptsache dagegen, dass nämlich in Wittenberg die Schriften der Zürcher faktisch auf den Index gesetzt wurden, habe ich erst aus einigen Briefen des Siebenbürgers Martin Henczius an Bullinger, an Pellikan u. A. vom August 1543 erfahren; und in diese traurige Geschichte finden wir auch Urban Rhegius verwickelt! Die betreffenden Notizen des Henczius lauten: „Dedi ad Dn. Mag. Bullingerum schedam quandam, in qua continebatur judicium Doct. Urbani Regii super libros ipsius, deinde Dni. Pellicani, Udalrici Zwinglii . . . , ut certo tibi constaret, cur tua scripta ac ceterorum, quorum ibidem fit mentio, tam exosa, ut etiam publice venumdari vetitum sit, habeantur".

War so schon zu Lebzeiten Luthers das Tuch des Abendmahlstisches zwischen seinen Anhängern und den Schweizern gänzlich zerschnitten, so hatte vollends nach dem Tode des grossen Reformators Buzer'sche Flickerei keinerlei Aussicht mehr auf Erfolg; denn die Epigonen Luthers hielten noch viel conservativer auf der Integrität der von ihm überkommenen Lehre, als es ein Jahrzehnt früher die Zwinglianer nach ihres Meisters Tod gethan hatten. Von einer Verständigung konnte vorläufig nicht mehr die Rede sein. Um so natürlicher war es, dass die Reformirten nun wenigstens unter sich einig zu werden suchten. Es entstand der Zürcher Consensus, unter dessen Lehrschutz Pellikan durch seinen Freund a Lasco und durch seinen besonders ergebenen Schüler Gerhard zum Camph (s. Siml. Samml.) auch die Glaubensgenossen im Norden: in England und Friesland zu ziehen suchte. In den bösen Tagen des Interim verdiente das Zürich Bullingers und Pellikans auch in geistiger Beziehung den Ehrennamen, den ihm zum Camph in einem Briefe an Pellikan vom 10. Mai 1550 gibt: „apud vos est hospitium miserorum profugum ob Christi nomen".

5. Zur Charakteristik des Chronikons und des Chronisten.

„Ex omnibus autem virtutibus, quas plurimas habuit et maximas, nulla fuit admirabilior una modestia, qua ceteras quasi condiebat et ornabat. Insolentia enim, quae saepe pulcherrimas virtutes obfuscat obvelatque, longissime ab hoc homine semper abfuit." Mit diesen Worten schildert Joh. Fabricius a. a. O. nicht bloss den Grundzug von Pellikans Wesen, sondern er gibt damit auch die Grundfarbe des Bildes an, welches Pellikan von seinem eigenen Leben entworfen hatte, nämlich eine ausserordentliche Bescheidenheit. Das Wort, das sein Freund Konrad Gesner a. a. O. von ihm braucht, findet auch auf seine Selbstbiographie die vollste Anwendung: „citra ullum fucum aut ostentationem", denn es ist in ihr auch nicht eine Spur von Selbstverherrlichung zu entdecken. Es sind wirklich anspruchslose Jugenderinnerungen, ergänzt durch ein leider nur sehr skizzenhaftes und nicht mehr eben übersichtliches Bild seiner vielgestaltigen Wirksamkeit in Zürich.

Oft müssen wir die bescheidene Zurückhaltung des Autors fast bedauern. Wir würden z. B. gerne mehr von seinen Beziehungen zu den Männern hören, die nun einmal jener Zeit das Gepräge gegeben haben und mit denen Pellikan nach seinen eigenen Andeutungen und nach sonstwo erhaltenen Zeugnissen in vertrauterem Verkehr gestanden hat: Erasmus, Luther, Zwingli, Calvin;[1]) dagegen könnten wir füglich manche Familiennachrichten entbehren, obgleich gerade auch unter diesen mehrere Miniaturbilder von grossem kulturhistorischem Werth sich befinden: ich mache bloss auf die einlässlichen Nachrichten über Pellikans Oheim, Jodokus Gallus, den Freund Reuchlins, aufmerksam.

Eins ist jedenfalls unbestreitbar: was Pellikan uns gibt, das trägt den Stempel einer grossartigen Objektivität und unbefangener Wahr-

---

[1]) Eine Ausnahme ist die sehr interessante Schilderung, die Pellikan S. 77 von seinem Verhältniss zu Franziskus de Angelis gibt.

heitsliebe. Dem Gerücht z. B., das seine Gesinnungsgenossen ausgestreut, als wäre Paul Scriptoris von den Mönchen vergiftet worden, tritt er energisch entgegen; dem Provinzial Satzger, der ihm in Basel böse Tage bereitet, setzt er für alle seine sonstigen Verdienste ohne Groll ein schönes Denkmal; und für die Leistungen eines Erasmus bleibt sein Blick trotz festem reformatorischem Bewusstsein ungetrübt. Fast noch bewundernswerther als diese Grossherzigkeit hinsichtlich des Gegners ist das neidlose Lob, das Pellikan seinen Kollegen zu spenden nicht müde wird. Dass es ihm, dem Kinde des Friedens, in der Umgebung des edeln Bullinger ganz besonders wohl war, ist leicht zu begreifen. Ein besonderes Zeichen seines schönen Charakters aber ist es, dass er dem viel jüngern Bibliander gegenüber auch nicht die mindeste Eifersucht zeigt, obwohl dieser als Hebraist gewissermassen sein Konkurrent war. Allein es scheint damals überhaupt in jenen Kreisen Zürichs eine beneidenswerthe Harmonie geherrscht zu haben. Das Chronikon entwirft von dem dortigen kirchlichen und wissenschaftlichen Leben ein prächtiges Bild, das um so farbenreicher ist, als eine wahrhaft staunenswerthe Menge der interessantesten Männer aus Süd und Nord nicht bloss vorübergehend, sondern während Monaten und Jahren darin erscheinen.

Kein Wunder, dass Pellikan aus diesem Kreise heraus selbst dem schmeichelhaften Ruf, der von Tübingen her durch seinen Freund Ambr. Blaurer an ihn erging, nicht Folge leisten mochte. Schnepf war zum Mindesten kein Bullinger. Dass Pellikan im Chronikon gänzlich von der ehrenvollen Anfrage schweigt, ist ein neuer Beweis seines bescheidenen Sinnes. Und da Dr. Theod. Pressel in seiner Monographie über Ambr. Blaurer, S. 392 ff., aus der betreffenden Korrespondenz der beiden Männer das Wichtigste bereits mitgetheilt hat, so haben wir nicht nöthig, hier auf den Hergang einzugehen.

Als 20 Jahre später Pellikan einem höhern Ruf Folge leistete, wurde er in Zürich schmerzlich vermisst: sein Nachfolger machte Bullinger grosse Noth, und Biblianders Thätigkeit war von da an gänzlich verbittert. Auch im fernen Ausland fühlte man, dass Zürich durch Pellikans Tod unendlich viel eingebüsst. Der Friesländer

Gerhard zum Camph schrieb seinen dortigen Freunden, Beatus Rhenanus habe ihm einst bei seiner Abreise nach Zürich nicht ohne Grund die Worte mit auf den Weg gegeben: „du wirst an Pellikan einen Engel Gottes sehen"; der Mann, der in seinem Leben den Zorn nie habe über sich Meister werden lassen, und von dem der Friede Gottes während seines langen Lebens nicht auf drei Tage gewichen sei, werde billig tief beweint. —

Ein treffliches Bild Pellikans gibt der Zeitgenosse Joh. Kessler in der Sabbata, herausgegeben von Ernst Götzinger in den St. Galler Mittheilungen für vaterländische Geschichte I, 164: „Des obgedachten doctor Joann Rochlin jünger ist gewesen Cuonradus Pellicanus, ain barfusser monach zů Basel, welcher als ain fruchtbar bom vil frucht- bare est ussgeworfen, so er disse hailigen sprach witer ussgespraitet ung gelert hat, under welichen Seb. Munster gezelt wirt. Dieser Pellicanus siner geberden nach gar kindtlicher huldseliger, sänft- müttiger mensch und so gar nitt erengitig, das er, damit er sollichem laster entflüchen möcht, ettliche sine bücher, darinn er offtgemelter hebräischer sprach underrichtung gibt, under eines sines jüngers nammen im trück ussgon lassen verschaffet hatt. Siner person nach blaich und rain, ainer ziemlichen lenge mit einer furgehenkten nasen gegen den mund. Jetzund aber ist er wonhafft zů Zurich uss nach- stellung ainer ersamen oberkait daselbst, den papstlerorden abgelegt und sich mit ainer ersamen frowen verhuret. Dazu berüfft und ver- ordnet, das er die hebraischen lection versechen sol, so genaigt zů leren, das er mit dem klainesten kind so stůdieren begert tag und nacht unverdrossen mag mů und arbait erdulden."

CHRONICON C. P. R.
AD FILIUM ET NEPOTES
1544.

Conradus Pellicanus filio Samueli optat paterno affectu timorem Dei, qui initium sit sapientiae salutaris; quae spiritu sancto adaugeatur ex studio Sacro verbi Dei: cum fama odorifera virtutum et meritorum; fortunam mediocrem et posteritatem Deo et hominibus amabilem ac gratam: ad Dei optimi Maximi gloriam et posterorum salutem patriaeque tam tuae quam meae. Quandoquidem cupio te consequi, quod mihi dolet fuisse ademptum, historiam tuorum Majorum, genus, studia, loca, fata, ad tuam et posterorum nostrorum, si dare dignabitur dominus, quod opto, pios et utiles ad proximorum salutem et Dei gloriam, institutionem, praemonitionem et ad exemplum in bonis; ut tu quoque aevo tuo victurus, similiter attendere, annotare et ad successorum sancta exempla conscribere consequenter studeas et adhorteris, ad memoriam sanctam ac utilem, non ad jactationem patrum, sed ad institutionem filiorum, hujus modi forent a doctis majoribus et successoribus tentanda. Il quod hactenus docti caelibes non potuerunt, alioqui virtutum exempla plurima filii recepissent a patribus, et non tantum divitiarum hereditas curata, sed morum magis institutio sancta fuisset promota ad posteros. Id agere tecum, carissime, institui jam senex, agens 66 annum, post multa scripta, ad tuam utilitatem, quae non statui invulganda, sed tibi et nostris cognatis communicanda ad profectum in sacris, quibus solis insteti, jam ab annis fere quinquaginta; saeculares quidem literas degustans tantum, et nihil contemnens,

I

sed posthabens semper Divinis, quibus intellexi me dicatum a Domino a juventute mea. Quorum usum et fructum intellexi mihi per Dei gratiam profuisse multum usque in senectam et senium, ut me Deus nunquam dereliquerit, sed verbi sui admiratorem studiosum continuit et servavit a multis hujus mundi calamitatibus et promovit ad vitae commoditatem, satis, sua gratia, felicem, id quod promisit omnibus diligentibus nomen suum et meditantibus legem suam die et nocte. Quamvis vero temporis maximam partem perdidi, rebus et studiis inanibus, exemplo communi multorum, cum quibus vixi, tamen, aliorum comparatione, haud parum insudavi sacris et satis profeci pro mea vocatione, quam sum secutus satis, sed non super quam satis diligenter, temporum malitia haud parum praepeditus. Quo tempus tibi felicius ad studia literarum illuxit, utinam sic quoque tibi vitae innocentia contingat et pacis tranquillae, quemadmodum mihi Dei dono contigisse et gratia, gratias Deo debeo et ago pro viribus.

Jodocus Gallus sic quoque omnia assignare solebat Sequor quidem in Chronica privata hac mea et meorum exemplum doctoris nostri Jodoci Galli[1]) Rubeaquensis, qui Heidelbergae praesidens universitati studiosorum prime, deinde Spirae Cathedralis ecclesiae pastor et praedicator, studuit annotare diligenter, sed brevius, cognationis suae genealogias et sua quoque fata, passim adscripta coopertoriis librorum, maxime cuidam libro Terentiano, quem ex omnibus suis libris post mortem ejus testamento legatis filiis sororis meae unicum indolui cum aliis non inventum, sed a familiaribus suis amicis subtractum, ob multa hujus modi annotata temporaria gesta, quamvis arbitrer talia reperienda multa in libris manu sua scriptis, inveniendis adhuc intra Bibliothecam suorum librorum in Bibliotheca Franciscanorum,[2]) in qua eos ad tempus conservandos ordinaverat per me, teste, adhuc si vivat, Matterno Hattone, praebendario ad S. Thomam Argentorati, qui ipse, vel

Matternus Hatto

---

[1]) Ueber Jodokus Gallus, Pellikans Oheim, vergleiche die im Register aufgeführten Stellen und *Hautz,* Geschichte der Universität Heidelberg. Welches Ansehen derselbe in Heidelberg genoss, kann man daraus ersehen, wie der alte Chorherr Hofmann sich auf der zweiten Züricher Disputation 1523 auf ihn sich berief; s. Christoffel; Huldreich Zwingli, S. 114.

[2]) In Ruffach. Auf die ganze Angelegenheit kommt P. weiter unten zu sprechen.

ejusdem libri, super hujus modi subtractis libris requirendus foret, qui fuit Doctoris nostri amicus familiarissimus et fidelissimus ac librorum amator magnus. Ultimo autem atatis suae aevo per XVII annos coeperat pro singulis diebus anni annotare, quae juxta ecclesiae suae ordinem quotidie oranda erant de sanctis et temporibus pro temporis sui ratione. quin et hospites quos suscipiebat et quibus suscipiebatur; erat enim humanissimus vir et vere liberalis sine prodigalitate, et amicorum suorum cultor observantissimus. unde et adsignabat amicorum beneficia accepta, eorum fata prospera et adversa. Obitus quoque et acta quoque principum et Comiitia Imperialia adsignabat et si quos sermones alicubi praeter morem et extraordinarie in ecclesiis dicere cogeretur. eas mihi notulas misit testamentarius suus praefatus Matternus, ex quibus juvare in quibusdam potui memoriam in mearum quoque actionum adnotatis. Cujus equidem exemplum sequens, facile nunc ex ephimeridialibus libellis nunc juvor interserens folia munda pro mensibus singulis in quae quae notanda volo consignare jam coepi ab anno quadragesimo primo diligentius quidem quam antea: quando ab anno 26'' post millesimum quingentesimum coepi quidem quaedam annotare sed admodum pauca. Nunc autem ab exordio quæ notanda putavi quamlibet multa et non necessaria sed tamen memoriae meae jucunda, exordiar tandem a nostris.

Ephimeridiales libelli juvant memoriam

A nativitatis igitur meae tempore inchoans, gratias Domino agere debeo ex animo et perpetuas, qui me nasci praeordinavit ab honestissimis et christianissimis parentibus et progenitoribus, patre Conrado Kürsner, nato ex oppido imperiali et libero in Suevia, secus Herciniam vel nigram quam vocant silvam, dicto Wyl am Schwarzwald, et matre Elizabeth, nata Rubiaci, municipio ecclesiae et episcopatus Argentinensis, in superiori Mundato. Natus sum autem Dei gratia non infeliciter, anno Domini millesimo quadringentesimo septuagesimo octavo, nona ferme die Januarii sacro fonte initiatus Christo, patrinis duobus honestis sacerdotibus, Magistro ordinis sancti Spiritus, cujus nomen nunc non succurrit et Domino Christophoro Capellano ecclesiæ parochialis, quorum prior me Danielem vocari voluit, sed posterior Conradum ex patris nomine cognominandum praevaluit. Matrina erat honestissima virgo, adhuc dicta Kunigunden Bentzin: postea juncta matrimonio Jodoco Bentz,

Exordium cum actione gratiarum Deo

Conradus Kürsner pater „Wyl am schwarzw.'

Quando natus C. P. R. 1478

Patrini, qui fuerint C. P'

4

sutori, avo meo paterno viciniori. Natus autem in domo media inter angularem domum e regione sancti Spiritus et eam, quae ad occasum alluitur rivo praelabente urbem, subtus vetus hospitale.

Nutritus autem ab infantia in domo tertia vici proximi rivo dicti *das Zigergeßlin*, ad dextram ingredienti vicum e regione arcus, versus rivum, qui ad sinistrum occurrit in eodem vico, quae fuit secunda domus aviae meae, relicta ex sororis demortuæ hereditate, idonea pro textore, qualis erat sororis maritus.

Fuit vero pater meus Wylensis, natus a patre similite nominato Conrado Kürsner, cive Wylense, ob artificium et ex progenie dicta Kürsner, ultimo genitus post quindecim filios et filias, quorum Caspar, Wendelinus et alter posteros reliquerunt in Wila, Calb et Gerlingen, verum sorores tres me videre contigit superstites in villa Magstat: Margaretha, Barbara et Elsa, quae et ipsae proles reliquerunt multiplices ex viris Lateritio, Frisio et alio. Sunt et in Wyla adhuc posteri lanifices dicti Kürsner et Speydel, consanguinei et affines, sicut et alii in Magstat, dicti Rockenbuch. Avia enim paterna, avo mortuo, relictis vivis octo filiis et filiabus, honestissima femina, nupsit Sculteto in Magstat, viro diviti, dicto Herman Merck, qui et ipse viventem prolem habebat numero octo, et pariter genuerunt filium decimam septimam prolem, qui tamen infans duorum annorum periit. Ceteri matrimonio mediante creverunt in multitudinem magnam, sed pesti obnoxiam, frequenti vastatione Domino maturius evocante innocentiores. Superstites coepi videre et noscere anno 1497, ultimo quosdam vidi anno 1522. Recepit vero insignia generis sui Pater meus, quia ultimo natus, et tenuit, usus eis, in utensilium notis, clypeum album, medio transversaliter divisum, nigra superficie, adsignatis rubeis stellis, supra et infra, quale videre est in urbe Wyla passim, maxime in Monasterio Augustinianorum et in Monasterio Gotzamo, ubi quidam olim ejus generis Abbas fuisse conspicitur, in testudine chori. Hæc de avo paterno me agnovisse contigit, audita et visa, tantum modo.

De avo materno, cive honestissimo, sed paupere, non egente quidem, mihi autem noto et caro, scias carissime filii, dictum Joannem Galtz, id est Gallum, erat enim natus de Burntrut,[1])

---

[1]) Pruntrut.

artificio sartor. Is fratrem habuit ditiorem et seniorem, similiter dictum Hantz Galtz, agricolam: ad cujus differentiam avus meus dictus est Klein Hans a civibus omnibus semper. Unde et mater mea et avia dictae sunt Kleinslerin. Reliquit post se Hans Galtz filium dictum Gualterum Galtz, i. e. Gallum, Capellanum par- Gualterus Galtz obiit rochialis ecclesiae, qui obiit anno 1518. Condito testamento decem 1518 anno florenorum, annuatim ordinatorum pro studioso nostri generis, quos Heidelbergae in bursa nova pro studio expendi voluit, id quod primus egit Conradus Wollfhart, ad magisterium usque. Eidem Gualtero soror fuit Margaretha, quae filiam reliquit nuptam agricolae Fridric Hüglin, cujus supersunt reliquiae. Ceterum praeter hos consanguineos tibi nullos nominare possum vel novi aliquem, quorum exstent posteri, sic vastante peste nostrum genus omni tempore; unde tibi quoque timendum, quidem ut caveas et Dominum depreceris.

Avo itaque meo Gallo contigit uxor, avia mea materna, nomine Barbara Christan Barbara Christan: nuptiae celebratae.anno 1446. Habuit ea sororem, nuptiae 1446 viro junctam, qui longo tempore sacristam egit ecclesiae Rubiacensis, Paulum nomine, unde progeniti Nicolaus sacrista et soror in rus elocata, ambo sine posteris mortui.

Annotaverat Doctor Jodocus Gallus diligenter prolem horum multam, hoc est sedecim filiorum et filiarum, fratres suos et sorores, quos omnes nominare non possum, quorum obierunt diem omnes, nondum me nato, praeter matrem meam Elisabetham Kleinhanslerin, Mater P. R. quae nata est anno 1456; obiit autem anno 1528 die Ursulae, quando nata et obierit 21. Octobris. Ejus frates Doctor Jodocus Gallus, natus anno 1459, Jodici Galli obiit vero anno 1517, 21. Martii. Post omnes ceteros mortuos nativitas et mors filios et filias, numero 12, nata est avo seni et aviae vetulae 50 annorum filia Anna, anno 1474. Quae tandem nupsit calciatori diviti Joanni Knornhower, habitanti in Schola Judaeorum, quae post natum filium et mortuum peste ipsa quoque obiit anno 1502, 17. die Januarii, quum jam grassata fuerat pestis multis mensibus. Post hanc Annam natam nuptiae contigerunt parentum meorum, Parentum O. P. nuptiae die 21. Januarii, anno 1477, statim a bello Ducis Burgundionum, Carolo superato apud Naiinse; quo anno elapso, natus sum ego 8. die vel circiter Januarii, anno 1478. Post annum et X menses Pell. quando natus natus est frater Leonardus, deinde post annum et plures menses Leon. quando natus est frater Jodocus, sed infans mortuus, similiter postea Anna Jod. Anna

6

soror. Deinde nata soror Elizabeth anno 1486, quae superest, Dei gratia, cum filiis duobus: Conrado et Theobaldo. Post ipsam nata est soror Margaretha, anno 1488, deinde sororcula Agnes; sed praeter me et sororem Elizabeth omnes cum patre mortuae sunt et cum fratre anno 1501 in Decembri, cum jam Leonardus frater ageret annum 22., pater vero annum circiter 52. Mater vero cum unica filia vidua vixit 27 annis, opera pietatis et caritatis exercens, succurrens civibus officio et sedulitate gratis, sive parturientibus feminis, sive morientibus: labore manuum vivens sartrix feminarum cum filia, donec per visum valuit, contenta mediocri hereditate duarum domuum, horti et vinearum, donec filiam elocaret anno 1510, 30. die Julii, me tunc agente Rubiaci lectorem Theologum.

Dum vero sic peste absumuntur avi mei filii et filiae, praeter matrem meam et Jodocum, suum fratrem, 1470 eripitur Dei providentia et gratia is puerulus Jodocus, circiter 13 annos natus, bonae spei juvenis studiosus, et in monasterio Minorum custoditur a lue, deinde fratrum Minorum caritate mittitur Basileam ad studium prosequendum, sequentibus annis Heidelbergam promovetur per eosdem Franciscanos, pios homines, et suscipitur in cedes honesti et divitis viri, dicti der Regenspurger, qui erat spiritualis pater et procurator Minoritarum Heidelbergae, qui commendatum sibi hunc adolescentem Jodocum ad gratiam fratrum Minorum propter Deum suscepit, cum suis duobus filiis coaetaneum, sed doctiorem, nutriendum et fovendum. Spes enim erat Franciscanis, eundem aliquando suscepturum sui Ordinis institutum, a quo non abhorrebat animus ejus, sed profecit sic, studio deditus liberalium disciplinarum, donec cum filiis Domini sui promotus est in Magisterium, in quo eosdem, ut doctior, quia pauperior,[1]) excellebat eruditione et integris moribus. Donec assumptus est in Collegium Universitatis et donatus officio regendi Bursam novam, in qua laudabiliter sic gessit munus docendi, ut cum tempore vicariatum opulentum satis obtinuerit apud sanctum Spiritum Heidelbergae, homo laboriosus, diligens, eloquens, latinitati studens sub Magisterio Jacobi Wimpflingii quem semper praeceptorem veneratus est, et tandem sub Rudolpho Agricola,[2]) qui tunc Heidelbergae agebat,

Marginalia: Elizabeth; Margaretha Agnes; Mater P. quamdiu vidua; Relicta P. sor. quando elocata; Jod. Gallus frater matris Co. Pel. quomodo educatus; A Regenspurgerc suscipitur Jod. Heidelb.; Promotus in Magistrum; Rect. Bursae Vicarius; Praecept. in latinitate qui fuerint

----

1) Sic!
2) Ueber R. Agricola vgl. Geiger: das Studium der hebr. Sprache S. 21.

ubi et mortuus et apud Minoritas sepultus visitur. Fuerat tamen
etiam antequam Basileam venisset discipulus Wimpflingii in Sletstat
et Magistri Ludovici Frysii, ubi profecit puer non indiligens, quod
praemississe debueram. Promotus est successu temporis in Theo- *Promotus in Theologiae*
logia Baccalaureus et Licentiatus, aliquoties Rector Universitatis *Baccalau-reum et Li-*
creatus, ut videre est in matricula Universitatis Heidelbergensis, *centiatum*
quod aliquoties vidi curiosior, cum secum morarer.

Dum sic curriculo temporum Jodocus Gallus promovet in *Quando C.P. R. ingressus*
studio Heidelbergensi usque ad annum 1490, ego ab anno 1484 *ludum, prae-ceptore Ti-*
incipio scholas ingredi sub virtuoso, modesto, fideli et amabili *gurino*
Magistro Stephano Kleger, Tigurino, qui primus mihi praeceptor
factus, humaniter me tractatum fecit amatorem literarum et studii,
sed proh dolor post paucos annos eidem Basileam vocato successit
alter, Suevus Gütingensis, Michael Klett dictus, Baccalaureus Tu- *Alter prae-ceptor Sue-*
bingensis, ex primis ibidem post institutum Gymnasium promotus, *vus, qualis*
intractabilior, iracundus, invidus et avarus homo, sed in instituendis
pueris diligens valde. Sub eo studui Donato, Alexandro Gallo[1])
et Petro Hispano in primo et quarto tractatu et in suppositionibus
et appellationibus Marsilianis, in quibus quidem prae aliis coetaneis
profeci, sed cum multis laboribus, terroribus, plagis et virgis, quum
prorsus nullam ignorantiam mihi unquam inultam dimisit. et
erat mihi nullus adhuc codex impressus, aegre scribere cogebar
omnia, quae audiebam: nondum erant exemplaria Basileae impressa
vel Donati vel Alexandri, verum eisdem annis coeperunt ibidem
imprimi. A divitibus habebantur Donati, Ulmae impressi, eodem
charactere, quo et Ptolomaei Geographicum opus a Joanne Reger,
anno domini 1485.

Eodem anno peste decubui, ad aurem sinistram, post Januarium *Peste P. de-cubuit 12.*
aliquot hebdomadibus, sub quod tempus mense Martio incidit *die Martii Eclipsis*
Eclipsis Solis, quodam die circa horam quartam, integris et *solis*
omnibus punctis, ad magnum miraculum plebis, quae talia viderat

---

[1]) Das von dem Franziskaner Magister Alexander aus Dola (villa Dei)
in der Bretagne (1230—1240) in leoninischen Versen verfasste Doctrinale
puerorum wurde den Schülern damals allgemein eingebläut. Es zerfällt in drei
Theile, von denen der erste die Etymologie, der zweite die Syntax und der
dritte die Pronunciation enthält. S. *Fechter,* das Studienleben in Paris zu
Anfang des XVI. Jahrh. Basler Beiträge zur vaterl. Gesch. III.

nunquam. Erat tamen sacerdos senex doctus, qui ex calendario Joannis de Monte regio praesciverat diem et horam et cives quos- dam praemonuerat de futuris tenebris, aliis vehementer perturbatis,

maxime avo meo, qui in vineis laborans existimansque mundi ter- minum advenisse, supplex humi postratus orabat Domini clementiam pro gratia et indulgentia criminum. erat recens tunc impressum calendarium illud.[1]) Ejus temporis celebria gesta ferebantur: Cap- tivitas Maximiliani Brugis in Flandrici: quando primum milites vidi electos abire nigris indutos, colorem palatinatus gestantes. Erat enim Episcopus Robertus Bavariae dux, frater Othonis inter Nuren- bergam et Ratisponam dominantis.

Eo tempore nemo viderat picturatas et tessulatas vestes, ut sartores tunc artem sarciendi hujusmodi discere cogerentur, quia milites reversi novitates multas subintroduxerunt in patriam, nempe variegatas caligas, obtusos calceos, qui ante acuti gestati fuerant a viris et mulieribus. simul quoque novum sandaliarum genus ob- tusum, quod vocabant pantofflen, quibus meos etiam parentes de novo uti conspiciebam, obmissis paulatim callopediis, holtzschuen dictis. Quae quidem novitates creverunt interim in immensum, magnis impensis, cum aliis multis vestium mutationibus, quae me

puero inoleverunt et creverunt.[2]) Et Tygurinorum nostrorum tunc quoque vir et consul celeberrimus et Helvetiorum primus capitis est affectus, anno 1489 infra dies quadragesimae; cui nomen do-

minus Johannes Waldman. Et Baro quidam de Hungerstein paulo antea occisus fuerat a servis suis, machinationibus adulterae uxoris tormosae, circa Gundelsheim in torrente Lauch dicto submerso et collocato. Cantilena de eo erat crebra, et secutum judicium, tam in uxorem Basileae submersam judicio, sed servatam a lictore et captam postea in una arcium supra Rappelschwiler, et servi latrones deprehensi luerunt justum judicium. ipsa tandem in carcere defuncta.

Anno 1491, post pestem, quae Heidelberga grassata ejecerat studiosos Bursae novae ad oppidum Heidelsheim, cum jam essem

---

[1]) Der erste Kalender des Regiomontanus war im Jahre 1475 erschienen.

[2]) Ein weiterer Beitrag zu den Mittheilungen Schmollers in der trefflichen Abhandlung: Zur Geschichte der nationalökonomischen Ansichten in Deutsch- land während der Reformationsperiode. Zeitschr. für die gesammte Staatswiss. XVI, 1860, S. 668 ff.

annorum tredecim, vocatus sum ab avunculo, Licentiato, Theologo et regente Bursae novae. Veni Heidelbergam, illuc ductus a patre, post pasca. absente tunc Palatino Philippo[1]) et Nurenbergae comitia celebrante, secutum est bellum contra Ducem Albertum Monacensem, castris positis uff das lech feld, quadringentis equitibus eductis Heidelberga. Mensam habui in Bursa, habitavi cum avunculo, in alia domo. audivi lectiones ordinarias ad Baccalaureatum completas, extraordinarias praelectiónes habui: Rhethoricam ad Herennium Tullii a Doctore Joanne Vigilio, dicto Wacker;[2]) Juvenalem in Satyris ab Adam Wernhero Temarênse poeta; Horatium in epistolis, dèinde Statium in Achilleide et Opidium de nuce Magistro Joanne Stocker. Joannem de Magistris in Aristotelis logicam et Versorem in Petrum Hispanum in Bursa cum aliis audivi idque ad menses ferme sedecim. quibus finitis, taedium mei habuit avunculus, sive ob meam negligentiam, quam causabatur forsitan non sine causa, sive ob expensas, quas tamen paucas sustinuit, non ultra 14 florenorum; remisit me in patriam mense Septembri, anno 1492. Rediens Rubiacum, transivi Spiram hospitatus aliquot diebus et retentus a Jacobo Wimpflingo,[3]) Argentinam veniens curru amisi pecuniam mihi furto ablatam ab auriga: hospitatus sum cum Doctore Jacobo Han, qui redierat ab universitate Heidelbergensi ad patrem Canonicum apud divum Petrum juniorem, qui postea officialis Episcopi Argentinensis me semper amavit, tandem lepra affectus, domi clausus usque ad mortem. Is data pecunia, curru conducto promovit ad Selestadium; unde domum rediens, destitutus solatio omni apud pauperes parentes, libros mutuo accepi a Minoritis et in ludo puerorum auxiliarium ludimagistro dudum me exhibui, nulla alia spe ulterioris profectus. Unde gratis laborans in schola cum magistro, taedium devorando, mona-

Marginal notes: Mensam habuit P. in Bursa. — Lectiones fuerunt: Cic. ad Herenn; Juvenalis; Horatius; Salustius; Ovidius; Logica Arist; Versor in Petrum Hispanum — Remissus C. P. in patriam — Doct. Jac. Han. — Auxiliarius in ludo C. P.

---

[1]) Philipp I, 1476—1508.

[2]) Wacker als Rechtsgelehrter und Staatsmann vom Kurfürsten sehr geschätzt, war seit 1492 an der Universität thätig; über ihn und Adam Wernher s. Gautz a. a. O. und Geiger: Joh. Reuchlin, sein Leben und seine Werke S. 43.

[3]) Darnach wäre Hautz a. a. O. I, 326 zu berichtigen, welcher W. erst im Jahre 1494 als Kathedralprediger nach Speyer kommen lässt; übrigens sind die Data zu W.'s Leben von Schmidt im XVIII. Band der Herzog'schen Realencykl. hinlänglich festgestellt.

Ingreditur
saepe in mo-
nasterium sterium ingrediebar crebro. jam 15. annum agens, sollicitabar a fratribus, ut ordinem adsumerem, quibus tandem, incipiens annum sextum decimum, assensi et passus sum me recipi, parentibus ignorantibus, vel dissimulantibus, vel institutum meum non audentibus improbare ab superstitionem quae tum erat maxima, et quia non habebant unde me nutrirent et mendicatum emittere jam Baccalaureandum non valentibus.

Leonardus
Pellicanus Erat frater meus Leonardus[1]) hisce annis missus Wylam Suevorum ad civem cognatum patris mei: Joannem Spidel, ibi plus quam per annum vivens et scholas visitans amabatur et gratis alebatur; cui erant filii et filiae elegantes et humanissimae. dumque pestis ingrueret, remissus est in patriam frater, jam me existente monacho. inde Selestadium missus, annum ibi egit sub Crafftone insigni ludi magistro.[2]) profecit satis, inde vocatus Heidelbergam, cum avunculo studuit aliquot annis, donec Heidelbergae fuit avunculus, unde urgente peste, patriam tandem rediens, jam elegantia Leon. Pell.
mors metra componens anno 1501 obiit peste cum patre, sepultus cum patre apud Minores in cimiterio, ante Crucem.

C. P. R.
quando as-
sumptus in
ordinem Igitur incipiente anno 1493 assumptus in Ordinem Minorum, volens quidem, quia aliud vivendi genus non offerebatur ob parentum pauperiem, viventibus adhuc avo et avia et fratre et sororibus tribus. ipso die Conversionis Pauli habitu sum indutus cum magna laetitia fratrum, qui me in locum Magistri Jodoci avunculi recepissent, humaniter tractaverunt et religiose instituerunt, pro more religionis suae, in his quae ceremonias et disciplinam monasticam attinebant, quibus obsequebar aptus ad omnia munia monastica in choro et extra. Eodem quoque anno fuit pestis, sed mediocris. quo anno obiit avus meus, bonae memoriae et innocentissimae conversationis, grandaevus, jam plus quam nonagenarius. septima Augusti venit eodem anno Jodocus Gallus ex Heidelberga Jod. Gallus
aegre fere-
bat monach.
factum P. Rubiacum, aegre ferens me monachum factum, cujus se timebat, ut erat, fuisse occassionem: rogabat, ut si non valde placeret institutum, exirem denuo adhuc novitius, id recusabam, quia mihi

---

[1]) Schüler Wimphelings; s. unten S. 51.
[2]) Ueber den trefflichen Pädagogen Kraft Gofmann von Udenheim, genannt Crato, s. Pestalozzi: Leo Judä S. 2 f.

provisum nunc esset, et erubescerem famam exuti monachismi, velle me Deo servire in eo statu, quem arbitrarer Deo placere, in quo sperarem salvari. respondit avunculus, permitto lubens pro me monachus ut sis, sed non ut pro me beatificeris in celis. Sic abiens me cucullatum dimisit, rediens Heidelbergam, ubi statim translatus ad Necker Steinach supra Heidelbergam oppidum. Parochus ibi fuit et dilectus a consiliis, Philippo Palatino et nobilibus ibidem. illuc aliquando ad eum avia relicta, mater ejus, descendit: et aliquot mensibus ibi secum commorata rediit in patriam, malens cum meis parentibus domi in patria quam cum filio extra lares vivere.

Circa finem anni probationis meae, Dominica infra Octavas Epiphaniae, corripuit me pestis ad sinistrum, prope verenda. Statim Guardianus post matutinas intelligens minui me sanguine curavit, invaluit morbus usque ad indicia mortis. ordinavit pro me orationes fratrum, providit mihi de Sacramentis ambobus, adhibuit emplastrum. contraxit ulcus, convalui tardius, aperto ulcere, infirmorum domicilium per octo hebdomadas incolui. fideliter mihi omnia administrabantur a bonis fratribus omnibus. sicque convalescens die sancti Mathiae professionem feci in manus honestissimi patris Caspar Brun, pro more ordinis anno 1494.

Iterum P. R. peste correptus

Profession. quando P. fecerit

Contigit mihi statim Magister novus juvenum Joannes Altzinger Landshutensis, qui praelegit mihi et sociis textum tertii Sententiarum Magistri Cumbardi et centilogium Bonaventurae. Eodem anno ordinatus sum Acolitus Basilae, post crucis in Septembri, a suffraganeo seniore Tripolitano, post Luciae angariam subdiaconus ab eodem cum optimo juvene Nicolao Kulm Rubiacensi, qui postea factus est doctissimus et religiosissimus frater et amicus dulcissimus mihi perseveravit, guardianus multis annis Rubiaci et Tubingae, et confessor in Altspach, ubi et militem legens christianum Erasmi, mortuus est anno 1516.

Acolitus Basilae ordinatus P.

Nicol. Kulm

Jam anno 1495 congregatio Ulmae celebrata est, ubi praefuit provincialis Vicarius Caspar Waler; is Heidelbergae multis annis praedicator eximius concionabatur 6 annis ex libro Job, eloquens et zelosus, singularis amicus avunculi mei Jodoci Galli, a quo rogatus est ut me transferret consobrinum ad studium generale, quod tunc vigebat in Tubinga. Id sponte acturum sese recepit provincialis ad primam opportunitatem, quod et fecit; nam anno

1495

12

missus Tu-
bingam P.
Paul. Script. 1496 mense Martio misit me Tubingam, studiorum gratia, guardiano et lectori viro doctissimo probissimoque Paulo Scriptoris,[1])
e Wila Suevorum et ipse natus, qui proprio marte didicerat artes
liberales omnes, ut eas quoque praelegerit doctioribus de universitate, quibus erat miraculo ob ingenium. erat acutissimus Scotista,
auditor dudum Stephani Prulifer, Parisiensis Doctoris, habebat
quotidie auditores non solum ex secularibus Magistris multos, inter
Wittenbach quos ingeniosissimus erat Thomas Helvetius a Wyttelspach, Bielensis,
postea Doctor et evangelicus praedicator, tunc Schwitzerus dictus,[2])
et Paulus Volsius monachus Schutteranus, postea Evangelium Ar-
gentoriti praedicaturus, ut hodie praedicat,[3]) et Joannes Mantel
Augustinianus, postea Doctor, plura passus postea a Duce Wirtenbergensi, tandem evangelicus praedicator in dominio Tigurinorum
obiit in Elkii anno 1530,[4]) quin et totius monasterii Augustiani
fratres docti quotidie veniebant Tubingae ad audiendum Scotum a
Paulo; quibus praeerat Prior Joannes Stupicius, postea Doctor[5]) et
maecenas, provincialis Lutheri. Sed et Cosmographiam Ptolemaei
praelegens Paulus hic omnes Doctores fere et ceteros Magistros
habuit auditores et fratres doctos multos, cum quibus profeci prae
Compositio-
nem astro-
labii didicit
P. aliis. Docuit quoque monachos in Bebenhusen compositionem
astrolabii, me sibi socio assumpto, ut ipse ego quoque prae aliis
didicerim. Quamvis postea Magistris et fratribus omnibus usum
1497 praelegerit astrolabii, anno 1497, praelegit quoque nobis familiariter
quatuor vel 5 libros Euclydis. Scripsit tunc quoque explicationem

---

[1]) Vgl. die weitern Berichte P.'s über Scriptoris unten und Geiger: das
Studium der hebräischen Sprache in Deutschland vom Ende des XV. bis zur
Mitte des XVI. Jahrhunderts S. 19.

[2]) Wyttenbach war somit ein Mitschüler Pellikans und nicht sein Schüler,
wie es in Herzogs Realencykl. XVIII, 319 heisst; wenn er bei P. Hebräisch
gelernt hat, so ist das jedenfalls erst mehrere Jahre später in Basel geschehen.

[3]) Paul Volz gehörte später, als er Abt von Hugshofen war, zu Wim-
pfelings Schlettstadter Kreise; in Strassburg hat er sich nachmals bekanntlich
durch seine Hartnäckigkeit gegen die Concordia und durch seine Sympathie
für Schwenckfeldt ausgezeichnet.

[4]) Mantel, zuerst 1523 aus Würtemberg, später auch aus Baden verjagt,
war nach dem «conspectus ministerii Turicensis» bloß noch ein Jahr lang
Pfarrer in Elgg.

[5]) Staupitz promovirte in Tübingen 1500 zum Doctor der Theologie.

Scoti in primum Sententiarum, et non tantum complevit, sed et impressioni permisit, quo agente, prima impressionis librorum officina illuc (Tubingam scilicet) translata est ex Rütlingen. Exemplar impressum manu mea scripsi, ipso mihi dictante, quia non erat manu aptus scribendo. Finitus est liber impressus anno 1498, 24. Marcii. Verum ea impressura sibi cessit, ob perfidiam impressorum, in magnam perniciem. Erat is quoque vir dextro ingenio et liberali et audaci satis ad veritatis confessionem, eximius praedicator, non tamen ordinarius, quia guardianus. Verum evocabatur crebro a doctis sacerdotibus, qui tunc erant in Rutlingen, ubi in magnis celebritatibus praedicabat, sic quoque in oppido Horw, ubi nimis pro istis temporibus libere praedicans, quosdam articulos asseverabat et probabat fortiter scriptis: de Sacramentis, Indulgentiis, votis et aliis, qui postea dicti sunt, ut hodie, Lutherani. Propter quod et fama perveniens ad theologos Tubingenses, [1]) invisum eum reddidit universitati, eatenus, ut deliberarent de inquisitore hereticae pravitatis accersendo contra eum. unde et accusatus provinciali et a fratribus quoque subditis exosus, tandem ab officio suspensus est lectoratus et guardianatus.

(marginalia: Manu scripsit explicationem Scoti imprimendam)

(marginalia: Deliberarunt docti de inquisitore heretice pravitatis)

Dum hoc geruntur per annos sex fere, contigit, ut anno 1499 evocaretur idem Paulus Scriptoris ad Generalem Vicarium Ordinis ad Alsatiam. Assumpto ergo, more suo, me socio (qui expedite incedebam et eram patientissimus laborum et in victu parcus, ideoque fere semper eligebat me comitem, qui per iter eum exercebam quaestionibus) in Augusto mense transita nigra Silva per Dornstet et Knyebis, per Oberkilch et Argentinam, pervenimus Zaberniam, inde non invento generali, Basileam contendebamus per Rubiacum et Keisersberg, transeundo per monasteria. Qua pervenientes invenimus Generalem Friburgum contendisse ad Maximilianum Caesarem, jam ibidem tractantem de pace firmanda cum Helvetiis, cum quibus bella plurima gesta. tandem die Magdalenae, victoria stante penes Helvetios, de pace tractabatur. et jam generalis Hispanus, Franciscus Sagarra, vir doctus et egregius, nuntium habebat de Philippi Ducis, filii Caesaris, impraegnata regina,

(marginalia: 1499)

(marginalia: Scriptores vocatur ad generalem vic)

(marginalia: Franciscus Sagarra)

---

[1]) Die Professoren der Theologie sahen scheel zu jedem aus dem Franziskanerkloster hervorgehenden Talent. Vergl. des Herausgebers Monographie über Johann Eberlin von Günzburg S. 11.

ex eo qui nunc regnat Carolo quinto. Is (generalis Ordinis) condixerat ad Oppenheim futurum quorundam Patrum conventum, inter quos Paulus (Scriptoris meus) quoque evocatus erat. Igitur cum guardiano Basiliensi descendendo pervenimus Wysenburgum, inde ad Oppidum Dürcken venientes, visitandi gratia ascendimus in proximo montem ad **Monasterium** Limpurgense egregium et regale, a **Conrado Caesare** secundo constructum et ab Heinrico tertio, ut credo, absolutum; ubi columnas templi sanctæ Crucis vidi, omnes altissimas uno tantum lapide constantes, ut miraclum videretur translatio vel erectio tantarum columnarum in templo (quod ideo insero, quia post aliquot annos nempe 18vo iterum illuc a Cruznaco per Heneuw monasterium Canonicorum perveniens, cum provinciali Sasgero invenimus illud monasterium tam egregium miserabiliter combustum a Comite de Lyningen, nebulone impiissimo).[1]

Sociorum autem in itinere permutatione, quia multi eramus, factum est, ut jungerer comes cuidam Patri, Paulo Pfedersheimer[2] insigni praedicatori, qui ex Judaeis conversus Moguntiae dudum, et magister in artibus promotus, minorita postea factus et celebris erat, vocatus et ipse ad comitia, ad Oppenheim. Eidem confabulatus per iter, significabam habuisse me a puero et a triviali schola affectum et desiderium sciendi Hebraeorum linguam. Cum enim puer, circiter undecim annorum vel minus, inter pueros audissem, quendam Doctorem theologum disputantem cum Judaeo de christiana fide, confusum fuisse respondendo, non solum a

Marginalia:
- Carolus 5
- Conventus in Oppenheim
- Limburg. monaster.
- Comes de Liningen
- Occasio a deo ordinata discendi Hebraica
- Disputatio de fide cum Judaeis

---

[1]) Der nun folgende sehr interessante Abschnitt bis S. 23 ist durch Ludwig Geiger in den Jahrbb. für deutsche Theol. XXI, 1876, S. 203 bis 212 veröffentlicht worden. Geiger scheint zur Ueberzeugung gekommen zu sein, daß er in seiner besten sehr verdienstvollen oben angeführten Schrift «das Studium der hebräischen Sprache» und in seinem Werk über Reuchlin Pellikans Bedeutung zu niedrig angeschlagen hatte.

[2]) «Der später — besonders durch seine Beziehungen zu Geiler — so berühmt gewordene Joh. Pauli, Verf. der Schwanksammlung: Schimpf und Ernst, herausgeg. von Oesterley, Tübingen 1866. Die Beziehung zu Pellikan und die mancherlei Notizen über Pauli's Leben und Wissen, die sich aus der folgenden Schilderung ergeben, waren, meines Wissens, bisher gänzlich unbeachtet.» Geiger, u. a. O.

Judaeo, sed etiam a Judaea.[1]) Id ego audiens, puer, vehementer
obstupui et indolui, non sine quodam conscientiae scandalo, quod
fides nostra christiana non solidioribus argumentis fulciretur, quam
quæ possent a Judaeis contra doctos Theologos convelli.[2]) Id
autem a puero alta mente repostum, posteaquam Minorita factus
quotidie audirem et legerem sacra in choro et mensa cum inter-
pretatione Lyrana, discebam non tam clara esse mysteria scripturae, Lectio bibl.
et Lyrana
nec omnibus tam certa, quin multi super ea multa inferrent et
varia, quum Lyranum audiebam alicubi dissentire a divo Jeronymo,
probare alicubi expositionem Rabi Salomonis[3]) contra Augustinum, Judaeorum
scriptores
et Paulum Burgensem,[4]) neophitam, improbare Lyranum, haec
audiens, et prophetarum oracla nondum intelligens, et saepius alle-
gatam hebraicam veritatem contra translationem vulgatam, alicubi
quoque translationem Chaldaicam Onkeli et Jonathae audiens a
nostra vel stare vel discrepare, simul quoque legens Pauli Bur- Paulus bur-
gensis
gensis scrutinium, quod Italus quidam latinius transtulit contra
Judaeos ex Judaicis scriptis, legens et Petrum Nigri, plurima alle-
gantem ex Judaicis scriptoribus in libro quem Stellam Messiae Stella Mes-
siae
inscripsit.[5]) Haec omnia visa, audita, lecta, puerum me, et jam
adolescentem, sollicitabant ad discenda hebraea, si quae occurrerent
vel membranae, quibus nostri codices ligabantur. Nec tamen usque
in eum diem mihi occurisset quaecunque opportunitatis discendi

---

[1]) Diese Mittheilung ist für Pellikan höchst charakteristisch. Auch Geiger
sagt, es sei ihm sonst kein Beispiel bekannt, dass ein Christ dem jüdischen
Gegner den Sieg zuschrieb.

[2]) Diese Begebenheit berichtet Joh. Fabricius an dem in der Einl. a. O.
etwas ausführlicher und klarer folgendermassen: « cum enim Christianus
Theologus et Judaeus inter se mutuo, tempore quodam de Religione discep-
tarent et Christianus a sententia sua dejectus, Judaeo in certamine concedere
cogeretur, propterea quod Judaeus causaretur, Hebraea Biblia a Christianis,
interpretum nequitia corrupta et depravata, Pellicanus autem ei concertationi
casu supervenisset, hanc tam insignem Christiani nominis contumeliam usque
adeo indigne tulit, ut ex eo tempore animum ad Hebraeam linguam adjecerit,
cujus quoque studium deinceps in omni vita nunquam deposuit. »

[3]) « Gemeint ist R. Salomon Jizchaki (Raschi), der berühmte Bibel-
commentator aus dem 11. Jahrh. » Geiger.

[4]) Erzbischof Paul de Santa Maria von Burgos († 1435), der Verfasser
der Addiciones ad Lyram, selbst Proselyt, aber heftiger Verfolger der Juden.

[5]) Hierüber vergl. Geiger, Reuchlin S. 229.

hebraea, ex quibus desumenda tamen erat dubiorum in sacris in-
telligentia in Veteri, sicut graecorum in Novo Testamento. Talis
mihi incidit confabulatio inter eundum cum Paulo Pfedersheim,
inter Durcken[1]) et Wormatiam. Ad quae mihi respondebat alacer
et promptus pater ipse Neophitus. Jam nunc, inquit, accedimus
Moguntiam versus, ibi olim codices hebraicos patri meo sublatos,
cum Christianus fierem, relictos tibi transmittam, si volueris desiderio tuo tam sancto satisfacere et huic te studio dedicare. Cui
respondi: si mihi libros hujusmodi sacros tradideris, scio ego
modum, quo eosdum meo marte me confido aliquando tam
legendos quam interpretandos. Cogitabam enim de Stella Messiae
Petri Nigri, impresso libro, quem memineram vidisse me in
Bibliotheca Rubeaquensi; promisit ergo vir bonus librum, si Moguntiam perveniremus. Pervenimus hoc colloquio Wormatiam,
deinde ad Oppenheim, ibi congregati potiores provinciae Patres
circa Renum et Sueviae. Consilio habito praelati inter eos Moguntiam descenderunt, inter quos meus guardianus et praeceptor
Paulus Scriptoris, cum alio Paulo, converso Judaeo,[2]) ceteri
fratres illorum socii manebamus aliquot diebus in Oppenheim, et
retrocedebamus bini ad loca propinqua, ne gravaretur conventus
sicque ego cum socio quodam per Heidelbergam redii ad Pfortzen,
ibi expectaturus meum praeceptorem secuturum, expeditis rebus
Moguntiae cum gardiano Pforcensi. Commendaveram autem diligenter abeunti Moguntiam meo patri, ut commonefaceret Paulum
Neophitum, de transmittendo mihi libro hebraico. Post aliquot
dies superveniens Paulus Scriptoris, magnum codicem gestaverat
in humeris, talis et tantus vir, a Moguntia ad Pfortzen, ut studiis
et desideriis meis gratificaretur, quae probabat valde, quum ipse
quoque jam antea graeca didicerat, a Reuchlino eatenus instructus,
ut epistolium graece eidem scriptum a Paulo viderim et legerim.[3])

Marginal notes: Paulus Pfedersheim · Neophitus · Petrus Nigri · Oppenheim · Codex propheticus hebraicus magnus

---

[1]) Dürckheim in der Pfalz.

[2]) dem genannten P. Pfedersheimer.

[3]) «R. und S. lehrten 1481 zusammen in Tübingen. Die kurze En-
fernung zwischen Stuttgart und Tübingen und die häufigen Reisen R.'s nach
Tübingen (vgl. Reuchlin S. 463 f.) mochten einen engen Verkehr zwischen
beiden gleichstrebenden Männern hervorrufen, von dem indess bisher nichts
bekannt war. Der griechische Brief des S. ist nicht erhalten.» Geiger.

Nihil in eum diem mihi acciderat gratius, quam ubi eum codicem grandem hebraicum viderem mihi allatum. erat autem volumen in pergameno scriptum, elegantissimo charactere, magnifice, et cum massoreth, tantae amplitudinis, quantum praestare posset cutis integra vitulina. et habebat ternas columnas a facie una, non tantum duas, ut communiter scribuntur libri. erat autem textus Esajae prophetae, Ezechielis quoque, et XII Prophetarum minorum. junctus ab initio fuerat Jeremias quoque, more occidentalium codicum, sed direptus a raptoribus, qui in volumine, Germanorum more, praemissus fuerat Isajae prophetae, ea forsitan ratione, quod stilo esset facilior quam Isajas. Eum denique codicem propriis suis in humeris Paulus Scriptoris bajulavit, vir ille piissimus et sanctissimus, etiam consequenter ad Tubingam usque parcens mihi teneriusculo fratri, et ut eum robustum in via expeditius sequi valerem. Tanta certe in eo doctissimo viro caritas erat et modestia insignis, sicque rediimus Tubingam ad initium Septembris. Mirabatur fidelissimus praeceptor, qua via fretus considerem sine praeceptore hebraea discere ut et legerem et intelligerem. Id certe, quod eidem me Discere absque doctore facturum et facile posse promiseram. Statim adii eximium virum, Academiae Tubingensis rectorem, et principem doctorum, ordinarium theologum, Conradum Summerhart,[1] rogans, communicaret mihi mutuum Petri Nigri Stellam Messiae. Id facile promisit et praestitit, ut erat homo humanissimus. Hic ego statim coepi conferre ex initio caput Esajae, quod praemisit libri totius disputationi, caput nempe primum et secundum; ibi legebam hebraica verba, latinis impressa litteris: hazon ieschaejahu ben Amoz, ascher hasa et reliqua, et habebant singulae hae dictiones subscriptam inter- Esajas lectus pretationem latinam, puta: visio Esajae filii Amoz, etc., sicque per dua capita. Iam ego intelligebam in hebraeo codice applicato et collato in dictione חָזוֹן primam literam esse z vel s, terciam o, ultimam n et sic subinde.[1] Accedebat quoque usui et votis meis Modus legendi hebraica in fine adjectus modus legendi hebraea, cum literis et punctis, earumque potestatibus. Hoc ergo modo profeci in lectione hebraica

---

[1] gewöhnlich Summenhart, vgl. Geiger, Stud. d. hebr. Spr. a. a. O.
[1] Vgl. über die Ausgabe Esslingen 1477 und das angehängte Alphabet: Steinschneider, Bibl. Handb., S. 102.

Intelligere hebraea, ut didicerim non nihil, statim processi ad intelligentiae studium, hoc modo, adsignavi mihi in charta hebraicorum nominum interpretationes: nempe inveniebam חָזוֹן significare visionem, בֶּן ben: filium, hasa: vidit, עַל supra, Judam et Israelem, cum alliis propriis, lectionis industriae deputabam. videbam, bime oportere significare: in diebus Uzie, et מַלְכֵי reges, quia sequebatur Juda. Sequebatur secundus versus: שִׁמְעוּ: audite, intelligebam esse pluralis numeri verbum, imperativum; שָׁמַיִם quid aliud significaret, quam coela? Sic de reliquis, quae sequuntur, agebam, adsignando vel pingendo carac- teres nominum et verborum, simulque adscribendo significatum latine, donec absolverem caput totum tum primum tum secundum. Videns promoveri sic posse studium, coepi consequenter alia quae-

Collatio cum Interpreta- tione Hiero- nymi dam capita Isajae conferre ex Jeronymi translatione, aususque coepi adscribere latina hebraicis, in magnum illud volumen, et veluti glossare; sic pergebam in Prophetis. Casu mihi tunc offerebatur

Pars psalt. Hebraici tertia pars Psalterii a primo ad quinquagesimum primum frag- mentum direptum Judaeis. ibi novum studium inchoans, colligata bapiro, et signata per folia literis hebraicis, ad ordinem Alphabeti,

Psalterii translatio ad Sophronium Hieronymi contuli cum interpretatione latina divi Jeronymi, ad hebraicam veritatem, ad Sophronium, quam inveneram in codice scripto biblico pretioso Bibliothecae Minoritanae in Tubinga. Sic ad א scripsi אַשְׁרֵי adscripsi: beatus, addidi הָאִישׁ, ad הָ, quam literam

Vocabular. hebraicus primus arbitrabar pertinere ad thema, tertio, iterum ad א notavi וַאֲשֶׁר qui. deinde לֹא ad ל adjecto, non, deinde: הָלַךְ ad ה adscripsi: abiit, etc. consequenter egi per totum primum psalmum et quidem de nominibus et adverbiis facilis erat opera, sed dolebat mihi valde, non inveniri in verbis, nisi raro, primam personam praesentis in- dicativi, ut est apud latinos thema: amo, lego, audio. Tamen pergebam cum tempore, maxime nocturno, quia interdiu mihi

Studium scholastic. erant lectiones audiendae cum aliis studiosis, in Scoto et Ockam, similiter in Tartareto. Talia enim legebantur nobis, et disputationes exercebantur, interim nihil remittebatur alicui, nisi praelectori, de

Occupatio monastica Choro frequentando, die noctuque, per septem horas diurnas ali- quando, raro sex; erant et alia nobis multa agenda: legendum ad mensam, serviendum ad mensam, scutellae lavandae binis et binis consequenter, ut non nisi suffuratis temporibus, meo privato studio satisfacere possem. quanto autem minus per temporis brevitatem poteram, tanto ardentius incumbebam, ne vel tantillum residui temporis elaberetur mihi. Sic itaque proficiebam aegre pro voto, perdere tempus pretiosum non licet sed feliciter per Dei gratiam, hiememque istam anni 99ni et partem aestatis sequentis 1500 anni, exegi labore hoc improbo. Citra medium Julii contigit, Capnionem Doctorem venire Tubingam, D. Joannes Reuchlin qui hactenus judicem egerat in Camera imperiali Wormaciensi, vocatus a Duce Wirtenbergensi, hospitatus penes Doctorem Summerhart. Is sciens de meis studiis indicavit mihi, si Capnionem alloqui cuperem, praesto esset, venirem ocius. Nullus mihi optabilior in mundo tunc nuntius obtingere potuisset, siquidem, haerens in verbis, quomodo ea adnotarem, ignorabam hactenus: Idque rogabam scire anxius. Tunc subridens humanissimus Doctor Reuchlin dicebat, apud hebraeos thema verborum non esse primam personam, nec Indicativi, nec Imperativi, sed tertiam singularem praeteriti perfecti; hac regula accepta exultavi animo, sciens hujusmodi verbo impleta Biblia, siquidem in Psalmi primi primo verso, occurrerant: Thema Verborum apud Hebraeos abiit. stetit. sedit. etc. de aliis infinitis locis. Hoc unum contigit, me hominis oraculo didicisse, caetera omnia muto magistro, et collatione interpretum perpetuoque labore sum assecutus.[1] Contigit tamen, anno eodem 1500. in Augusto ascendere me cum Paulo meo praeceptore Ulmam, ubi audieram esse sacerdotem virum bonum, nomine Joannes Beham cantorem,[2] qui a Judaeis Joannes Beham Sacerdos, Cantor ulmensis Ulmensibus, antequam expellerentur, didicerat hebraea, et multa habebat, multo aere redempta a quodam paupere Judaeo, elegantissimo scriptore. Inter alia habebat fragmentum grammaticae de conjugationibus verborum, et literarum transmutationibus, nescio cujus autoris, quod incipiebat לְשׁוֹן הַקֹּדֶשׁ et aliud simile fragmentum, cujus inicium שַׁעַר הַפֶּתֶג. utrumque illud obtinuerat vir sanctus, multo aere transferri in germanicam linguam a Judaeo, nihil prorsus de grammatica hebraica intelligente. Non enim hactenus inveni inter omnes Judaeos quemquam nec in Alsacia, nec

---

[1] Diess ist bloss von jenem Studium der Anfangsgründe des Hebräischen zu verstehen; für seine weitere Förderung gesteht P. selbst zu, von Matthäus Adrianus viel gelernt zu haben. Der Widerspruch, von dem Hagenbach (Herzog's Realencycl. XI, 289. Anm.) redet, besteht durchaus nicht.

[2] Vgl. Geiger, Stud. d. hebr. Spr. S. 19.

Wormaciae, nec Franckfordiae, nec Ratisponae, vel alibi, qui vel unam mihi grammaticalem quaestionem resolvere potuerit. Is optimus sacerdos, Joannes Beham, exoratus humiliter, copiam permisit rescribendi utrasque grammaticas cum interpretatione geruanica, cui haud dubie Dominus mercedem copiosam et aeternam retribuit in caelestibus. Is enim mihi plurimum profuit; et praeceptoris tantisper gloriam apud me meruit. quin et postero tempore, videns meum fervorum et studium tam indefessum et felix, alia quoque permisit rescribenda.

Eodem anno 1500. nutu et providentia Dei gratiosa, contigit Bibliopolam Fridericum Tubingensem[1]) attulisse Biblia hebraica integra, minima forma, impressa Pisauri in Italia. Ea prostabat quidem vendilibis, sed nemo curabat. Statim ut mihi innotuit, anhelus ardenti desiderio, ut cervus ad fontes aquarum, rogavi virum, sineret me conspicere aliquot diebus opus id divinum, velle me ad primum requisitorem reddere vendituro ei, ne quid detrimenti bibliopola pateretur in quaestu. annuit, viderem, sed scirem, non posse eam a quoquam emi, nisi pro floreno cum dimidio. Hoc audiens exultavi plurimum, audiens tam parvo obtinendam, quam timebam ut rem novam vix sex aut octo florenis obtinendam. Adii cum ea meum Guardianum Paulum, suppliciter orans, fide juberet pro me bibliopolae, pro tanta pecunia, sibi tuto praestanda, ut liber mihi non eriperetur. consensit sponte. ego paravi librum, signavi capita, t e Croesi divitias assecutum me gaudebam ex animo. Staatim Spiram avunculo scripsi, suppliciter orans, ut duorum florenorum munere, vel eleemosina me prosequeretur amicus, quibus pro comparandis necessariis libris omnino, ut egenus et pauper, egerem. Statim annuens misit, ea conditione, ut me non emacem ad alienam crumenam exhiberem; satis ego tunc ditatus, aliud postea nihil unquam ab ipso postulavi, vel librorum vel pecuniarum: statim ab exordio Biblia tota legi, et dictionarium mihi paravi hebraicum: cum vero Reuchlinus secundo veniens audiret me coepisse concinnare hoc pacto dictionarium, rogabat audiente Conrado Summerhart, quot verba vel dictiones uno die adnotarem, dixi sine certo numero, utpote in primo Psalmo supra

---

(¹ «Wahrscheinlich Fr. Peypus.» Geiger.

triginta, in secundo pauciores, siquidem semel adnotata postea non adscriberem, nisi numero Psalmi vel capitis adjecto, donec ex concordantia translationis intelligerem fixum et certum esse vocabuli adnotati significatum. Subintulit Capnion, se quoque coepisse moliri hoc opus, et jam fere complevisse tractationem verborum incipientium ab Aleph. Instabat quoque hortando, ut pergerem strenue, se quoque profecturum pro virili, visurus, uter alterum opus finiendo suum anteverteret. Id autem contigit in medio ferme Julii mensis. Processi ego pro virili assiduus operi incumbens, et usque ad finem Octobris insistens, tota hoc modo perlegi Biblia, colligens radices, et loca adsignans, plurima verbis rarioribus et non prorsus communibus. Ad Novembris initium Stutgardiam descendens, attuli laborum meorum fructum et specimen. Videns dili- lab. fructus gentiam vir magnus ille, et admiratus operis tanti tam breve tempus, quo fuerat exantlatum, dicebat se non absolvisse partem incipientium ab Beth, conquestus non nunquam toto perlecto Isaia, non invenisse verbum, quod theutonicus dictionarius suus osten- Dictionarii Judaeorum deret haberi hebraice in Isaia. quia pro more Judaico capita inepti tunc non adnotarentur libris hebraicis, inveniens enim scriptum קְצָח significare Ratten, idque inveniri in Isaia, necesse se habuisse ajebat perlegere totum Isaiam, et tamen non invenisse illud Ratten, siquidem non ut Jeronimus transtulit: gith invenit, sed Ratten; sic de aliis. Si autem adscriptum invenisset, Isaiae Capite 28. statim invenisset verbum קֶצַח, a Jeronymo gith interpretatum, intellexisset idem esse quod Ratten vel Gith, ut alii volunt nigellam vel lollium. Videns autem adjecisse me dictionibus meis capitum quoque numeros, et similiter a. b. c. d. e, rogabat, paulisper sibi commodarem laborem meum, quo sublevaretur in suo, ne cogeretur Pellicanus Reuchlino totum evolvere librum, cujus caput unicum sufficeret, meo labore sucurrit adscriptum. respondi viro paratum me id officii praestare ei, ad communem utilitatem, si tantum permitteret mihi, ut quae congesseram vocabula confusius, mihi prius rescribere ordinatius per seriem dictionariorum liceret, ne interim fructu laboris mei carerem; id me brevi tempore confecturum sperare.[1]) Annuit Capnion, et

---

[1]) Wie Geiger a. a. O. S. 213 sagen kann, diese Art von Mitarbeiterschaft Pellikan's und Reuchlin's sei sonst aus keiner Quelle bekannt, begreife

me vicissim cxaudivit, petentem ab eo exemplar manuscriptum,

grammaticae R. Mosse Kimhi,[1]) quod ab eodem Judaeo germanice
translatum habebat, qui Ulmensi sacerdoti alia fragmenta trans-
tulerat. denique rogavit me, ut quod jam scripserat de nominibus ab **א** incipientibus. nimis inordinate, et tumultuarie intermixtum, ego non gravarer ad mundum rescribere, quo posset aliquando typographis imprimendum opus offerri, ordinateque concinnandum; sponte acquievi, et tam sua quam mea adsumens, redii laetissimus Tubingam. Intra mensis spatium rescripsi, et ordinavi collecta themata in seriem dictionarii, et grammaticam R. Mosse rescripsi et ad festum Thomae apostoli[2]) accepta reportavi; rescriptam quoque rudimentorum suorum partem primam pro litera Aleph, et quae interim pauca conscripserat ad mundum rescribenda suscepi, quae et posteriore anno usque ad literam Heth confecta similiter
rescripsi; quod tum alius nemo inveniretur, qui simul cum latinis **ה** et hebraicis graeca quoque scribere pariter posset.

Eodem quoque anno 1501 confeci grammaticam hebraicam, quoad ea, quae in tribus fragmentis, quae perscripsi, continebantur, quorum intellectum ex germanicis translationibus discere cogebar, multo labore et cogitatu, sed et Dictionario jam collecto, adjeci
quoque ex graeco Dictionario graecas hebraicorum verborum inter- pretationes.

Eo tempore audiens doctissimus Carthusianus Friburgensis domus, Gregorius Reschius[3]), autor margaritae philosophicae, e
Friburgo ad me misit doctum Baccalaureum, Martinum Obermüller, pictorem etiam egregium, et ingeniosum, ut a me disceret hebraea, vel quae haberem collecta rescriberet sibi. Is mihi occasio fuit

---

ich nicht, da er doch selbst in seiner Schrift über das Stud. d. hebr. Spr. S. 75 folgende Stelle aus einer Vorrede Seb. Münsters abgedruckt hatte: « Huic (Reuchlino) fere coaevus fuit in toto sacro studio licet aetate multo junior, incomparabilis ille vir, dominus Conradus Pellicanus, nam simul eodem tempore et in eodem gymnasio Tubingensi hi duo magni viri hebraismo operam impenderunt, uti etiam ad hoc mutuis officiis.

[1]) Reuchlin's Benutzung von Kimchi's Schriften ist im Einzelnen nachgewiesen: Geiger, Reuchlin S. 112 ff.

[2]) 21. Dezember.

[3]) Ueber den Prior Reysch vgl. Basler Chroniken I.

conficiendae grammaticae,[1]) sed eam aliis non concessi, quod sentirem dubia mihi multa, quorum nullam ınveniebam ab aliquo resolutionem. expectabam autem eam grammaticam, quam Capnion dictionario promiserat addendam, quod autem tardius est factum, nempe anno 1506.

Eisdem annis, quibus Tubingae mansi, credo anno 1498, contigit me praeceptori socium itineris pervenire ad Justingen villam; ibi tunc parecianum agebat doctissimus astronomus M. Joannes Justingensis,[2]) qui tunc in manibus habebat opus egregium Sphaerae signorum, quod moliebatur elegantissimo artificio, Episcopo Wormaciensi Joanni Dalburgio, aureis insertis stellis et circulis faberrime exaratis ut erat homo ingenio, industria et manibus subtilissimus. Similem jam ante confecerat suffraganeo Episcopi Constantiensi Danieli Tigurino, qui me Diaconum ordinauerat anno 1497, quam hodie Constantienses asservant, egregium thesaurum in ipsorum bibliotheca. Eodem anno primas ejusdem Justingensis Ephimerides contigerat imprimi Ulmae, quas tunc primum ibidem videbam.

Anno denique 1501 celebratum fuit capitulum Minoritarum provinciale in Pfortzen, ubi Oliverıus Maijlardi generalis ordinavit me, natum XXIII annos, ordinari sacerdotem. Ad id Provincialis ad consolationem parentum, adhuc superstitum, transtulit me ad Monasterium Rubiacense, ut ibi canerem primitias. Simulque Paulus Scriptoris absolutus a gardianatu Tübingensi, translatus est ad Basiliensem Conventum, ut scriberet, non legeret vel praedicaret; praetextus esse videbatur, ut ab amicis destitueretur, quos habebat in Suevia. sic itaque in autumnali angaria ordinatus sacerdos a Telamonio, Episcopo Tripolitano, suffraganeo Basiliensi,[3]) Missam primam cecini in die Sancti Francisci, cui solennitate aderat senatus et pater cum fratre Leonardo, adhuc viventibus et sanis. Aderat pro honore meo solemniis etiam Pater Paulus Scriptoris, praeceptor

(Randnoten: Johannes Justingen · Johannes Dalburger · Daniel suffraganous · Ephimerides primae · 1501 · Sacerdos ordinatus · Telamonius suffraganeus)

---

[1]) Ueber die hier angeführten ersten grammatikalischen Arbeiten Pellikan's gibt die Einleitung weitere Aufschlüsse.

[2]) Ueber den Mathematiker Johann Stöffler, einen Freund Reuchlins, vgl. Geiger, Reuchlin S. 56 und 178; ebenda S. 41 und Stud. d. hebr. Spr. S. 19 Näheres über Johann von Dalburg.

[3]) Ueber den Weihbischof Telamonius Limpurger vgl. Basler Chroniken, herausgegeben von der historischen Gesellschaft. Band I. 1872.

meus incomparabilis amicus. Is praedicabat sub Missa in Ecclesia et sub Mensa quoque praesenti senatui, tractabatque quinque mures Philistaeorum aureos, allegoria nescio qua, ad mea studia commendanda. Consueverat enim alias quoque dicere, neminem habere discipulum, de quo meliora speraret profectumque majorem quam de me; solebat mihi dicere, instare tempus mutandae theologiae et deferendae scholasticae disputationis, resumendosque priscos Sanctos Doctores et obmittendos Parisienses. Item, tempus appetere mutandarum legum plurimarum.[1] Is ipse piissimus et doctissimus vir anno sequente, qui erat post quingentesimum secundus, dum timeret admonitus incarcerari ob dogmata, quae nunc sint Lutherana dicta, vocatus ad Zaberniam pervenit Argentinam, ubi admonitus, ne illuc pergeret, abiit Viennam Pannoniae, in aliam provinciam, ad tutiorem locum. Deinde Romam pergens, post tres annos rediit Heilbronnam, sine aliqua poena susceptus, sed a generali Vicario Gallo, qui virum norat et diligebat, vocatus est, ut legeret theologiam in Tolosa: ad quod sese praeparans, cum Basileam venisset,[2]

Spes prae-ceptores

Prophetia anno 1501

Pauli exitium

---

[1] Scriptoris war einer der Reformatoren vor der Reformation. Hottinger berichtet (hist. eccl. IV, 1012): transsubstantiationis oppugnator fuit publicus Paulus Scriptoris, Tubingensis, Pellicani praeceptor. Hic cum Tubinga Scotum praelegeret et ad decimam quarti libri distinctionem perveniret, transsubstantiationem negavit. Besonders rühmlich redet, offenbar auf Grund Pellikan'schen Zeugnisses, R. Gwalther in der Vorrede zum Commentar in Matthaeum von ihm. Er sagt: Paulus Scriptoris propter ingenii acumen et raram tunc temporis eruditionem omnibus admirationi fuit. Nam barbaro illo et calamitoso seculo, quando non solum idonei praeceptores deerant, verum etiam bonorum librorum inopia et penuria passim laborabatur, ille artes liberales omnes, absque praeceptore propria industria didicit et in mathematicis quoque eo usque profecit, ut doctissimi quique ejus academiae professores ejus praelectiones audire et illum praeceptorem suum agnoscere dignarentur. Nec mihi dubium est, illum virum excitatum a Deo fuisse, ut Evangelii in Germania nascituri πρόδρομος esset. Nam non solum bonarum litterarum et liberarum artium studia instauravit, sed multos quoque Papisticae doctrinae articulos: de sacramentis, indulgentiis, votis monasticis publice damnabat et junioribus dicere solebat, non procul abesse tempus, quo theologiam scholasticam aboleri et doctrinam Ecclesiae veterem ab orthodoxis patribus ex S. S. traditam instaurari oporteat. Quae libertas dicendi illi monachorum odia et exilium ac (ut multi non incertis omnino conjecturis moti suspicabantur) indignam necem peperit.

[2] In Basel traf Scriptoris damals ohne Zweifel mit Pellikan zusammen; s. unten.

vocatus ab episcopo Basiliensi Cristofero, rogatus est, ut ante abitum in Gallias Legatus suus esset ad Abbatem Schutteranum, pro monachis honestioribus transferendis in monasterium sancti Albani, reformandum aliquantisper.[1]) Dum in via infirmatur Paulus divertit ad Keiserbergensem conventum et ad Alenspach moniales quarum quaedam negotia quoque tractarat cum episcopo. ibidem nescio quo morbo invalescente diem obiit. Sepultus in ambitu monasterii Keiserbergensis. Rumor tamen falsus per Sueviam a suis fautoribus disseminatus est, in diem hodiernum, quod monachi eum sacrificaverint, sed id certo constat mihi, falsissimum; tantum de optimo viro, meo praeceptore fidelissimo et doctissimo. Sic itaque Doctor Joannes Reuchlin fraudatus est meo auxilio, me Sueviam excedente, quo et factum est, ut opus rudimentorum tardius fuerit absolutum, nempe ut praedictum anno 6. post millesimum et quingentesimum.

Pauli Script. mors et sepultura

Rudimenta Reuchlin absoluta

Anno denique eodem 1501, statim post vindemias, coepit grassari pestis Rubiaci, sicut et alibi, unde frater Leonardus patriam repetens, dissipato studio Heidelbergensi, adfuit primitiis; coepitque paternam domum invadere in Decembri pestis, obeuntibus diem ultimum duabus sororibus Margaretha et Agnete, simulque Elizabetha, quam tamen misericordia Dei evadere voluit; sed pater correptus peste decubuit quindena et obiit circa festum Luciae, quem post triduum secutus est frater, me superstite, Dei dono et gratia, cum unica sorore et matre. Eisdem diebus etiam quidam in monasterio fratres obibant peste: tunc ego pro cogitatibus timoris mortis excutiendis paravi mihi libellum parvum in pergameno, in quo conscribebam septem psalmos, quos vocant poenitentiales tribus in columnis, hebraice, graece et latine, sibi versibus respondentibus. Alios quoque psalmos laudatorios scripsi hebraice, eleganti charactere, de quo Judaei quoque vehementer admirabantur, posterius eos videntes: adjeci orationes quasdam quotidie dicendas ad deum et meos patronos, qui erant Paulus, Agnes, Franciscus et Jerony-

Pestis meor.

Leonardus frater O.

Libellus medicus in pergameno

P. Patroni

---

[1]) Von den Reformationsbestrebungen des vortrefflichen Bischofs Christoph von Utenheim werden wir Pellikan weiter unten Näheres berichten hören; hier handelt es sich um eine Reorganisation des Benedictinerklosters St. Alban mit Hülfe tüchtiger Mönche aus der vom Bisthum Basel abhängigen Abtei Schussenried im Elsass.

mus divi: et eleganti latino caractere[1]) scripsi diligenter intinerarium mentis in deum Divi Bonaventurae, calculum adjeci pro motu solis et lunae, totum astrolabium pro 48. elevatione, cum

filius habet 8. rotulis pro moto lunae. Is mihi tandem libellus perditus est, si non

Marcus Heilander hodie invenitur in oppido Calio, apud Marcum Heilander, nunc ibidem Evangelistam.

1502 Sequenti anno, qui fuit 1502. ordinatus lector theologiae

Basil. lector Theologiae pro fratribus studiosis in conuentu Basiliensi,[2]) quo perveni in fine Augusti; praelegi autem in theologia scriptum quoddam in sen-

Guilhelmus Vorillong tentias Guilermi Vorillong, noviter impressum, multo labore ob impeditissimum et affectatum stilum, curiosi magis quam docti

Nicolaus Dorbellus viri scolastici Scotistae. In Philosophia legebam Nicolaum de Orbellis. utrosque absolvi cum tempore, deinde breviloquium Bonaventurae fere biennio praelegi et Margaritam philosophicam, tertio. tertium et quartum Sententiarum Scoti, cum compositione et usu Astrolabii, quale procuravi manu elegantissime per manum cujus-

Frid. Krafft dam fratris Friderici Krafft Nurenbergensis, cujus frater ingenio non impar sacramentale ciborium exegit apud sanctum Laurentium, cui nullum par invenitur. Is quoque miri ingenii frater post astrolabium elevationum omnium etiam 90 graduum; et nullius id est

Op. motuum omnium planetarum aequinoctialis, eximium opus, etiam confecit opus motuum trium planetarum. Similiterque, quod dictu mirabile, sed factum, sphaerae Veneris et Mercurii opus. In quo opere, quicquid Purbachius et Margarita philosophica de illorum motibus spheris epicyclis et axibus docent, totum illud oculis et tactu agnoscebatur. Quicquid enim ejus hominis ingenium capere poterat, hoc manus assequebantur faberrime, et erat opusculum illud solum ligneum et exemplar majoris operis et justi, si adfuisset, qui impensas pau-

---

[1]) P. war mit dem von ihm als Gelehrter und als Dichter hoch gerühmten Franz Wyler (s. unten) einer der Ersten, welche statt der gothischen die sogen. römische Schrift als Cursivschrift verwendeten. S. Fechter a. a. O.

[2]) Wenn die Athenae Rauricae sive catalogus professorum acad. Basil. I, 17 von P. sagen, er sei anno 1502 professor atque lector theologiae geworden, so ist das, wenn wenigstens die Matrikel Recht hat, insofern ein Irrthum, als P. nicht an der Universität, sondern bloss im Barfüsserkloster docirte. Das silentium der Matrikel stimmt vollständig mit dem überein, was er selbst hier sagt.

peribus studiosis impendere voluisset. Vidit illud utrumque Gre- _{Gregorius}
gorius Reschius et est vehementer id admiratus. Reschius

Eodem secundo anno coeperat Amorbachius Joannes,[1]) senior
dictus, imprimere omnia opera divi Augustini, ad quod fuerat usus Opera omnia
opera discursibusque et labore cujusdam doctissimi viri Augustini gustini
Dodo,[2]) canonici ad D. Leonhardum, qui coeperat scribere argu-
menta in singulos divi Augustini libros, sed peste praeoccupatus Aug. Dodo, frisius ad
et non finivit et aliis urgendum reliquit. Erat egregius praedicator Leonar
et apprime doctus Minorita Franciscus Wyler,[3]) Basilensis, affinis Franciscus Wyler
Amorbachio, eundem obtinuit, ut brevia argumenta non libris sed
capitibus praeponeret. Id egit per anni circulum, multos legendo
et distinguendo in capitula, prius non distincta. sed sequenti anno
loco motus, iterum solatio destituebatur impressor sanctissimus.
Convenit me juvenem quidem, sed laboriosum, rogavit ut in illius Johannes Amerbach
remoti locum succedens, reliquos simili opera non distinctos, dis-
tinguerem in capita et distinctos argumentis praenotarem ad capita
singula. Id invitus subivi, sed officiis et precibus expugnatus,
acquievi, sicque residuos centum et quinquaginta Augustini libros Argumen-torum dif-
ea ratione relegi, et argumentis illustrare conatus sum, tam armatis ferentia in prima edit.
precibus jussus, eos inquam libros omnes, in quibus invenit lector
breviora argumenta: ubi autem prolixiora sunt, id factum est opera
Francisci praedicti, brevitati enim studui pro virili. Fuerunt tunc
pariter impressi a Magistro Amorbachio Joanne duo millia exem- Amorbach. fidelissimus
plariorum et ducenta, in undecim tomis. Fuit is Amorbachius impressor
doctissimus vir et mire diligens, libros suos corrigens magnis tam
sumptibus quam laboribus, adsistentibus sibi duobus vel tribus
lectoribus, cum tot exemplaribus, ut nihil negligentia sua operi
quomodocunque officeret, quin et ob unamquamque dictionem,
perperam impressam, maluit diurnum opus cum expensis repeti,
ut patet, editionem attendenti diligentius. Ex eo tempore summus

---

[1]) Vgl. *Stockmeyer* und *Reber:* Beiträge zur Basler Buchdruckergeschichte
30 ff.

[2]) a. a. O. S. 47.

[3]) Ueber Wyler und sein Verhältniss zu den Amerbachen vgl. Fechter
a. a. O. S. 163, und Band II, S. 172. An diesem letztern Ort und in dem
angeführten Aufsatz Geigers (theol. Jahrbl. 1876) findet sich ebenfalls Näheres
über die Amerbach'sche Ausgabe Augustins.

mihi amicus fuit vir ille, cumque eo Joannes Frobenius: qui fratribus minoritis plurima beneficia contulerunt ob meos labores et me nullo libro utili carere permiserunt, alioque misere mendicum et paupertate tam impeditum, quam nonnunquam mire promotum.

Operas quoque meas toto sexennio collocavi gratis etiam im-*Jacobus Pfortzen* pressoribus aliis, maxime Jacobo a Pfortzen,[1]) qui primus Basileae impressit opera Chrysostomi et Stephanum Prulefer, Nicolaum de *Joan. Scotus, Argent.* Orbellis, sic quoque Joanni Scoto Argentinensi, imprimenti tunc Margaritam philosophicam, vice secunda. quibus omnibus tunc pro virili subsidio eram, per quos libros pro me et auditoribus com-*Ep. Amor-bachii in I.* parabam necessarios. Testis horum epistola est Amorbachii in to-*tom. August. 1504* mum primum, data anno 1503.

Quarto autem anno, circa Majum, aduenit Cardinalis legatus *Cardinalis Raymundus* a latere Alexandri Papae 6.[2]) Is voluit honoratiores reddere Mi-*S. Mariae Novae* noritas de observantia dictos, qui doctos quidem haberent fratres, sed nulla graduum praerogativa celebres. jamque aliquibus titulum Doctoratus addiderat in conuentibus per tractum Rheni. qui insti-*Jod. Gallus* gatus ab avunculo meo, Doctore Jodoco Gallo, concionatore Cathedralis Ecclesiae Spirensis, qui ei familiarior erat, ut me quoque honoraret gradu aliquo, veniens ergo Basileam, primum hospitium suscepit in monasterio Minoritarum, post dies aliquot cernens elegantiorem situm domorum apud divi Leonardi Canonicos, illuc se transtulit, ubi usque ad medium Julii permansit. Is misso internuntio pro Gardiano et me, adstantibus suis aulicis proposuit, in votis esse, me creare in Doctorem Theologiae, si examinatus deprehendar sufficiens, respondit Gardianus, inusitatum id esse in eo ordine, adhuc me juvenem, vix 26 annorum, doctum quidem, sed non pro Doctoratu. Annuit tamen, si placeret reverendissime Dominationi suae, si examinatus, baccalaureatus in theologia titulum

---

[1]) Vgl. Stockmeyer und Reber a. a. O. S. 65 ff.

[2]) Raymond von Petrandi, Bischof von Gurk, hatte eine mehrjährige Visitationsreise durch Deutschland gemacht und viele Ablässe gestiftet. Vgl. Dolp: Gründlicher Bericht von dem alten Zustand und erfolgter Reformation der Stadt Nördlingen 1738, wo eine Ablaßbulle Raymunds vom Januar 1501 abgedruckt ist; ferner: Köstlin, Martin Luther †, S. 54. Einen Gesandten Alexander VI. nennt ihn P., weil er von diesem Papste war abgeordnet worden. Streng genommen war er im Jahre 1504 ein Legat Julius II.

assequerer. Legatus ambos dimisit, asserens, postridie me exami-
nandum per duos Doctores theologos, quos in comitiua secum
ducebat, unus praedicatorii ordinis, Argentinensis Joannes Amman: Joannes
Ammanus
alius Minorita Gallus, Joannes Capet. Isti, suo tempore venientes, Joannes
Capet
examinarunt me in domo capitulari aliquot horis; interim, dum
incumbit legatus translationi sanctarum virginum trium in Eychsel Reliquiae
Sanctorum
et sanctae Christianae. Erat enim ut alter Ambrosius, in his rebus
superstitiosior[1]) et reliquiarum corrasor per totam Germaniam ex
monasteriis, ut transferret particulas ad Gallias, unde et ad parisiensem Academiam studuit ornare hujusmodi reliquiis, cum bullis
indulgentiarum, quas mittebat ex Basilea Parisios, auro et argento
multo ornatis reliquiis, pro collegiis quibusdam. Commisit quibusdam
et mihi, ut de virginibus dictaremus officium matutinale, vesper- Sancta Christiana et tres
tinum et missale cantandum vel legendum die sanctarum virginum. virgines in
Eychsel
Egi hac in re quod potui, scripsi, absolvi, obtuli, placuit prae aliis,
sed interim non visum est, nec hoc, nec aliud. Imminente autem
abscessu Romam versus, principio Julii, iterum pro me misit legatus, convocatque Doctorum suorum familia, praesente Thelamonio
Tripolitano episcopo, suffraganeo et Luca Rollenbutz, priore canonicorum D. Leonardi, proposuit votum suum de honorando me
et ordinem aliquo titulo honesto, puta, Doctoratus. Aderat vir Doctoratus
doctus et magnae auctoritatis (de familia Cardinalis), qui surgens
dicebat: reverendissime Domine, aegre fert Gardianus Doctorem
creari eum, consentit in Baccalaureatum, inveniatur medium, ut
attenta quoque aetate sua, Licentiatus creetur. Cardinalis intulit,
placet quidem illud, ea ratione, ut nunc fiat Licentiatus, ubi autem
expleverit legitimum aetatis trigesimum annum, lapsu tantum temporis, sine alia promotione, quam Ordinis patres non admitterent,
Doctor sit et habeatur; ad id consentiebant omnes. Ergo eadem
hora genuflexus, juramentum feci solitum fieri. Verum tamen tot
jam fere quadraginta annis lapsis, nunquam me vel Licentiatum

---

[1]) Stockmeyer und Reber führen a. a. O. unter den Druckwerken des
Jacobus de Pfortzheim auch Folgendes an: 1504. Juni 22 Legendam beat.
arig. Katharinae cum uno parvo sermone de ea fecit imprimi Raimundus de
Aquitania natus, Cardinalis Gurcensis.

scripsi nec Doctorem.[1]) Aliquibus hanc, quam nunc narro fabulam, dixi amicis.[2]) Expedita tamen desuper fuit bulla, quam Rubiaci dimisi, a triginta annis nunquam visa.

Cardinalis Gurcensis   Abiturus Cardinalis Gurcensis Raymundus rogavit provinciae patres, sinerent vel permitterent me sibi familiarem, loco Capetis praedicti, secum Romam proficisci cum socio, annuerunt, et ego non prorsus invitus obedientiam subii, desiderio videndi Italiam ac Romam. Eram jam annos 26 natus. Pervenimus ergo more *Joh. Schenk* nostro pedes duo, ego et quidam Joannes Schenck nobilis genere frater, Lucernam per Zofingen; ubi pernoctavimus primum, Lucernae mansimus fere quatuordecim diebus. In Pontificalibus celebravit Missam solenniter in principali parrochia, in monasterio dicto In *Lucernae im Hoff monasterium olim* Curia. Animadverti curiosior ex quadam in choro inscriptione (quae nova erat, dubium si vera) fundationis ejusdem monasterii, eum esse annum praecise millesimum. Erat enim scripta fundatio facta a quodam Duce Suevorum, cujus non memini nomen, anno Domini quingentesimo quarto. Et is tunc annus currens, ut dixi, erat millesimus quingentesimus quartus. Aderant Cardinali legati *Helvetii* proceres Helvetiorum, de Lucerna, Zug, Schwytz, Underwalden et Uri, qui comitati sunt eum návigio usque ad Brunn: idque XVIII die Julii. In navi disputatio gerebatur de potentia helvetici exercitus, ad numerum, ibi quidam numerum verisimilem proponebant, alii contendebant semper majorem. loquebantur de foederibus ipsorum cum quibusdam pontificibus, credo Sixtum nominarunt. *Schwytz* pervenimus eodem die in vicum Schwytz, qui dicitur Kilchgass. Mox indictum est provinciae festum ad diem trigesimum Julii, ut *Officium Cardinalis* conveniat vallis tota ad Cardinalis et apostolici legati officium papale et ad Missam solennem. in parrochia, non magis ornata quam victricibus vexillis dependentibus cum insigniis Caroli Ducis Burgundionis, et quorundam imperialium. ibi in Pontificalibus,

---

[1]) Hiezu mögen ihn ausser seiner persönlichen Bescheidenheit noch andere Gründe bestimmt haben. Im Kloster wird es ihm die Eifersucht seiner Obern und später sein reformatorisches Bewusstsein nicht zugelassen haben, die von einem Cardinal, mithin durch die Gnade des römischen Stuhles erlangte Würde zu gebrauchen.

[2]) Joh. Fabricius erzählt: P. postea non nisi per jocum (prout homo fuit mire festivus) hanc historiam seu fabellam quandam amicis suis recitavit.

ceremoniis miris, celebravit Missam. Inter Missarum solennia praedicabat Episcopus Tripolitanus ad populum confertissimum. Inter praedicandum subiit mentem Cardinali cogitatus de instituendo festo quotannis eodem die, qui erat Abdonis et Sennae, ut eo die conveniens populus habeat omnibus futuris temporibus eo die remissionem septem annorum, quae post plenariam dicta est fuisse maxima, quam Pontifex dat, et legatus a latere dare potest. Sus- *Indulgenc. papales* cepta haec tanta Legati gratia magno applausu populi et magistra- tuum: sed succedens convivium, quod Helvetiis legatus exhibebat magnificum, longe gratius. Quod licet voluerint solvisse, pro tanta gratia spirituali accepta ab apostolica sede, tamen contendente apostolico pro liberalitatis praerogativa, ut esset solvendo pro toto, passi sunt se vinci. Peracta est reliqua diei portio in ludis ad forum, juvenibus ad palestram sese exercentibus, variis modis, non sine multa juventutis licentia et insolentia, quam discunt exercentes otium juge, dum nihil laborant, praeter foenum aptan- dum, tota estate. Sequenti die concessimus navigio ad Uraniam, ubi ad sinistram rupes ostensa, ad quam confugerit primus liber- tatis assertor, Wilhelmus Dell, e navi aufugiens tyrannidem *Wilhelm tell Altdorff* nobilitatis. In Altdorff aliquot diebus tanquam in fine legationis suae, ultimo loco nempe Constantiensis Diocesis, ibi commisit mihi et alteri cuidam historiam Schwicerorum oblatam sibi in Schwytz, similiter quoque articulos foederis olim initi cum Sixto Papa e germanico in latinum, ut intelligeret Cardinalis, trans- ferremus. Arripui opus et festinavi transferre citius, ne montem Gothardi transcendere cogerer. jam enim pertaedebat me Cardinalis tam aula quam tarditas profectionis. Agebatur jam quarta heb- domada, quam ego maluissem progredi et festinare Romam. Id autem, me nesciente, non erat e re Cardinalis. Eodem loci scribe- *Dictat Car- dinalis epi-* bat epistolas multas Romam, eodem dictante pariter una hora *stolas mult.* multas epistolas, multis excerptoribus, mira ostentatione ingenii. *eodem tem-* nam et ego scribebam cum aliis unam, dictante eo, et mecum *pore multis scribentibus* unus et alter ejusdem sententiae epistolas, similiter quoque alii tres vel quatuor alteram, aliis epistolis alterius sententiae, in una aula, eodem tempore, omnes pariter assidentes. Tam erat in- geniosus senex, plus quam sexagenarius, Gallus, Autunensis patria. Post tres vel quatuor dies licentiam accipiebant Tripolitanus et

32

alii Basilienses et Helvetii retrocedendi. jam enim ascendendus

Mons Gothardi erat mons S. Gothardi,[1]) qui est in diocesi partim Mediolanensi, partim Lausanensi, partim Constantiensi, partim Curiensi. Voluissem redisse ego quoque, sed et historiam Schwitzerorum absolueram, sed non foederis instrumentum. ergo mihi cum fratre, non (ad retrocedendum) voluntario, procedendum erat, aliis retrocedentibus a prandio. nos cum legato vallem aggressi pulcram, inter horridissimos montes, ad vesperam pervenimus ad Wasslen, ibi pernoctantes in media crepidine montium, in horrendis montanis, mane altius ascendendo pervenimus in pulcerrimam planiciem, ubi cacumen montis de remotis cernebatur et villae erant aliquot, **Ascensus Montis** nempe Urselen, et e remotis adhuc in pede montis Gothardi villa non parua, Hospital dicta. ibi pransi, conscendimus multo labore ad verticem montis, secundum publicum iter, utrinque montibus altioribus surrectis, tandem pervenimus ad capellam et hospitium Sancti Gothardi. ibi aliquamdiu in magnis et inconsuetis frigoribus consistentes, montem descendere coepimus per semitam pedestres, equites vero **Cardinal. deportatus ab Helvetiis** per viam regiam, verum propter aetatem Cardinalis tenerior, equo vel mulo nullo fidens, fecit se gestatoria machina deportari per sedecim fortes Helvetios, successive virum octo portantibus, pro non parva mercede. Sic, ut fama ferretur tunc, Cardinalem ex tota legationis Germanicae provincia non nisi unam coronam retulisse per Gothardi montem, unde provenientes ad Villam Orlientz,[2]) Mediolanensis Diocesis, biduo illic tardavimus, iterum scribendis epistolis occupati pro pecunia obviam legato transmittenda. Aderat **Abba Erlacensis** vero tunc Abbas quidam ex Bernensium provincia a monasterio, si bene memini, Erlach. Is trecentis florenis mutuo datis succurrebat paupertati apostolici legati. Descendimus tertio die secundam vallem pulcram et praecipitem usque ad Loccern Clösterlin[3]) dictum, ibi pernoctavimus. Sequenti die Bellinzonam devenimus, sed **Bellinzona** antea nobis occurrebant duo Minoritae, me et socium rogantes,

---

[1]) Ueber den St. Gotthard ist ohne Zweifel auch Luther nach Rom gereist, was der Herausgeber selbst gegenüber von Köstlin in einer Anzeige von dessen Lutherbiographie (Kirchenfreund 1876, S. 106) hat geglaubt festhalten zu müssen.
[2]) Airolo.
[3]) Giornico.

ut suaderemus Legato, quatenus diverteret ad ipsorum hospitium, elegans novum monasterium extra urbem. sed nihil effectum est. divertit enim jam pauper Legatus non ad pauperiores Minoritas, sed ad paulo ditiores Augustinianos, similiter extra oppidum constitutos. Celebravit postero die dominico pontificalem Missam in ecclesia parrochali frequentissimo populo. Ad prandium supervenit Senatus urbis et donaverunt Pontificis Legatum duabus vitreis lagenis, una plena vino albo, alia vino rubeo. Quibus abeuntibus inclamavit suos familiares. O, inquit, felix Germania; ubi nunc sumus? indicare volens liberalitatem in donis urbium Germaniae, comparatione ejus, quod jam in Italia donabatur doni. sed jam expiraverat demandata sibi per Germaniam et Daciam authoritas Pontificalis. ideo finem habebat honor et munificentia. Post biduum arripuimus iter per planiciem versus lacum majorem et transfretavimus laci initia ad Lucaris oppidum, ornatum fortissima arce, juncto illi monasterio Franciscano irreformato. ibi octo diebus mansimus: cepitque mihi desipere omnis cibus coctus et panis ipse quamlibet albus; nullae dabantur offae vel prodia: vinum nescio quomodo sapiebat, satis licet bonum. inde versus monasterium reformatum Sancti Bernhardini inter Palantiam et Intro[1]) situm contendentes, medio itinere per lacum, pernoctavimus in Coenobio, ubi noctu tot infestati fuimus cimicibus, ut sustinere tota nocte non potuerimus, sed media nocte surgentes socius et ego in aulam aestivalem dormitionis causa supra scamnis intravimus. incauti autem fenestras a noturno aëre nobis pestifero non clausimus. Mane facto, navim jejuni conscendentes, comedendum de pisce assato accepimus cum hausto vini pro prandio. ad vesperam pervenimus ad Sanctum Bernardinum, pulcerrimum monasterium. Ubi licet fraterne susciperemur omnes, et nos duo fratres, tamen jam sensi me febribus affectum, nihil posse vel edere vel gustare. Adhibuit mihi suum Cardinalis medicum, et qui erat prope in Palantia. dedit nescio quas potiones, etiam de auro, ut dicebatur, sed nihil convalui. Sic itaque per quindenam afflictus, gaudens me habere occasionem redeundi in Germaniam, licentiam a Cardinali postulavi et impetravi. dicebat autem: volebam deduxisse te mecum Romam et tua opera

Munus legato delatum

Lucarnum

Febris invasit

Regressus a Cardinali

[1]) Intra.

3

studiisque oblectari, sed quia video aërem tibi adversarium, malo
ego te scire Basileae vivum quam cernere Romae mortuum. moxque
adsignato nobis ductore Lucernano munitoque nescio quot florenis,
commisit ei, ut reduceret nos nec sineret aliqua re necessaria carere.
Redivimus ergo via qua perveneramus. et ad Belinzonam pervenientes,
non recipiebamur in aliquot hospitium. timebant enim me peste
correptum. Sic pervenientes ad Orliens, vix impetrare potui, ut
Orliens domum ingrederemur, quia febris mea habebatur pro peste. Febri-
citans crastino ascendimus Gothardi montem et descendimus. Inde
pernoctavimus in Hospitali villa. sicque ad Altdorff pervenimus.
Lacus Uri hic conducta navi transfretandi ad Brunn. nautam coacti fuimus
accipere foeminam. eramus autem quinque viri. ibi arripiebat me
febris et insurgebat ventus impetuosus contrarius, ad nostrum ingens
periculum tota navigatione, ut compelleremur communi voto diver-
Sisiken tere ad Sisiken, villulam mediam inter Altdorff et Brunnen. ibi
coacti ascendere montem altissimum,[1] reptando per prata licet
manibus et pedibus per magnum miliare, cumque medium ascensus
assequeremur, et citius, vidimus ventum cessasse. sed ego febrem
actu sustinens, post alios tardior ascendebam. pervenimus autem ad
planiciem jucundissimam, ubi villa pulcra Morse[2] dicta, antiquissima
parrochia, habens prata pinguissima et fontes jucundissimos: ut
autem multo labore ascendimus, sic graviore incommodo tibiarum
descendere altissimum montem cogebamur. Excedebat altitudo villae
omnes montes occidentales versus Basileam, sic ut videremus montes
Alsaciae, adeoque eos qui sunt prope Rapol Stein. igitur descen-
Bru dentes prolixum miliare, pervenimus ad villam Brunn, ubi et pernoctavimus. Societatem coenae habentes cum optimis duobus Se-
nibus, cum quibus multa loquebamur de bellis obmittendis et moribus
in melius immutandis in Helvetia eorum, prudentes et boni erant
Lucerna viri. Postero die Lucernam perlati sumus et in monasterio hospitati.
ibi procuratus est mihi, incenato ob febres, equus, quo delatus
Baden sum sequente die usque ad Baden, postero die quamlibet infirmus
Küngsfelden prandium habuimus satis mane in Küngsfelden, noctu pervenimus
Seckingen ad Seckingen, ubi divertimus ad nobilem quendam a Schoenouw,

---

[1]) Fronalp.
[2]) Morschach.

humaniter suscepti. accepto cubiculo contigit me pati subito syn-
copim, sed arripiebat et succurrebat frater mihi socius, ut ad
mentem redirem; postero die Basileam perveni, ibi a natalicio vir- Basilea
ginis Mariae febras mihi durarunt, non quidem durae, sed prolixae.
Vno die melius me habente, sed duobus consequenter infestatus
febre, sed sine frigoribus, duravitque usque ad tempus solsticii
hiemalis. tunc enim convalui pedetentim, usque ad quinquagesimae
dies, tunc autem a fratribus inductus et persuasus, ut sanguinem
minuerim cum fratribus,[1]) denuo statim incidi febrem. Supervenit Minutio san-
medicus quidam Gallus, cujus consilio jam ante convalueram. guinis
Cunctatus quid accidisset, respondenti de negotio ut fuerat gestum,
mandavit, ne posthac unquam sanguinem sine medici consilio vel
manifesta causa minuerem, id quod et hactenus tenui. Is autem
erat jam annus 1505. 1505

Istis itaque annis Basileae prosequens officium lectoratus in
Theologia et liberalibus disciplinis, pro capacitate et utilitate auditorum scripsi et ego hexaplum septem psalmorum per sex columnas,
hebraice, graece, latine, germanice, juxta Rabi Salomonis interpretationem chaldaice quoque, cui frater Philippus Gallicus de Lunevilla Philippus
adjecit Gallicum: sed quo tandem pervenerit ignoro.[2]) Visitaverat Gallicus
post adeptum Doctoratum in Theologia patriam suam Basiliensem:
Ludovicus Bär[3]) istis diebus: putansque decere Theologum peritiam Ludovicus
hebraicae linguae, aliquot septimanis me visitavit, ut fundamenta Berus
prima perciperet et profecit satis, cui etiam in pergameno scripsi
septem psalmos penitentiales hebraice, graece ac latine, homini
tam mihi grato, ut statim rediens Parisius, remiserit mihi dono
opera omnia Jacobi Stapulensis in Aristotelem totum, nuper im- Jacob. Faber
pressa, cum multis aliis in Arithmetica et Astronomia, ibidem Stapulensis
noviter impressa, quae me optare didicerat, abunde satisfaciens meo

---

[1]) Nach einem Heidelberger Kalender vom Jahr 1560 war eine viermalige
Aderlässe im Jahr gebräuchlich. Vielleicht galt indessen dieser Abusus bloss
für die Mönche!

[1]) Auch später trug sich P. mit dem Plan, eine solche Hexapla nach der
Art des Origenes herauszugeben (vgl. Geiger a. a. O. Jahrb. 1876, S. 214),
und mit den Psalmen hat er sich überhaupt fortwährend einlässlich beschäftigt.
S. unten.

[1]) Ueber Ludwig Ber, den gelehrten Freund des Erasmus, s. Fechter a. a. O.

36

labori et diligentiae, quam intellexerat fidelem. Pro familiaritate
autem, qua me dignabatur Episcopus Basiliensis Christophorus ab
Utenheim[1]) et quotidianis colloquiis, expetiit a me, ut summam
brevem ei describerem ejus catholicae doctrinae, quae populo sibi
commisso ad salutem scienda necessaria esset. Tentavi obsequi
Reverendissimo Domino composuique tripartitum opusculum, de
credendis scilicet, sperandis et agendis, sicque exposui articulos
fidei, orationem dominicam et decem praecepta Decalogi, ea brevitate et luculentia, qua poteram. In quibus alicubi sequebar non
tum meam conscientiam quam scholasticos quosdam Doctores
mendicantium ordinum. unde contigit, non omnia ibi scripta solidae
fuisse veritatis, sed ejus, quae tunc veritas habebatur et generaliter
probabatur. alioqui quae de indulgentiis, purgatorio, confessione,
eucharistia et papistica potestate scripta inveni, jam coeperam sus-
pecta habere ex lectionibus antiquorum maxime Augustini[2]) et
Origenis, in quibus talia non inveneram dogmatizata. Deprehen-
deram enim librum de vera et falsa penitentia non esse Augustini,
sic nec librum de Sacramentis Ambrosii, et Jeronymi quaedam de
talibus loquentia falso fuisse adscripta deprehendi. Id quod postea
Erasmus quoque Roterodamus confirmavit et probavit luculentius.
Et quidem placuit tunc Praesuli doctissimo studium in opere, et
gratus amplexatus est promisitque propediem synodum Provincialem
se celebraturum, in quo librum istum sua authoritate, non meo
nomine, qui junior eram, suis passim parrochis commendandum,
ut secundum eum praedicarent uniformiter et catholicae, verum
neutrum postea factum est.[3]) ob causas quas mihi retulit Episcopus,

Sidenotes:
Episcopus Basiliensis ab Utenheim Christoph.

Tripartitum fidei

de Indulgentiis

Doctores probati et sancti

---

¹) Vgl. Herzog: Christoph von Utenheim in den Baseler Beiträgen zur
vaterländischen Geschichte I. besonders S. 76, 78. Wenn jedoch Herzog sagt,
P. sei damals zum *zweiten* Mal im Barfüsserkloster zu Basel als Lector der
Theologie thätig gewesen, so ist das ein Irrthum; die Reise mit Cardinal
Raymund war bloss eine kurze Unterbrechung seiner Wirksamkeit gewesen.

²) So ward Augustin auch ihm, wie Luther, ein Wegweiser zur bessern
Erkenntniss und zwar ohne Zweifel in noch eminenterm Sinne, als dies bei
dem Erfurter Mönch der Fall war; denn P., der sich wissenschaftlich mit
Augustin befasste, war genöthigt, tiefer einzudringen, während Luther vorerst
bloss durch die Satzungen seines Ordens mit einzelnen Stellen augustinischer
Schriften bekannt wurde. Vgl. Köstlin a. a. O. S. 81 f.

³) S. Herzog, Encykl. XVI, S. 790.

quia sacerdotes Austriaci dominii[1]) adhaerentiam habentes Nobilium et Helvetici impatientes disciplinae, nollent se quoquo modo reformari, et Canonici ecclesiae suae majoris exemti essent a sua authoritate, immediate sub Papa et suo Decano, quibus non reformatis, primis scilicet, nihil de minori clero posset tentari per se, quamlibet multa displicerent. Causa ditatae reformationis cleri Basil.

Cum autem anno 1507 sub diebus festis pascalibus hunc offerrem tractatum, colloquium mecum Episcopus exorsus est de novitate quadam mirabili, quae coeperat agi Bernae in Conventu Praedicatorum Bernensi.[2]) recitabat eam mihi plus quam per horam, et id quidem latine et eleganter. erat enim doctissimus Doctorque Canonum, si non utriusque juris, vir grandaevus et optimus. De ea historia, uti nova, nihil audieram antea. sed temporis successu jam inchoatam prosequebatur (eam) dolo et malicia monachorum cupientium imponere non tantum Bernensibus civibus, sed toti Germaniae: durabat impostura cum multorum admiratione toto anno, ita ut avunculus quoque Jodocus Gallus e Spyra frequenter scriberet mihi, cupiens certior reddi, et alios de veritate suspensos certius instituere. cui respondebam multis subinde epistolis, de his quae audiebam tantum, idque toto fere anno isto. Contigit autem anno sequente 1508 in Quadragesima, ut Canonici quidam ecclesiae majoris mi referent, circumferri libellum scriptum de gestis illis Bernensium praedicatorum, quod Episcopo Basiliensi, Praeposito et Officiali et quibusdam ex universitate Doctoribus legendum fuisset commodatum, idque haberi ab ipsis quoque et lectum. Ego itaque qui cupieram semper avunculo certa scribere, audiens haec obtinui ab illis, ut biduo mihi legendum cederetur, quod et annuerunt. videns itaque historiam scriptum ipsa Praedicatorum manu et maxime Doctoris Wernheri, Prioris Basiliensis conventus et Doctoris Stephani Bernensis, eam ut scripta erat, transcripsi festinanter, integre, et altera die librum reddidi.[3]) Eundemque additis judicii mei 1507 Historia Bernen. Praedicator. D. Wernherus praed.

---

[1]) Das obere Elsass.
[2]) Der berüchtigte Jetzerhandel machte damals mit Recht allgemein von sich reden. Vgl. Anshelm'sche Chronik III. und IV.
[3]) *Haller* führt im 3. Band seiner Bibliothek der Schweizergeschichte unter sämmtlichen zeitgenössischen Berichten über den Jetzerhandel S. 19 ff. auch

annotationibus cum epistola praefixa transmisi certo nuntio Doctori Jodoco avunculo. nec sum falsus aliqua conjectura mea, quin longe perfidiora tunc sunt machinati monachi, quam ego credidissem. id

Combustio monachor. quod rei probavit exitus et combustio sequens quatuor monachorum

1509 Bernae, anno sequente, nempe 1509, ultima die Maji. Eam historiam scripserunt multi, Sebastianus Franck et Thomas Murner. sed omnium verissima ea fuit, quam ego ex illorum descripseram autographo, sed non finitam. Jam autem 8vo anno,[1]) postquam sex annis Basileae legeram studiosis, intuitu quietoris loci,[2]) mutatus

Rubiacum mutatus sum e Basilea Rubiacum cum quibusdam junioribus studiosis fratribus, simulque aliunde fratribus junioribus illuc mihi missis, inter

Sebastianus Munsterus quos erat Sebastianus Munsterus Ingelnheimensis, 18. agens tunc annum aetatis, homo studiosissimus et laboriosus et probissimus.[3]) jam autem rogatu Amorbachii senioris coeperam in operibus D. Jeronymi adjicere hebraicis literis, quicquid ex sacris Bibliis allegandum putavit Sanctus, quod ignorantia scribarum alicubi graecis

---

diesen an. In der deutschen Ausgabe — später erschien auch eine lateinische — trug er den Titel: «ein erdocht falsch history etlicher Prediger Münch, wie sye mit eim Bruder verhandelt haben» u. s. f. Der Basler Prior hiess Wernher von Selden.

[1]) Also weder 1509 noch 1510, wie Geiger, Studium der hebräischen Sprache, S. 42, annimmt.

[1]) Vielleicht auch wurde P. versetzt wegen seiner freundschaftlichen Beziehungen zum Bischof. Die Ordensobern sahen Solches nicht gerade gern.

[1]) Seb. Münster, geb. 1489, wurde bekanntlich im Jahre 1524 Professor des Hebräischen (nebenbei auch der Mathematik und Geographie) in Heidelberg, wandte sich aber von dort in Folge schnöder Behandlung der Besoldungsfragen bald nach Basel, wo gerade durch Pellikans Weggang nach Zürich der Lehrstuhl des Hebräischen vakant und wo Münster als Mitglied der theolog. Fakultät 1552 starb. Vgl. Hautz, Geschichte der Universität Heidelberg I, 374, und Athenae Rauricae 22 ff. Was er als Hebraist und Kosmograph geleistet, ist bekannt. Seine Verdienste um das Studium der hebräischen Sprache hat Geiger a. a. O., S. 74 ff., in eingehender Darstellung gewürdigt. Ebenda erfahren wir auch, dass Pellikan sein erster Lehrer im Hebräischen gewesen und zwar aus einer Stelle von Münsters Vorrede zum Opus consummatum, wo es heisst: anno 1509 translatus ad D. Pellicanum indefesso studio sub fidelissimo praeceptore prima imbibi rudimenta ac mox animum appuli ad Biblicas historias. Indessen hatte Münster ebenso auch die rudimenta seines mathematischen und geographischen Wissens Pellikan zu verdanken. S: unten.

literis, alicubi ignotis figuris et perperam tractis pinxerant, id quod etiam Capnion egerat antea in graecis restituendis. Id laboris inchoatum Basileae absoluebam Rubiaci et aeque studiis meis juvabam ejus Amorbachii impressuram, atque dum eram Basileae.[1])

Ab anno ergo 1508 usque ad undecimum praelegebam denuo studiosis fratribus Margaritam philosophicam totam et Nicolaum Margarita de Orbellis in libros sententiarum et Aristotelis. Communicavi de Orbellis Munstero juveni quaecunque habebam hebraica et astronomica, quibus adjecit sua quoque meditatione et diligentia, ut evaserit in his rebus doctissimus. verum urgebam eum pro virili in Philosophiam divinam et humanam, quam esset aliquando fratribus quoque aliis praelecturus. Id quod et contigit tandem tam Basileae legenti Sacra quam Tubingae, ubi reliquum quod deerat Astronomiae assequutus est sub praeceptore suo alio Joanne Justingense, de quo supra.

Dum autem adhuc Basileae Lector essem, anno 1507 contigit Rubiaci provinciale capitulum celebrari, ad illud jubebar concionem latinam parare, Patribus collectis pro more proponendam memoriter, id quidem invitus subii, verum pro honore patriae mihi injunctum Oratio ad Patres Capituli Rubiac. detrectare non audebam. Collegi ergo tripartitum argumentum tuli Rubiac. fratribus proponendum; dicendum mihi putabam fratribus de charitate, Minoribus de humilitate, de observantia nuncupatis de disciplina morum. Quia autem memoria multa cogitanti succurrebat, videns charitatis tractatum prolixiorem evasisse, quam ut ceteras infra horae spacium dicere possem, peum rimum tractatum memoriter recitandum didici: sed tamen reliquos de humilitate et disciplina, aeque mihi visos necessarios auditu, scripsi quidem et tripartivum implevi, paratus illos quoque vel inter prandendum legere, sed non erat oportunitas, et ego gaudebam semel exoneratum me dimitti, ne irritare crabrones velle viderer. Improbabam enim in tertia parte arrogantiorem istum titulum, quo sese de Minoritani de Observantia cognominabant, regulae quidem Franciscanae: in qua vantia professio evangelicae vitae initio et fine suis commendatur atque

---

[1]) Die Bestätigung dieser Aussage finde ich in einem Brief P. an Joh. Amerbach (Ruffach d. 29. Aug. 1509), s. Basler Bibl. G. II, 13ᵃ. Vgl. auch Geiger a. a. O. der Jahrb. S. 191.

observanda docetur. cupiebam eum titulum non jactari ab vere humilibus. verum quae dicendae conscripseram et non dixi tunc, ea sequentibus annis alii quidam a me conscripta in provincialibus Capitulis, me ardentius, retulerunt Patribus et inculcaverunt efficacius.[1])

1508 Anno autem 8. me existente Rubiaci, contigit aviam meam autumnal itempore quodam die pro suo more campum explorare, cum esset octogenaria et amplius, colligendo herbas et radices, quibus semper fuerat delectata, facta est tempestas gravis pluviae et tonitruorum, ut sola in agro territa caderet et sic per noctem mansura foris erat. Id ipsum mater mea, ejus filia, vidua, animad vertens anxio, a sculteto obtinuit viros, qui matrem non redeuntem de foris noctu quaererent, non prorsus opaca. qui cum matre mea exeuntes vagantesque et quaerentes eam invenerunt jacentem et stupentem, quam domum reducentes, aliquamdiu aegrotam fovit mea mater, sed aliquantisper convaluit, sequenti vero anno naturae Deoque concessit, feliciter, qui fuit dies 1509. 29 Julii.

Avia Barb. materna in campo jacet

1510 Anno decimo mense Augusto die XXX. Felicis et Adaucti nuptias celebravit soror mea cum honesto viro calceario, nato ex oppido Gebwiler, Theobaldus Wolfhart nomine, honesta familia natus erat, fratrem habuerat praedicatorium et alios. cum quo habuit primo quidem filiolam Margaretham elegantissimam, sed quae immature obiit, quarto fere anno aetatis suae. (Jodocus Gallus adnotavit diem sponsaliorum sororis meae ad 6. diem Septembris et nuptias ad diem X. ejusdem, cui credo magis. Eodem anno D. Jod. fuit in synodo Coloniensi.)

Eodem anno jussus sum praeparare me ad orationem latinam, declamandam coram doctis studii Tubingensis, ubi erat celebrandum capitulum provinciale Minoritarum post Pasca; argumentum proposui tractandum de sobrie sapiendo non tantum in moralibus, sed multo magis etiam in disciplinis. id autem prosequebar per omnes artes liberales, in quibus nimia curiositate omnia perturbarentur. nominatim in Grammatica, Dialectica, Rethorica, in Theologia quoque, quam veram (et linguas ad veram necessarias) negligerent studiosi, inutilem autem et disceptatricem philosophicam

Capitulum Tubingense

Oratio de studiis emendandis

[1]) Eben Sebastian Münster, s. unten.

et scholasticam Theologiam sectarentur; in Astronomia quoque et Poetica, quamvis Poetarum dente lacerari timens, contra eos tutius putarem tacere quam loqui .vel quicquam scribere. Eam rescriptam et memoriae commendatam impetravi ob verecundiam non dici, quandoquidem eximius alius praedicator, Daniel Agricola dictus, Daniel
Agricola suam quoque declamationem dicens in choro, parum laudis et gloriae reportavit, me quoque deterruit, ne periclitarer magis verecundum. Ea tamen fuit rescripta a pluribus oratio, sed ut prior quoque perdita est mihi.

Anno undecimo erat celebrandum Capitulum provinciale Basileae, in quo Sebastianus Munsterus jussus declamare sermonem latinum, obtinuit a me conscribi illam, quam postea dixit feliciter — sumpto themate ad Patres, quando misi vos sine saculo, pera et calciamentis, num quid defuit vobis aliquid, dicunt ei, nihil. Luc. 22. Eodem capitulo vel conventu Basiliensi ordinatus fui Gardianus Pfortzensis. ibi enim a fratribus electus eram, dum aliquot mensibus Provinciali socius secretarius adsumptus fuissem, qui erat Bartholomeus Wyer. Postquam igitur non integris annis tribus[1]) Rubiaci praelegissem, veni ad Pfortzen, assumpto mecum socio et subdito et chariore discipulo Sebastiano Monstero, nondum sacerdote. perveniumsque ad Pfortzen Kalendis 7bris anni 1511. Ubi concertatio inchoata fuerat inter plebanum et mendicantes, fratres Praedicatores et Minores. Pro concordia vero missus est ab Episcopo Spirensi Philippo a Rosenberg avunculus meus D. Jodocus Gallus, qui conciliavit partes et literis confirmavit in conventu Pfortzensi 14. die Novembris, non mecum hospitatus in monasterio,[2]) sed in proximo hospitio publico, et de meo statu non modicum gavisus, quem et Episcopo commendavit Spirensi, ut is me multum amarit, et fratribus meis gratiosus fuerit, et eleemosinis benefecerit, et inter suos, ut dicebat, fratres computarit.[3])

Hujus anni initio obiit amicus singularis meus Conradus Leontorius Mulbrumiensis monachus in Arcta valle prope Ba-

Marginal notes: 1511 · ex Lucae evangelio · Barth. Wyer · Quardianus Pfortzen. ordinatus · Conradus Leontorius

---

[1]) tribus ist hier im Manuscript fälschlich in sex corrigirt.

[2]) Weil Pellikan in dem Streite Partei war.

[3]) Phil. von Rosenberg war bekanntlich auch der Protektor Capitos; s. *Baum:* Capito und Butzer S. 12.

sileam 7. Januarii.[1]) Februarii 23. die nuptiae celebratae Ludovico Palatino et deinde post octo dies vel 12 Ducis Wyrtenbergensis Huldrici: cum duabus sororibus Ducis Wilhelmi Bavari in Monaco, filio et filiabus sororis Maximiliani Cesaris, cum maxima pompa, parva fortuna. Id quod tunc quoque erat in anguriis.[2]) In Junio post visitatam patriam suam Jodocus Gallus cum Jacobo Wimflingio, visoque Murbaco et Marbaco monasteriis, Argentinam perveniens gravi sua podagra laboravit, usque ad finem Julii ibi jacuit, navigioque reductus est Spyram. Quem postea Pforcensis jam

Annotata per Jod. Gallum Gardianus visitavi in Septembri 23. die, ut ipse annotavit in suo diario memoriali relicto nobis. Ejus anni 27. Aprilis obiit Archiepiscopus Trevirensis, Jacobus Marchio; electus postea 19. die Maji[3]) alius a Gryffencloe.

1512 Anno 1512 undecima Octobris descendi Spiram in causa conventus, hospes per noctem in Bruxella apud concionatorem

Wolffgangus Capito Wolffgangum Capitonem, Baccalaureum Theologiae:[4]) Is me seorsum accipiens, secreto quaesivit, quid sentirem de eucharistiae sacramento et de corpore Christi. respondi: invitum me de Doctorum opinionibus circa hoc cogitare, scandalizatus a Joanne Scoti in 4. sentenciarum, ob tres opiniones recitatas. ego priori libentius. quam tertiae inhaeream: intelligens panem et vinum esse sacrae

---

[1]) Der Humanist Leontorius, der Verehrer des Bischofs Christoph von Utenheim, war offenbar Einer von Denen gewesen, mit welchen P. während seines ersten Basler Aufenthaltes am meisten verkehrte. Der sprachenkundige Mann war sehr vertraut auch mit Reuchlin, Wimpheling und Seb. Murrho. Nach dem Kloster Engenthal bei Basel, welches die Gelehrten Engedi oder arcta vallis nannten, und wo Leontorius Beichtvater der Beginen war, schickte Joh. Amerbach ihm seinen Sohn Bonifacius zur Erziehung. Vgl. Basler Beiträge zu vaterl. Gesch. I und II, 173, 174; ferner Geiger, Reuchlin, 43 und 184; Stockmeyer und Reber a. a. O. S. 47.

[2]) S. Einleitung.

[3]) Jacobson gibt, in seiner Arbeit über das Erzbisthum Trier in Herzogs Realencykl. XVI, als den Tag der Wahl von Richard Greiffenklau, dem Nachfolger des Markgrafen Jakob von Baden, den 14. Mai an.

[4]) Ueber Capitos hebräische Studien s. Einl., wo von Pellikans Antheil an Capitos Psalmenausgabe die Rede ist. Joh. Fabricius Montanus (s. Einl.) spricht davon, P. und (der ebenfalls 1478 geborne) Capito hätten schon früher familiariter mit einander verkehrt. Es kann dies nur in Basel geschehen sein, wo Capito studirt.

rei, idem crucifixi corporis et effusi sanguinis Sacramentum i. e. sacrum signum, et esse invisibilis divinae gratiae in Christo visibilem formam et nutrimentum animae spirituale et per fidem, et non aequivoce dici nomen Sacramentum de eucharistia et aliis sex sacramentis. Id quod Scotus contendit, ut puto, invitus. Audiens haec Capito respondit, nihil aliud sibi videri, vel se posse intelligere.[1]) Haec tibi, charissime fili Samuel et Conrade nepos, scribo, ut intelligatis, quamdiu de hac re et papistico articulo dubitare coactus sim contra conscientiam, quam Papa tenebat captam. In eo et aliis quoque huic similibus articulis, ut erat de confessione auriculari omnium peccatorum, necessaria ad salutem, quia in Patribus sanctis Augustino et Hieronimo etiam Chrisostomo, quos legeram omnes, nihil tale inveneram, cum essent et merito haberentur catholicae doctrinae antesignani illustrissimi et maxime authoritatis et fidei, contra quos et Berengarium, illis assentientem, Romani et Parisienses Theologi tantopere militarunt, ad jacturam fidei et conscientiarum cauteriatos nexus. *(margin: Conscientia capta a Papa)* *(margin: Confessio auricularis)*

Eisdem quoque diebus descendi Wormaciam et judaicam Synagogam praeceptoremque meum, Vigilium Wacker visitavi, a quo libellum intitulatum Dyonisii accepi, ubi probabatur eum Dionisium Parisiensis monasterii patronum non fuisse areopagitam, discipulum Pauli, sed alium quempiam graecum, qui post tempora Apostolorum longo tempore sua scripsit.[2]) Rediens accessi Episcopum Spirensem ad Vodenheim de Rosenburg, humanissime receptus, et eleemosinam pro fratribus liberalem assequutus. *(margin: Wormatia)*

In principio Marcii translatus est M. Wolffgangus a Bruchsella ad Basileam, ut esset Praedicator in Cathedrali Ecclesia Basiliensi.[3]) *(margin: Wolf. Capito)*

---

[1]) Das ganze höchst interessante Gespräch der beiden angehenden Reformatoren theilen wir im Anhang in extenso aus der in der Einleitung angeführten historica oratio des Fabricius Montanus mit. Die Behauptung desselben, er habe es nach P's eigener Erzählung niedergeschrieben, verdient um so weniger angezweifelt zu werden, als der eigene kurze Bericht P's, mit dem in der hist. oratio Enthaltenen durchaus übereinstimmt. Nach Fabricius erzählt auch Baum a. a. O. S. 14 von dem Gespräch.

[2]) Die Dionysiusfrage war von Laurentius Valla aufgebracht worden und beschäftigte gerade damals auch den Erasmus.

[3]) Mithin behält Geiger Recht mit der a. a. O. S. 43 gegenüber von Baum aufgestellten und aus einem Briefe des Erasmus begründeten Vermuthung,

Obiit Doctor Pallas[1]) hoc anno 17. die Julii, qui Rector erat, eo tempore, quo incriptus fui Matriculae universitatis Heidelbergensis. cui cum cognomen adjicere debebam Conrado, ex parentela Küṛsner, "Pellicanus" adfuit avunculus, contendens, non pellifex es, nec eris, nec pellificis filius, non ergo latine pellificis cognominaberis, sed Pellicanus. hinc nobis nostrum cognomen ortum est, et sic inscriptum invenitur illic, pro anno 1491. in principio Maji. Is Doctor in exequiis dominae Margarethae, uxoris Palatini Philippi, orationem habuit funebrem, postea statim impressam, cum carmine quodam ad laudem ejusdem Ducissae, matris multorum ducum, quod erat compositum et appensum a ῾ratre meo, piae memoriae Leonaṛdo Pellicano; cujus quoque tetrasticon invenies inter Wimpflingii discipulos, in suo libello de juventute instituenda, impresso non semel. Eo anno praelegi Pfortzae fratribus junioribus scriptum breve super sententias

Nicolaus Nysa Hist. Hirsaugiensis Jo. Trit.

Nicolai de Nysa, utilius et brevius reliquis omnibus in sententias. legi magnam partem historiae Hirsaugiensis Jo. Tritemii, olim Abbatis Spanheimensis, quem ibidem olim videram cum F. Paulo Scriptoris in quadam visitatione ejusdem monasterii anno 1496 sub Abbate Blasio.[2]) erat vir eximiae staturae, integrae tunc aetatis et

Nicolaus Baselius

humanus, minime fastuosus. Erat ibi Nicolaus Baselius, amicus meus et librarius, homo doctus valde, et historicus imprimis. Pfortae

Nicolaus Gerbelius

erat Nicolaus Gerbelius, vir doctus et humanissimus, sed abiit Viennam Pannoniae, ubi Doctor Canonum factus, post paucos annos rediit, et Argentinam sese contulit, episcopo Argentinensi

Casp. Glaser

serviens in reddendibus legibus. et Caspar Glaser, syncerus amicus mihi, qui in Baden ludi magister et Canonicus, tandem paedagogus ducum Bavariae et palantinorum apud Hunesruck. ambo hodie superstites optimi viri, et veritatis amantissimi.[3])

Capito sei schon 1513 von Bruchsal nach Basel gekommen, und kann man es als erwiesen ansehen, dass Capito in jenem Jahre bei Adrianus Hebräisch gelernt.

[1]) Pallas Spangel, der Lehrer Melanchthons; vgl. *Hautz,* Gesch. der Univ. Heidelberg, und *Schmidt,* Phil. Melanchthon, S. 7; sein epitaphium findet sich abgedruckt in der Biographie Pellikans bei M. Adam: vitae German. theol. 263·

[2]) Nach Wagenmann war es gerade Abt Blasius von Hirschau, der den Tritheim zur Abfassung seines bekannten chronicon Hirsaugiense (spätere Auflagen: annales Hirsaugienses) veranlasste. Herzogs R.-E. VI, 145.

[3]) Gerbel in Strassburg, Glaser in Zweibrücken. Mit Beiden unterhielt

Circa initium Julii finita sunt comiitia imperii in Treveri.
ubi mortuus est comes ab Hohenzolern[1]), quem videram primum
pustulas habentem dudum 1496. Rotenburgae ad Neckarum, magni
nominis apud Maximilianum Cesarem, quem dicebant Treveri quidem occisum, sed mortuum, cadaver relatum ad sepulturam majorum in Hechingen, per noctem hospitatum fuit in monasterio
nostro, comitiaque translata ad Coloniam, ad mensem Septembris.
Anno 1513 obiit reverendissimus Episcopus Spirensis Philippus
a Rosenberg, amicus gratiosus, tertia februarii. Cujus duodecima
die postulatus est ad Episcopatum Spirensem Georgius, frater Palatini, praepositus Monguntinus.[2]) ejusdem 20. die obiit Julius Papa
secundus, die Sancti Mathiae interfui Heidelbergae revocationi Wi-
gandi, praedicatorii Doctoris, apostolica authoritate coacti ad hoc,
ad instantiam Minoritarum, qui et eandem prius fecerat Romae,
anno praeterito 22. Octobris. Post quam revocationem Spiram ivi
ad avunculum, deinde redii ad locum meum Pfortzen. undecima
Marcii fuit electus Romae Papa Leo decimus, Cardinalis de Medicis.
Interfui Capitulo provinciali in Rietfeld, prope Nuwenstat. sequenti
die S. Georgii, pruina devastavit vites per totam Germaniam, verum
multis in locis nova femina pullulancia divitem vindemiam protu-
lerunt. Quinta decima die Decembris in Angaria fui Spirae cum
ordinandis, commodatum mihi Psalterium chaldaicum Botken,
Romae impressum, hoc est Indianum.[3]) Noctu in domo avunculi
didici legere eam linguam, et sic intelligere, ut duos primos psalmos
ea nocte antequam dormirem interpretarim: de quo stupefacti avun-

Marginal notes: Comes a Zolern — 1513 Philippus Episcopus Spirensis — papa Julius obiit — Wigandus Praedicator — Psalterium Indianum Botken

---

Pellikan auch später noch regen Verkehr. So befindet sich in der Simler'schen
Sammlung u. a. ein Brief Glasers vom Jahre 1536. In demselben erinnert
G. Pellikan an jene Pforzheimer Zeit, wo sie beide und Gerbelius es geahnt
hätten, dass von den Schriften des Erasmus eine grossartige Bewegung aus-
gehen würde.

[1]) Eitel Friedrich IV., durch den das Reichskämmereramt an das Haus
Zollern gekommen ist, Vater des unter dem Namen «Eitelfritz» bekannten
Freundes Carls V.

[2]) Rühmlich bekannt durch sein gerechtes Urtheil im Reuchlin'schen
Prozesse. S. Geiger a. a. O. und das, was P. sofort weiter unten über
ihn sagt.

[3]) Joh. Potken hatte das Aethiopische fälschlich aramäisch genannt. Vgl.
Geiger, Jahrb. für deutsche Theol. 1876, S. 215.

culus, et D. Decanus Spirensis donarunt me eo libro. composui ergo statim domi ejus linguae dictionarium, et partem grammatices, satis alludente ea literatura ad hebraicum modum, in literis servilibus et radicalibus. rediens vero ad Pfortzen, per Bruchsellam, invitatus dominica die ad prandium ab Episcopo Spirensi novo Georgio Palatino, in mensa ejus comedi ad latus ipsius humanissime tractatus, ut erat princeps ex genere suo clementissimus.

1514
Victoria
Capnionis
Moguntinus
Episcopus

Anno 1514 causa Doctoris Joannis Reuchlin et Praedicatorum tractata fuit Spirae per commissarios papae. Octava die februarii obiit archiepiscopus Vriel Monguntinus[1]), in cujus locum electus vel postulatus in martio 9. die Albertus Marchio Brandenburgensis. Mense junio excitata turba in Ducatu Wirtembergensi der arm Cuntz dicta.

Heidelberga
Satzgerus
Provincialis

Mense Augusto celebratum capitulum Minorum in Conventu Heidelbergensi, ubi electus est in provincialem vicarium, pater Caspar Satzgerus, Landshutensis natione, sed qui fuerat jam Gardianus Monacensis, vir religiosus, doctus Theologus, eximius praedicator, et humanus valde. Is ibi rogatum me habuit, ut obmisso gardianatu Pfortzensi, in quo alioqui per fratrum vota continuandus

Provincialis
Viri Socius

eram, dignarer in officio Provincialatus esse socius secretarius et scriba, cum tertio fratre utriusque ministro, statim laetus ego pro liberatione tam a difficili officio gardinatus, sponte obtuli me ad ejus obsequium, caritatem et officium. Soluto capitulo ipsum statim Ulmam versus sequuturus. Spiram ex Heidelberga abii, valedicturus avunculo, deinde rediens ad Pfortzen, dispositis rebus accinxi me ad iter versus Tubingam ad Ulmam, ubi Provincialem inveniebam; ibi habita otii oportunitate, rescripsi hebraica quaedam, de gratia et communicatione optimi Cantoris Ulmensis, domini

Dict. hebr.

Joannis Beham, nempe vocabularium hebraicum abbreviatum ex libro radicum R. Davidis Kimhi, et fragmentum grammaticae cujus-

gram. hebr.

dam elegantis, quae incipiebat רעתה את חיל de artificiosa conjugatione verborum, cum varietate verborum et formarum, simul quoque regularum, per omnes ordines et modos. Alium quoque libellum rescripsi ab eo, carmen disciplinae pro moribus, 130 versuum, R. Josephi Esopaei provincialis, Judaei, quem jam ante D.

---

[1]) Ebenfalls bekannt aus der Geschichte Reuchlins.

47

Jo. Reuchlin latinum fecerat, versibus eruditione plenus, Phortzae impressum, quem vocavit Scutellam auream. Rescripsi parabolaŝ quinquaginta sententiarum moralium, juxta 50 discipulos. Alium quoque tractatum de decem numerationibus, de anima quoque philosophicum, omnia hebraica. Ad festum Michaelis per Wysen- horn, Closterbüren et Otterbüren monasterium egregium S. Bene- dicti, ubi Abbas Leonardus et Cellarius Nicolaus Ellenbogen hebraice doctus[1]), viri optimi et religiosi, pervenimus Campidonam. Post festum Francisci arripuimus iter difficile et longum versus Brixinam, ubi monasterium Clarissarum visitandum erat. Transi- vimus autem per Füsen fauces Alpium, ubi Lycus[2]) erumpit, hos- pitati in monasterio Sancti Mangoaldi ab Abbate amicissime. Deinde versus Ynsbruck itinere proximiore et publico, hospites suscepti a thesaurario nobili Cesaris Maximiliani; inde per Matra et Stein pervenimus ad Lug, deinde superando montem Brenner, ad Stertzingen, et secundum flumen Isaar ad Brixinam perventum est. Ibi familiaritate doctoris Sebastiani Stamleri, Augustiniani, illic in Brixina Canonici, assequutus sum Portam lucis Rabi Joseph Castiliensis, interprete Paulo Rytio, quem tractatum satis prolixum rescripsi, postea a Paulo Rytio editum per impressuram. Sed et ibi legendum accepi Paulum de Heredia Hispanum de mysteriis cabalisticis, librum, dudum impressum in Italia egregium, sed antea et postea mihi nunquam visum, quem promiserat legendum mihi Doctor Canonicus alius, Ambrosius Hippenhofer vel Hieronymus. Expletis negotiis, redivimus per viam eandem usque ad Matram, deinde per anconas Alpium pervenimus ad Schwatz, hospitati apud Minores ibidem, in novo monasterio eleganti, de provincia non nostra, sed Austriae. Unde proxima via per alpes juxta lacum S. Petri et per Stubam, sine fornace, quod est locus horribilis deserti sic dictus, pervenimus ad Tegrense egregium monasterium, et antiquae religionis Sancti Benedicti, ubi omnium Sanctorum festum celebravimus, cum honestissimis viris, tractati humanissime. Hinc pervenimus Monacum, urbem elegantissimam, opulentam, et in

Scutella aurea

Ottenbüren

Nicolaus Ellenbogen

Füsen

Insbruck

Sebastianus Stamler

Paulus Rytius

Paulus de Heredia

Tegrensee

Monacum

[1]) Vgl. Geiger: öster. Vierteljahrsschrift für kath. Theol. X, und Jahrbr. für deutsche Theol. 1876. S. 213.
[2]) Lech.

48

victualibus nulli in Germania secundam, potu et cibis. Quatuor
fere ibi absumptis hebdomatibus, et bene tractati a sorore Maximiliani, Domina Kunegund, vidua sancta, matre Principum trium,
hactenus viventium in Bavaria, processimus ad Frisingen. Hospitati
in profesto Andreae apud Wysteffel egregium illic monasterium
S. Benedicti. Ibi vidimus antiquitates quasdam memorabiles, sicque
pervenimus ad Landshutam urbem pulcerrimam, sedem Ludovici
Ducis Bavarici; ibi nihil praeter negotia publica agentes, excessimus
tandem versus Kelhem oppidum in confluentia situm Altmülii
fluminis et Danubii. inde descendi Ratisponam, audiens hebraicam
haberi Bibliothecam apud praedicatores. ubi vidi non solum
hebraica Biblia tota, sed et totum Thalmud, in 6 partes distinctum,
una cum dictionario talmudico, omnia manuscripta. Rogavi, ut
transscribendum mihi dictionarium permitterent sub cautione
sufficiente, quam promittebat Guardianus Chälemensis[1]), sed recu-
sarunt officium monachi, suo more fastuosi et stolidi, canes ad
praesepium, quandoquidem ne unus quidem monachorum literam
callebat hebraicam. Redii navigio ad Chälhem, expeditisque negotiis
iter arripuimus per Voburg castrum, ad Ingolstadium. ubi aliquot
diebus agentibus nobis pro more, Dominus Doctor Joannes Eckius
a multis annis mihi familiaris[2]), dictionarium hebraicum quoti-
dianae locutionis mihi rescribendum liberaliter contulit. Inde per
Berengriess et Berchingen pervenimus ad Frystat, ad monasterium
montis prope Mengen, ubi brevibus expedito negotio, per Neuw-
marckt pervenimus ad Ambergum, egregium oppidum, deinde visitatione expleta, per Sultzbach, Hersbruck et Lauffen, Nurembergam
pervenimus; ibi multa notatu digna vidimus, in primis pictam
jussu Cesaris Maximiliani, studio autem opera Jo. Stabii, historiam
totam vitae et studiorum ejus, pictura elegantissima, bella, trium-
phos, pericula, venationes, aucupia, nuptias Cesaris, et hujus modi
artificiosa multa valde in urbe. inde cum oportunitate Bombergam
pervenientes, ibi virum inveni hebraice studiosum Cesarem cogno-
minatum, cui erat egregia quaedam grammatica hebraica, satis

Marginal notes: Kunegundis, soror Cesaris — Kelhem — Ratisbona — Thalmudicum diction. — Joh. Eckius — Amberg — Nuremberga — Joh. Stabius — Bomberga

---

[1]) Der Guardian des Kelheimer Franziskanerklosters.
[2]) Johann Eck hatte mit P. in Tübingen studirt. Vgl. die gründliche
Biographie Ecks von Wiedemann, Regensburg 1865.

copiosa ex qua quaedam excerpsi. inde ad novam Civitatem ad ^{Nova Civitas} flumen Eysch[1]) accessimus officii nostri gratia. ibi tunc[2]) vivebat adhuc Elias Levita Judaeus, non dum grammaticus, ideoque mihi ignotus, qui tamen cum aliis Judaeis post mortem Marchionissae de Brandenburg, tunc ibi residentis vetulae, per filium successorem Casimirum vel Georgium expulsus, Italiam petiit, ubi Hebraeorum Grammaticam didicit primum; deinde ibidem quoque expulsus, Romae eandem docuit Christianos, donec ibidemque expulsus est, non modico urbis et sui damno. De monasterio Rietfeld, per Wynsshem, Rötingen et Mergenthum, Krüten et Schönouw Heilbronnam pervenimus, peractaque visitatione, pertransito Krachgouw, Heidelbergam devenimus ad festa Pascalia, quibus finitis navi pervenimus ad Openheim, deinde ad Moguncıam. cumque otium permitteret Franckfordiam adii, a Judaeis aliquid ibidem inquisiturus; Frankford sed indoctos omnes inveni, quamlibet Rabinos convenissem duos, R. Nathan et R. Meyer: vacuus ergo redii, et per Ingelnheim pervenimus Crutznacum. ibi captata licentia, adii Abbatem Sponheimensem, doctum quidem virum, sed successorem Joannis Tritemi, qui jam Wirtzburgam translatus erat ad Schotos Abbas; vidi autem in Spanheim bibliothecam aedificio pauperem et contemptibilem, sed libris antiquis, optimis rarissimisque in omni literatura nobilissime decoratam; ubi notas Senecae vidi, alias nunquam, et veterum Musicam artem egregiam, egregia multa, sed non datum est multis ibi haerere horis. A Crutznaco per Kirchen, Heneow, Lyningen, Berckzabern pervenimus ad Wysenburgum; ubi Diem Wysenburg corporis Christi celebravimus ab Abbate invitati, juvene viro, qui postea mutavit monasterium Ducale enedictinensium in Canonicos, factus praepositus. erat pro oppidi parvitate mirus numerus Monachorum fratrum et sacerdotum in processione, sed praeter morem,

Margin notes: Nova Civitas · Frankford · Spanheim · Notae Senecae · Wysenburg

---

[1]) Neustadt an der Aisch bei Nürnberg.
[2]) Wenn die Angaben Geigers (Studium der hebr. Sprache S. 56) richtig sind, so ist P. hier in einem Irrthum befangen. Geiger berichtet, Elias Levita sei schon im Jahr 1504 nach Padua gezogen und 1514 bereits seit mehreren Jahren in Rom gewesen. Uebrigens sagt ja P. auch nicht, er habe Levita gesehen. Er erinnert sich bei Anlass des Ortes bloss an die Beziehung desselben zu dem grossen Grammatiker, nimmt an, derselbe sei damals noch dort gewesen, und bedauert, seine Bekanntschaft nicht gemacht zu haben.

omnes sine ornamentis sacris, praeter Abbatem et suos ministros, res mihi prius non visa. Profecti inde per monasterium sanctae Walpurgis, Zaberniam Alsaticam pervenimus. deinde per Alsatiae montana pervenimus ad Barr ad monasterium S. Uldarici, unde deinde Keisersbergam attigimus et monasterium vetustum Allspach Clarissarum, olim Benedictinensium, visitavimus. Quo confecto, Rubiacam patriam pervenimus. deinde peractis negotiis Basileam, ubi tunc imprimebatur Erasmi novum Testamentum cum annotationibus, novum et utilissimum opus. Navi descendimus Argentinam usque ; ibi hospitati apud militem Johannem Bock, provincialem Georgium doctorem Minoritam visitavimus, et honeste praeter morem tractati fuimus, et ad coenam suscepti, cum suis quibusdam Doctoribus; inde ad Fremmersbergense heremitorium, prope Marchionis Thermas, negotia prosequentes, Phorcen pervenimus, officioque transacto, Leonbergam vidimus et deinde Tubingam; quo loco visitato, dum apud Clarissas in Pfullingen, visitationi instamus, papale mandatum praesentatur nobis pro reformando conventu Minoritarum in Friburgo Brisgaviae, infra terminum triginta dierum expediendo, mandato quoque addito Caesaris Maximiliani. Assumtis ergo fratribus paucis de Suevia et convocatis aliis ex Alsatia, dum illi vocantur, nobis transeunda erat silva Hercinia, per Horb et Dornstett, per vallem quoque dictam das Kynntzgertal, per Alperspach, Haffla, Wolffach et Gegenbach, per Schuttern quoque monasterium. cum ejusdem Abbate, qui negotii erat commissarius Papalis et Caesareus, pervenimus Friburgum et monasterium sub cantata Missa in Die transfigurationis intravimus, Minoritis illis ignorantibus. Quibus ad locum capituli convocatis, per Commissarium et urbis Magistratum rogabantur, ut sese paterentur reformari ad honestiorem vitam et observantiam regularem, manerentque cum novis nostris fratribus; id si recusarent agere, excederent loco jussu Papae et Caesaris. Illi vero recusantes utrumque maluerunt abscedere loco. Id quod ad unum omnes egerunt, sicque monasterium fuit commendatum regimini Reformatorum provincialis; ubi necessariis rebus ordinatis, et demissis nolentibus remanere, cursum nostrae visitationis ex officio resumpsimus, redeuntes per Silvam Herciniam, Tubingam et Pfullingen, Alpibusque superatis Ulmam pervenimus. Sicque primum cursum visi-

Marginal notes (left column):
Zabernia
Barr
Keisersberg
Rubiacum
Basilea
D. Georgius
Fremmersberg
Pfortzen
Tubinga
Pfullingen
Friburgum
1516

tationis absolvimus et secundum ibidem inchoare debuimus pro officio. Itaque circa Kal. VIIbris, visitatis secundo monasteriis duobus, Fratrum Ulmae et Clarissarum in Sefflingen, denuo per Closterburen et Ottenburen Campidonam redivimus, postque festum crucis iterum per Fiesen ad alpes transcendendo pervenimus ad Insbruck. ubi jam latissima fama spargebatur, vicisse Caesarem[1]) Helvetios, et occidisse XVIII. millia Schwitentium;[2]) transito iterum monte Brenner per Lug et Stertzingen, Prixinam pervenimus. impletoque officio consueta jam via redivimus ad Schwotz, per Hall oppidum, consequenterque secundum Oenum[3]) fluvium navigabilem transitis oppidis Rotenburg, Koppstein, per Rosenheim pervenimus usque ad Wasserburg. Hinc versi ad Monacum transivimus monasterium Ebersberg, ubi alloquutus monachum Nicolaum[4]) he- braice studiosum, aliaque rescribenda ab eo suscepi, argumenta scilicet in libros duos perplexorum Rabi Rambam 75 et 38 capitum, cum dictionario explicante difficilia verba ejusdem libri. quae Monaci rescribens remisi gratissimus sancto viro exemplar suum. a Monaco, visitatis duobus pro more monasteriis, descendimus iterum per Frysingen ad Lantzhut, deinde ad Cälheim. jam tunc secundo Ratisbonam descendi, assequutus epistolam promotorialem Episcopi Spirensis Georgii Palatini ad fratrem suum Episcopum Ratis- ponensem Joannem, quam per avunculum meum Jodocum Gallum fueram assequutus, qua epistola agebatur, ut Dominicastri Ratisponenses non negarent mihi exemplar Dalmudici Dictionarii rescri- bendum et tuto restituendum. id tamen difficile nihilominus impetrabam, sed tamen dederunt sine requisita intercessione Episcopi sui, nolentes negotium devolvi ad Episcopum, vel ab eodem compelli vel rogari. clanculo mihi librarius codicem tradidit rescribendum,

---

[1]) Sic!

[2]) Die Schreckenstage von Marignano (13. und 14. September 1515) sind mit 7000 Todten blutig genug in die Geschichte der Eidgenossenschaft eingeschrieben!

[3]) Inn.

[4]) Der oben angeführte Nikolaus Ellenbogen. Es kommen überhaupt bei dem Bericht über diese zweite Visitationsreise eine Menge von Orten und Personen vor, die Sasger und sein Amanuensis schon das erste Mal besucht hatten.

eum itaque mecum gestans, habita oportunitate transcripsi, et anno posteriore remisi exemplar. A Chälheim iterum Ingolstadium petivimus, deinde ad Ambergam per Mengenberg Heremitorium transito iterum novo Castro sicque Nurembergam pervenimus. Illuc venale

Pentatheuc. hebr. cum targum et R. Sal.

advenerat de Veneciis Pentatheucus cum megillis hebraice impressa, cum chaldaica translatione Onkeli et commentario R. Salomonis, impressa eodem anno 15. Eum mihi codicem emit soror Birck-

Charitas Birckheim.

hemeri, Charitas, Abbatissa ad S. Claram.[1]) Is mihi liber ut Croesi divitiae erat, si quidem ad illud usque tempus, praeter nuda parva Biblia hebraica nihil habebam; ditatus igitur hoc thesauro quem in humeris gestabam ligatum, Bombergam denuo invisimus, sub

1516

initium anni 16mi, consequenterque per Rietfeld, Heilbronnam, Bunniken, Pfortzen peragratis, Heidelbergam, deinde ad Oppenheim et Mogunciam festinantes pervenimus ad Crutznacum, circa medium Quadragesimae, unde ascendentes per novam civitatem, ad latus Spirae, ubi vidi filiam Doc. Jodoci sanctimonialem de tertio ordine

Catharina amita

S. Francisci, egregiam honestam personam, nomine Catharinam, pervenimus Wissenburgam, ubi Pasca celebrantes, per Zaberniam

Capitulum ad S. Udalricum

venimus ad locum S. Uldarici, ubi capitulum provinciale indictum fuerat, ad Dominicam Jubilate, quod et celebratum ibidem fuit, in quo ego totius Provinciae nomine et votis electus fui discretus

Rhotomagus

discretorum, ad Capitulum generale, quod in urbe Rhotomagensi[2]) celebrandum erat, in Normandia, ad festum Pentecosten. finito ergo provinciali capitulo, ascendimus Keisersbergam, assumptoque fratre interprete Gallico, Philippo Novevillensi, intravimus Gallicas, per vallem Keisersbergensem, superatisque montibus, pervenimus ad

S.Adeodatus Bergart

oppidum S. Adeodati[3]). deinde ad Bergart opidum, alias Rauona[4]) dictum, ubi erat fratrum conventus. Inde per Lunevillam, et San-

S. Nicolaus

ctum Nicolaum, devenimus ad conventum fratrum in oppido

Nanse

Nanse[5]), unde pervenientes Tullum[6]) civitatem, non fuimus intromissi, ob pestem quae vigebat. sed procedentes pervenimus ad

Baroducum

Baroducum[7]), deinde ad Lignei[8]) oppidum, et apud Sanctum Michaelem Mosam[9]) transivimus. pervenimusque ad Campaniam usque

---

[1]) Ein weiterer schöner Zug zu diesem Heiligenbilde aus der Reformationszeit.

[2]) Rouen. [3]) St. Dié. [4]) Raòn. [5]) Nancy. [6]) Toul. [7]) Ligny.

[8]) Bar-le-duc. [9]) Meuse.

ad Cathalaunum[1]) urbem, deinde per castrum Theodorici[2]) ubi Catalaunam
Castrum
Theodorici
Melde
Parisius conventus, per oppida quaedam venimus ad Meldas[3]), postero die Parisium, sabbato ante Dominicam post ascensionem Domini. hospitati Parisius apud Clarissas reformatas, in loco Ave Maria dicto. Dominica ipsa quiescentes vidimus urbem et conventum Minoritarum ubi erant 350 fratres studentes. Ibi consolati a germanis fratribus, inter quos tum erat juvenis, postea Doctor Sebastianus Hoffman Schaffhusanus, qui Tiguri cum primis evangelium prae- Sebastianus
Hoffmeister dicavit et interfuit disputationi de Schaffhusen missus;[4]) tandem concionator evangelicus in oppido Bernensium Zophingen, ibidem obiit filiis relictis uno Zacharia et aliis. Is tunc excipiebat nos humaniter jentaculo, sed providentia Dei contigit eadem hora denunciari mihi inter pocula adesse in Monasterii choro Jacobum Jacob. Faber
Stapulen. Stapulensem, virum notum ex lucubrationibus, quas habueram fere omnes dudum et legeram. eundem salutaturus accessi in Ecclesiam et ad horam colloquium habui ego solus, a quo fui amice salutatus et inquisitus de Beato Renano et Amorbachiis, Brunone et Basilio suis jam ante discipulis doctissimis et honestissimis. Redeuntes per vicum Sancti Jacobi, perque templum cathedrale divae Virginis, invenimus apud intersigne[5]) Basiliense vasa aperta, e Basilea jam tum allata plena Novi Testamenti Erasmi Erasmi Nov.
Testament. cum annotationibus quae antea non videram, tum primum impressa ad finem. sicque ad hospitium redeuntes, postridie iter confecimus usque ad Pontizaram[6]), deinde Gallion[7]) pervenimus preciosissimum Pontizara castrum Archiepiscopi Rotomagensis quod ad miraculum vidimus ornatum cum horto ferarum III leucarum. Inde posteriori die usque ad monasterium Cisterciense venimus, ubi Abbas erat doctissimus vir, Doctor Theologiae Parisiensis, senex, qui praeter morem humanissime nos tractavit hospites per noctem. Crastino Rotomagum Rotomagum pervenimus, ubi duodecim diebus celebrantes capitulum, numero

---

[1]) Chalons sur Marne. [2]) Château-Thierry. [3]) Meaux.

[4]) Hofmeister war an der ersten und an der zweiten Zürcher Disputation Abgeordneter Schaffhausens; gemeint ist hier wohl die erste.

[5]) Nach dem Glossarium mediae et infimae latinitatis III, p. 867, kommt intersigne auch sonst für intersignum, signum vor. Gemeint ist hier ohne Zweifel ein mit Basels Wappen geschmücktes Haus.

[6]) Pontoise. [7]) Gaillon.

54

septingenti, etiam praesentibus fratribus ex novis Insulis, ad quas
vocabantur fratres, adituri eam provinciam sanctae crucis, et inventi
sunt spontanei ad transfretandum 14 fratres, qui cum aliis navi
impositi ad Ulisbonam translati sunt, inde commodo tempore adituri in insulas, eadem navi, qua venerant Hispani fratres ad coetum

Rex Portu- galiae istum. Rex Portugaliae[1]) transmiserat eleemosinam de pretiosis
Novae insul. primitiae speciebus, quas primitias scripsit esse novae cujusdam terrae in-
ventae: quae aromata voluit Rex distribui per singulos conventus
omnium provinciarum, quod et factum est per totum ordinem provinciarum cismontanarum, qui soli tum convenerant, qui Romanis
dicuntur ultramontani, subditi scilicet regnis Hispaniae, Galliarum,
Germaniae, Angliae, Scotiae, Daniae. Secunda feria post octavas
penthecostales solutum erat Capitulum, ideoque ad Diem Corporis
S. Dionisius, monaster. Christi jam eramus in Ponti sacra. inde ad Sanctum Dionisium
pergentes, ad dextram missa Lutecia, breviori via Meldis redivimus,
et deinde via qua veneramus, pervenimus iterum usque ad Nanse,
Ducis Lotharingiae, ubi nobilissimum quoddam palatium conspexi-
mus ducis, sed nulla comparatione aequandum cum Galion praedicto; ei quod videramus inter Pontisaram et Rotomagum ad
Sequanam situm, castrum dictum Gallion, cum amplissimo horto
miliariorum trium et amplius circuitum muri continente, quod
construxerat Cardinalis Rhotomagensis, legatus apostolicus, pretiosissimum aedificium ex lapidibus, auro et gemmis, imaginibus
et picturis, usque ad expensas 24 tonellorum auri; nec tamen
adhuc omnia absoluta fuerant. Ab oppido Nanse divertimus per
Austrasiam versus Zaberniam per Salinas et Witters Dorff, ubi
Anastasius daemoniac. idolum Sancti Anastasii vidimus, horrendo vultu etiam daemonibus,
qui illic ejiciebantur execrationibus.

In Zabernia resumtus ordo visitandi nobis fuit, sicque per
Keiserbergam rursum, et Allspach, pervenimus Rubiacum, unde
novo cursu pro novo conventu Friburgensi per Brisacum venimus.
visitatoque loco Friburgensi ascendimus Basileam; ibi jam tunc
opera divi Jeronymi omnia impressa erant, usque ad tomum ultimum, nempe octavum; ubi Frobenius Joannes, jam paratis formulis
literarum tam graecarum quam hebraicarum, ductu et solicitatione

---

[1]) Emanuel I, 1495—1521, der Protektor Vasco de Gamas und Cabrals.

mea accinctus, ad imprimendum quadruplex Psalterium, trium Appendix
Psalt. trium linguarum, nempe Graecum juxta LXX interpretes, addito latino, linguarum et hebraicum cum translatione Jeronymi ad Sophronium, ad literam proximius. illud inquam, tam arduum opus et in Germania non tentatum, cupiens arripere, quod restabat, pro appendice, exoravit Provincialem meum, optimum et doctissimum virum, F. Caspar Satzgerum, ut ad duos vel tres menses sineret me Basileae agere, et correctorem praestare impressurae hebraicae, quo correctior ederetur.[1]) Nam Basilius Amorbachius incumbebat tunc graeco Psalterio Basilius
Amorbach. imprimendo; consensit Provincialis viro celebri et optime merito de sanctis et optimis literis per eum disseminatis, et abiit uno contentus socio, me dimisso ad prosequendum injunctum mihi grave opus. Sicque per Junium, Julium et Augustum promovimus appendicis illius opus illustre, divina providentia agente, ut eis praecise temporibus, in Italia Januae imprimeretur quintuplex Psalterium, per Augustinum Justinianum, Nebriensem episcopum[2]) et in Hispaniis Augustinus
Justinianus integra Biblia, in quatuor linguis, in completo, opera, studio et Complutens.
Aeditio impensis sanctissimi Cardinalis Toletani Fransciscanique, Francisci Toletanus
Cardinalis Cysnerii.[3]) hinc certe oboriri coepit multijuga eruditio sacrarum

---

[1]) Am Schluss des VII. Bandes der schönen Hieronymusausgabe heisst es: appendici huic inest quadruplex psalterium, und von der Mitarbeit Pellikans spricht die vom September 1516 datirte Vorrede Amerbachs mit folgenden Worten: porro fatemur ingenue hoc negotii οὐκ ἄνευ Θησέως, quod ajunt, nos confecisse, sed adjutos opera doctissimi pariter et humanissimi patris Chonradi Pelicani Rubeaquensis, ex familia divi Francisci, cujus auspicio potissimum haec res peracta ext. Adjecimus ad ipsum psalterii calcem, instar coronidis, institutiunculam in litteras Hebraicas, videlicet legendi modum ostendentes idque oppido perquam paucis. Neque enim is locus pati videbat, ut regularum quadrigas illuc inveheremus. Die ganze Ausgabe wurde im Jahre 1516 vollendet, bloss der Index erschien erst 1520. Die kleine Grammatik, von der Amerbach redet, trägt den Titel in literas hebraeas institutiuncula C. P. Das Weitere darüber findet sich in der Einleitung, wo auch von Pellikans Antheil an dem Psalterium und der Institutiuncula Capitos (ebenfalls erschienen bei Froben 1516) die Rede ist.

[2]) Psalterium Octaplum. Genuae 1516. fol. Von demselben Augustinus Justinianus Bf. von Nebbia auf Korsika erschien in demselben Jahre auch Hiob. Vgl. Döderlein: von arab. Psaltern, in Eichhorns Repert. II.

[3]) Die beste Geschichte und Würdigung der complutensischen Polyglotte gibt Hefele in seiner Biographie des Cardinals Ximenes. II. Aufl. 1851, S. 113 ff.

Bibliorum tractatio coepta diligentior linguarum, et diligentior tractatio utriusque Testamenti Sacrosancti. sic Domino ordinante progressum Ecclesiae et abusuum in scientia, fide, et moribus reformationem, quae eo tempore visa est mirabiliter promota, ex optimis libris, in theologia tunc prodeuntibus passim, maxime vero in Germania. Ad Kalendas ergo Septembris, finito, opere, sequutus sum, ut fueram jussus, Provincialem : quem per Sueviam sequens inferiorem, nempe Wirtembergensem, iterum Ulmae conveni. ibi denunciatur ex urbe Roma, ut ad sequentem annum super festo Pentecosten conveniant ad *Indictio Romani capituli* generalissimum capitulum a Leone Papa celebrandum, non solum, totius Christianitatis Minores reformati, sed etiam Conventuales (sic enim nominantur qui non dicuntur de Observantia): id ut erat quidem difficile factu, sed tamen declinari non poterat. Conjuncto ergo consilio quorundam Patrum vicinorum, indicta est congregatio provincialis, ad meditullium provinciae superioris Germaniae, ad Pforcensem locum, ut conveniant electores ejus, qui *Congregatio pforzensis* sit ipsorum nomine omnium destinandus Romam. Id factum est ad diem Conversionis Pauli, electusque Gardianus Nurenbergensis, qui fuerat olim provincialis. Sic quoque non nihil fuit interruptus discursus visitationis nostrae, per eam hiemem peragratis Suevia, et Tractu Rheni, usque ad determinatum tempus.[1]) Interim tum Bavaria tertio visitabatur et Nuremberga cum Franconia; contigit autem ut Nurembergae agentibus nobis tertio, ut ex Janua proferretur donum novum Domino Bilibaldo Pirckheimero, Psalterium *Psalterium quinque Linguarum. Bilibaldus Pirckheim.* quintuplex, graecum, hebraicum, chaldaicum, arabicum, et latinum, cum annotationibus. Illud donum intelligens vir humanissimus mihi desiderari et gratissimum fore, dono dedit. jam secundo ditandum quam maxime cupiens, quod et illud gratissimus amplexatus sum : ut divitias pretiosissimas. Illinc tertio Heidelbergam, Oppenheim, Moguntiam, et reliquos Rheni conventus visitantes, ad constitutum tempus Pfortze conventus exactus est, et deinceps per Alsatiam Basileam perventum, visitationi finis impositus est, *ad Rhomam iter ex Basil.* ad medium quadragesimae; ad Dominicam ergo de passione Domini dictam, iter e Basilea cepimus per Rinfelden, Seckingen, Laüfenberg, Waltzhut, Nünkirch, Schaffhusen, deinde per Pfullendorff,

---

[1]) Des Conventes in Pforzheim: 25. Januar 1517.

Diengen, Munderchingen, Riedlingen pervenimus ad Ulengen vil- Unlengen
lam[1]), ubi sorores de tertio ordine visitantibus nobis triduo, vidimus castrum nobilis Theobaldi Spaet[2]) conflagrari, opera Ducis
Wirtembergensis, cujus Ducissam uxorem abstulerat is nobilis;
prope monasterium Zwifalten, situm erat. sicque nos recta tandem
contendimus ad Ulmam, unde et festinavimus versus Campidonam,
illic Pasca Domini celebraturi, et accingendi ad iter Romanum.
Visitato ergo loco per hebdomadam sacram, cum sororibus in
civitate ad S. Annam. dum ibi commoramur supervenit mihi
nuntius e Rubiaco, patruelis Doctoris Jodoci avunculi mei, nomine
Gualtherus Gallus, Capellanus Rubiacensis, denuncians mihi obitum Gualtherus Gallus Rub.
avunculi Spirae ad diem Benedicti Abbatis, lapsi tunc proximo, Obitus Jodoci Galli
subindicans de testamento facto, de libris suis collocandis in bibliothecam Minorum in Rubiaco, donec crescant filii sororis meae, qui
tum nondum extabant[3]), sed obierant quidam, et spes erat de
futuris generandis. Ego Gualtherum dimittens, negotio librorum
dilato ad reditum e Roma, causam agere non potui. Altera ergo
Pasce iter arripuimus versus Romam, e Campidona versus fauces[4]),
hospites suscepti a Domina Gossenbrotin ditissima. sicque intrantes Gossen-brotin
Alpes, non admodum festinando, pervenimus consueto itinere ad
Brixinam, verum divertimus ad monasterium Stams[5]), Cisterciense, Stamss
ubi sepultura est Ducum Austriae et Tyrolis; pernoctavimus etiam
semel in castro Cyrlen[6]), pulcerrimo, haud longe ab Inssbruck, Cyrlen arx
ubi controfacturas vidimus totius genealogiae Maximiliani, in hippo-
causto arcis ejusdem. Supervenit nobis tribus ad Brixinam Guardianus Nurenbergensis, Johannes Machsysen, cum socio interprete Joh. Mach-sysen
Joanne Genger, qui 13 annis Romae egerat, quo egebamus, quoniam Joh. Genger
Itali fratres latine nobis colloqui non poterant. sic ergo nostrum

---

[1]) Gemeint ist offenbar Uihingen; indessen ist die ganze Angabe dieser
ersten Stationen, wie Vögelin an dem in der Einleitung a. O. richtig bemerkt,
unzuverlässig.

[2]) Der in den unglücklichen Handel der Herzogin Sabina verwickelte
Adlige hiess Dietrich Spät. Heyd lässt es in seiner Monographie über Herzog
Ulrich I., S. 409 ff. unentschieden, ob Spät die Herzogin aus persönlicher
Neigung oder auf Anstiften ihrer Verwandten entführt.

[3]) Sic!

[4]) Füssen. [5]) Stans. [6]) Zirl.

quinque, cum duobus mulis, ex Brixina solventes, pervenimus ad Botzen, deinde ad dextram habentes Athisim[1]) fluvium, transivimus novum forum,[2]) et reliqua usque ad sanctum Michaelem, deinceps ad Tridentum; inde paulum procedentes versus Roveritum[3]), acceptis literis, Athisim transivimus et divertimus ad fontes lạci

Lacus Benacus Benaci vel Gartse. ibi navem operientes per diem, vidimus proximum monasterium Ryffense[4]), postero die navem conscendentes, medio cursu, tempestate compulsi ad dextram declinavimus villam,

Salonum in qua monasterium, unde pedes pervenimus ad Salonam civitatem, in qua conventus nostrae quoque sortis, ubi invenimus Provincialem

Franciscus Lecheri provinciae Brixiae, Franciscum Lecheri, doctissimum Scotistam, qui

Insula monasterium nos duxit ad generale suum studium scoticum in insula laci, prope Salonam pulcerrima, ubi fratres quadraginta commorabantur studentes Scoto: cujus ibi expositio et commentaria tunc imprimebantur, authore Lechero ipso, qui post aliquod annos factus est generalis totius ordinis Minorum, mortuus tandem in Ungaria. Ab eo loco recta uno die pervenimus ad Conventum novum, dictum

Maria gratiarum Mariam gratiarum, transitis 46 Miliaribus Italicis uno die; erat ejus loci Ecclesia nova tota per omnes muros a pavimento usque ad testudines cereis obducta imaginibus, curiose sic ordinatis, ut nulla ex parte paries conspiceretur, sic annitentibus otiosis fratribus, ut concursus frequentior ad divam Virginem augeretur. Erat totum monasterium pictura ornatum, et horto amplissimo, ut Paradisus

Mantua videretur amoenissimus. Die sequenti Mantuam per unum miliare venimus, in egregium monasterium, vetus quidem quo ad Ecclesiam, sed quo ad dormitorium et ambulacra duo et alia amplissima novum, gratia Ducum renovata omnia, in cujus maximo refectorio Ducum et filiorum filiarumque imagines pictae erant diligentissime. deinde transito Pado, pervenimus ad celeberrimum monasterium Sanctus Benedictus dictum: quod ego quidem non conspexi interius, nolens ingredi, ceteri fratres dicebant, se nunquam pulcrius monasterium vidisse. tunc autem celebrabatur ibidem ordinis Benedicti-

Mirandula nensium per Lombardiam Capitulum generale, inde Mirandulam devenimus, oppidum celebre ex doctissimis Comitibus Joanne Pico Priore, et Joanne Francisco Pico nepote ejus ex fratre. extra muros

---

[1]) Etsch.   [2]) Neumarkt.   [3]) Roveredo.   [4]) Riva.

urbis egregium monasterium Minorum petivimus, in quo solo invenimus egregie instructam bibliothecam optimis libris, opera et
benificentia Dominorum, qui locum et fratres diligebant. e Mirandula, transitis quibusdam oppidis, venimus ad oppidum Centum, *Centum*
ad monasterium nostrum elegans extra muros, ornatum hortıs
amoenissimis. A Centum devenimus Bononiam, quam transivimus *Bononia*
amplissimam urbem, ad novum Minoritarum monasterium, ad
austrum situm, extra muros, in colle humili. ibi fratres provinciae
Bononiensis celebrabant Capitulum, et numerabant pecunias, quas
corraserant praecedente Quadragesima ex indulgentiis, eas Romam *Indulgent.*
quaestus
perferendas Pontifici, pro aede divi Petri extruenda. Postera dieta *p. Pp.*
sola non habuimus monasterium, montem ascendentes et descen-
dentes Apenninum, per oppidum Florenzola[1]) pervenimus postridie *Scarparia*
ad Scarpariam. ibi in heremo monasterium nostrum adivimus,
hospites, et pie suscepti, non via regia usi, propter victum; deerat
enim omnibus nobis toto itinere pecunia, pro nostro more, sed
nec victus necessarius defuit, quamlibet tenuis et parum sufficiens,
ob mores illius patriae. Florenciam postero die pervenimus, urbem *Florencia*
egregriam, quam transivimus, quoniam ad austrum urbis novum
Observantinorum eximium monasterium erat, in submisso colle,
unde conspici poterat urbs pulcerrima. Biduo ab hinc pervenimus *Sene*
Senas transitis aliquot nostris monasteriis, eam tunc lustravimus
urbem, per diem quiescentes, sic et de reliquis, Bononia et Florencia egeramus. erat elegantissimum monasterium extra urbem
situm in monte, cujus totius latera amplissimus hortus et silva
erant, monasterio juncta; elegantiorem Ecclesiam Cathedralem non *Ecclesia*
cathedralis
vidi, ex picturis et imaginibus in parietibus et pavimento, opere
thesselato, et omnium Paparum imaginibus et nominibus. A Sena
defleximus a communi via ad secretiorem semitam, per montana
Thuscie, aquas pendentes et lacum fulsinum[2]) dimittentes a
sinistris, per silvas et heremitoria loca fratrum, donec pervenimus
Petilianum, ubi extra muros, pro more, novum extruebatur mo- *Petilianum*
nasterium. illic fuimus per diem ascensionis dominicae, inde sequenti
die pertransivimus comitatum Farnesiensem, ejus, qui nunc est

---

[1]) Firenzuola.
[2]) See von Bolsena.

Pontifex Romanus Paulus tertius. in cujus castro suscepti, a germanis domesticis, quibus libenter utebatur, amice tractati a Germanis fuimus. Pervenimus ad lacum fulsinum, ibi igne facto et viso ex insula, quae erat monasterium fratrum, navigio veniebant fratres, et introducebant in insulam, ubi biduo manentes piscabamur multa copia. navi quoque conducti, nostrorum aliquot, animi gratia, ad ostia laci deducti, vidimus 6000 anguillarum, quae sese machinis capientes, ad multitudinem grandem, evadere non poterant. Donati tribus vel 4 revertebamur ad insulam, tandem versus Viterbium iter fecimus, per campum foetidum, piceis balneis repletum, divertimus ad monasterium, ad ortum urbis extra muros situm; hinc postero die secedentes, montana conscendimus, pertranseuntes oppida, ad dextrum et sinistrum, noctu pervenimus in monasterium nostrum, iter diei distans a Roma, ubi una illa nocte trecenti eramus hospites, satis bene suscepti et habiti. Postridie, quae erat quarta feria ante Pentecosten, meridie, apud hospitium divertimus, ubi Germanos obviam Curtisanos habuimus, repetentes patriam. Severissime obloquebantur Pontifici Leoni, ut aures et animus tunc[1]) horreret. hinc coepimus videre turres et colles Romanas elegantissimo situ, non sine pulcra majestate antiquae Romanae gloriae. pervenimus ad pontem Milvium, quae Tiberina dicebatur, ibi Tyberim transivimus, versus portam Mariae de populo, ubi pulcram ecclesiam, ad sinistram portae positam, cum eximio Augustinianorum coenobio,[2]) ibi indulgentias primas in ecclesia illa impetravimus plenarias. processimus longo itinere per vacuam urbem, versus montem Capitolinum, in quo et Arae coeli Minoritarum monasterium, locus noster, cernebatur. occurrebant nobis inde Germani fratres obviam, adferentes corsicum vinum, bona copia, ad nos refocillandum, qui per iter veniebamus circiter quindecim, ex tribus provinciis germanicis, superiori vel Argentina, inferiori, quae Colonia, et Saxonia, qui in itinere conveneramus, a proximis hospitiis nocturnis. ascendentes ergo ad Aram coeli, marmoreis gradibus, per gradus centum et decem, circumspicere potuimus ex meditullio urbis circumquaque, ab oriente templum S. Johannis Lateranense,

Lacus Fulsinus

Anguillae

Viterbium

Rhoma

Leo X.

Maria de populo

Capitolium Arae Coeli

Romae situs

---

¹) Sic!
²) Luthers einstige Herberge.

ab occidente aedem divi Petri in Vaticano, cum Papae Palatio, ad Septentrionem aedem Mariae majoris, ad austrum montem palatinum, et divi Pauli monasterium, omnia de longinquo. E vicino ad austrum Capitolium vetustum, sed a temporibus Gothorum restitutum, barbarico scemate, nihil elegantiae foris praetendente. mansimus igitur ex toto terrarum orbe congregati, numero circiter mille fratrum. processiones aliquot habitae, una ad Sanctum Johannem Lateranum, ubi ostendebantur reliquiae corporum[1]) Sanctorum Petri *Laterana* et Pauli, mira et ridicula pompa. alia processio in aedem Sancti Petri, et ad palatium Papae, qui collectos videbat contemplando *Leo Papa in bellvidere* specillo suo,[2]) in loco qui est bellvidere, circum adstantibus in editis locis quibusdam Cardinalibus. Tandem ipse cruce facta manibus benedixit filiis suis et plenaria indulgentia donavit obsequentissimos filios sanctae Sedis. vicissim fratres mille, qui adstabant in curia, canebant antiphonam: «Sacerdos et Pontifex et virtutum opifex, pastor bone in populum, ora pro nobis Dominum». deinde Pontificis jussu directi in templum S. Petri, ostensa fuit nobis Feronica illa Sacrosancta[3]) et celebris toto orbe, idque multis et *Feronica* diuturnis ceremoniis, ab invitis Episcopis quibusdam, qui non sperabant pecuniam. sicque processionaliter bini et bini ad Aram Coeli redivimus, usque in diem corporis Christi, quando iterum omnes *festum corporis christi* advenimus cum toto clero, et monachatu multiplicium ordinum, varii coloris et habitus: in qua processione transivimus per hospitale sancti Spiritus in Saxea,[4]) absente Papa et incluso in mole Adriani[5]) ob metum, quia ceperat quosdam Cardinales magni *Cardinales capti*

---

[1]) Für die Häupter der beiden Apostelfürsten liess Urban V. 1367 auf Kosten Karls V. von Frankreich das schöne gothische Ciborium anfertigen.

[2]) Vögelin a. a. O. meint specillum hier mit Augenglas übersetzen zu sollen, weil Leo X. auf dem bekannten Bilde Raphaels ein solches in der Hand hält; uns scheint, es sei hier von einem Fernrohr die Rede, während auf Raphaels Bild ein Augenglas zum Lesen sich findet.

[3]) Das Schweisstuch der heiligen Veronika mit dem Abdruck des Antlitzes Jesu wird noch heute alljährlich der gläubigen Menge vorgewiesen.

[4]) «San Spirito in Sassia», heute noch das grösste Spital Roms, so genannt, weil nebenan ursprünglich ein Angelsachsenhospiz bestanden hatte, und weil die Leitung des Hauses den Hospitalitern vom heil. Geist übertragen war.

[5]) Engelsburg.

62

nominis;[1]) primum ibant Minores, ut minimi, deinde Augustiani et Praedicatores cum reliquis, quos numerare non possum, tandem Episcopi plures, quos sequebantur Cardinales, non admodum pretiose induti; post quos custodes corporis Papae, Helvetii ducenti: elegantissimi viri, eadem forma induti, caligis de scharlaco, indusiis de sameto nigro, pro facibus gestantes halbartas, obsidentes ante et retro et undique Cardinalem, gestantem corpus Christi in monstrantia parvula, non admodum pretiosa. Benedictione accepta, quique redierunt ad sua, nos ad Capitolinum montem, ubi olim templum Jovis Feretrii, nunc Ecclesia elegans et magna, Ara Coeli dicta, ubi mansimus usque in quartam hebdomadam, primo quidem pasti eleemosina Papae, qui obtulerat ducentos ducatos pro victu fratrum. Supervenientes autem Portugalenses fratres literas sui Regis attulerunt, quibus cavebatur, ut rebus agendis utiliter et religiose instarent fratres, obtulitque 5000 Ducatorum pro fratrum victu et amplius, si necesse foret. Commendavit fratrum orationibus vicissim animam nuper defunctae reginae Portugaliae, pro cujus salute exequias agere deberent, tota illa fratrum contio et totus ordo, in suis monasteriis passim. Ad finem Capituli, denunciatum fuit fratribus, quod expensi essent de eadem eleemosina non amplius per mensem pro mille personis, quam mille quingenti ducati. Nihil ibi actum est, nisi quod Magisterium ordinis, generalatus officium et regimen translatum est a Conventualibus Minoritis, ad eos, qui dicti sunt de Observantia, in vitiset recalcitrantibus illis, et de praescriptione contendentibus. famamque disseminarunt per orbem, emisse a Papa Observantinos hujusmodi praerogativam, octoginta millibus ducatorum, de quo quid factum nescio: haec duo scio, quod ex tota Germania ne obulum quidem ab Observantinis accepit Papa: Alterum quod Minoritae illi de Observantia Commissarii fuerunt in Italia passim, unde collegerunt 13000 ducatorum, quae in eo Capitulo praesentarunt, satis tamen incircumspecte et impure juxta illorum regulam et ordinem, unde digne meruerunt hujus modi diffamationem. Quid autem Minoritae lucrati sint in posterum per indulgentias praedicatas in Archiepiscopatu Moguntino, et in Helvetiis quoque, docet negotium Lutheranum et Zwinglianum, jam a 24 annis.

Marginal notes: Helvetii · Jupiter Feretrius · Portugalen. Elemosina · 1500 ducati · 80000 ducati · Indulgentiae fructus

---

[1]) Verschwörung des Cardinals Patrucci.

Tandem dimittendi, una tantum vice Provincialis Saxoniae Visitatio Ecclesiarum Romanarum et Argentinae cum suis sociis et comitibus visitaverunt indul- gentiarum loca, per stationes septem Ecclesiarum principalium; summo quodam mane diluculo consurgentes, Aram coeli exeuntes primum ante portam adivimus Ecclesiam Sancti Pauli, amplam et vetustam, juncto egregio monasterio Benedictinensium. ibi osten- debatur ara, sub qua aliquot annis commorata esset Regina Sue- diae, Brigitta sancta, cum qua loquuta fuerat imago lignea crucifixi Brigitta a dextra altaris, non multum remota in altum, id quod non credebam asserenti: Processimus ad sanctam Anastasiam[1]), eccle- Anastasia tres fontes siam coenobii Cisterciensis ordinis. juxta eam minor quadam ecclesia, ad tres fontes dicta, qui dicebantur erupisse, dum ter caput divi Pauli Apostoli amputatum saltasset. considerabam ego diligentius imposturam esse, quoniam scaturigo ejusdem erat aquae, ex inaequali altitudine defluens, et erat aqua coenosa ac insipida, quae ab aliis laudabatur ut sanitatis causa. Aderant eadem hora eisdem fontibus X vel XII Praedicatorii vestitus fratres, ex India Mauri Indiae Mauri, qui similiter ambiebant ejusdem Ecclesiae indulgentias. processimus autem orientem versus et pervenimus ad Capellam satis amplam, quae dicebatur Annunciata, sine omnibus ornamentis, Annunciata quibus etiam alia templa carebant, praeter unicum vetustum cru- cifixi ligneum signum, sic fabrefactum, ut faciem verteret ad latus dextrum, more ejus, quod dictum fuerat ob id colloquium habuisse cum sancta Brigitta in templo s. Pauli praedicto; deinde perveni- mus ad Ecclesiam sancti Sebastiani dictam, amplam satis, sed parum Sebastiani pulcram, in qua erat cripta, aperta quidem superius, ut descende- retur per gradus et altare erat unum, in quo poterant missare duo versis ad se vultibus, sed aspectu tabula quadam impedito. ibi duo Provinciales missabant, ad redimendas singulas animas de purgatorio. alii volentes missare, quia secum panem et vinum non attulerunt, a monachis Cisterciensibus ea impetrare non potuerunt, ideo et ipsi coacti sese exuere sacris denuo et miserae animae eripiendae per missam, a purgatorio avaricia monachorum coactae sunt, diutius conflagrari.[2]) Ab illa Ecclesia regressi in urbem

---

[1]) Am Südwestabhang des Palatin.
[2]) Sic!

Via Appia sumus per viam Appiam, ubi in quodam bivio ostendebatur sacellum, quod dicitur, Domine quo vadis, cum pictura sancti Petri Roma fugientis, cui eo loci Christus occurrebat, quem Petrus quaesierit, **Domine quo vadis** Domine quo vadis? Christus autem Petro responderit: Romam vado, iterum crucifigi. id audiens Petrus admonitus rediit Romam et est crucifixus. Pervenientes ad portam urbis ostendebantur nobis in parietibus murorum albae maculae, dicebaturque nobis, illic **Stephani lapidatio** Stephanum lapidatum, et lapides quosdam illisos parieti, ad modum nivis diffluxisse, et extare adhuc inde illas maculas, tantopere con- **Lateranum templum** spicuas.[1]) Sic pervenimus ad s. Joannem Lateranensem, altam, magnam et amplam Ecclesiam, ordinibus columnarum aedificatum, juxta quam Ecclesiam ambitus erat, ut monasteriorum, in cujus **Ecclesia S. Joh. Bapt.** latere appendix Ecclesia parva erat, sancti Joannis Baptistae dicta, et gradus nescio quot graduum. forsitan XX, qui gradus dicebantur fuisse olim Jerosolimis ante praetorium Pilati. eos gradus vetulae et peregrini jubebantur genubus ascendere pro redemtione unius animae de purgatorio, in cujus fere medio gradu nota erat, ubi Christus ceciderit, praesentatus Pilato, vel sub cruce gestanda egre- diens praetorium, ibi qui genubus orat flexis assequitur remissionem **Ecclesia S. Crucis** plenariam. Deinde venimus ad Sanctae Crucis Ecclesiam, circa quam monasterium erat Carthusianorum, sed non sic inclusorum, ut nobiscum sunt, sed superborum, et spaciamentum in Ecclesia **prandium** exercentium, ut videbamus. Ex illo loco redimus ad prandium, hora fere 2^a ante meridiem, sed invitati eramus a Germano, cive Nurenbergensi, ibidem bancario. Post prandium indulgentias hau- simus ad divum Petrum et ad Minervam, ad Mariam majorem et **S. Laurent.** ad D. Laurentium, ubi sicut et ad sanctum Sebastianum Catha- **Catacumbae** cumbae erant sub terra, prolixi et tenebrosi meatus, ut luminibus egeremus, non sine periculo erroris, nisi praeeuntes et gnaros habuissemus; dicebantur fuisse crypta Martyrum; tandem sero ad aram Coeli regressi sumus, fatigati satis circumspecta tantisper urbe amplissima muris, et multis turribus ornatae, sed plus quam dimidia . parte sua vacua domibus, versus ortum. inter Capitolium et sanc- tum Petrum erant habitationes tantum et plateae frequentes et fori. reliquorum nihil fere vidi, nisi quod in vigilia Pentecosten

---

[1]) Sic!

'cum socio Ulmense, interfui primis vesperis Papae, in quibus officiabatur ipse, canens capitulum et collectam, choro repleto cardinalibus et Episcopis, in capella Sixti apud s. Petrum, praesentibus Vesper in capella Sixti Curtisanis et cardinalium ministris, et mulis stantibus auro ornatis et serico ante templum. Reliqua pauca vidi, pertaesus mendaciorum, qui voluissem ruinas antiquissimorum aedificiorum et termarum vidisse sed non dabatur copia discurrendi, nec carebat periculo latronum.

Circa medium Junii exivimus iterum Romam dimissi, versus urbem veteram, versus Aretium, urbem pulcram, quam non intra- Urbs vetus Aretium vimus, habentes extra murum monasterium, statimque cepimus ascendere montana Appenini montis, ad montem qui dicitur Alvernae, Alvernae mons Minoritis ubi S. Franciscus dicitur Stigmata Christi quinque vulnerum accepisse. altissimus est mons, et per totam ferme Italiam conspicuus, Silva pulcerrima procerisque arboribus tectus, cum pulcris planiciebus tribus in latere Orientali, Australi et Occidentali, in quibus lateribus tria sunt fratrum habitacula vel templa non parva, et unum egregium monasterium, in quo erant 40 fratres, rigide viventes, quod ad victum attinet. Nos nihil cibi habuimus biduo, quam calidam aquam cum paucis pisis, fabas crudas de agro allatas, panem vero et vinum commode sufficientia. Utebamur nos pulmento nostro avenario, parato Pulmentum avenarium butyro et sale, ut non nisi aqua calida cibo nostro sufficienti deesset, quos pulveres ex Germania viaticum detuleramus, alioqui moriturus eram. A monte Alvernae altera post Johannis Baptistae descendimus, et per anfractus montium pervenimus ad loca planiora versus Forolivium[1]): Deinde transivimus per Romandiolam ipsam, urbes Forolivium multas per ordinem, ut est post Forlivium, Favencia, Forum Cor- Favencia, Forum Cornelii, Bononia, Mutina, nelii, quae et Immola dicitur, Bononia, Mutina, Regium, inde de- flectebamus iterum adversus Mantuam, circa Brixellum, Padum Regium, Mantua, transfretantes. a Mantua versus Veronam diei iter fecimus; eam Verona urbem post captam cenam, transivimus tantum, pernoctantes in heremitorio cis Athisim, quo liceret mane prodire ad iter aeremque germanicum, versus Clusam, ut tandem rediremus ad Roferitum.[2]) Clusa Roferitum ibi primum apud bonum virum coepimus alemanicum gustare cibum,

---

[1]) Forli.
[2]) Roveredo.

Tridentum, unde per Tridentum ad Botzen pervenimus, tandemque ad patriam
Botzen
Brixina et domum nostram, ac cibos in Brixinensi Clarissarum monasterio.
ibi aliquot diebus, legitimo cibo recreati, et praeter morem aliquot
mensium ego cibatus, infirmitatem incidi febrium, opinor. sed tamen
itineri me accinxi, et aegre Alpes superavi, perveniens usque ad
Schwatz Schwatz. ibi dimisso mihi mulo, quem tunc habebamus residuum,
et quem optimus Provincialis, pius Pater mihi reliquit, abiens cum
sociis navigio, me dimisso, donec aliquot diebus melius habens,
Tegrensee equitare possem cum socio, per Alpium valles usque ad Tegrense,
monaster.
Monacum ubi similiter aliquot diebus recreatus, Monacum aeger perveni, ibi
celebrandum erat tunc mense Augusto Provinciale Capitulum. Ego
vero in dies infirmior, donec desperabatur de vita, sic ut amplius
quae vellem eloqui non possem. Providebar de utroque sacramento,
cum lacrimis ab ipso provinciali Satzgero. Interim conveniebant
fratres de provincia ad Capitulum Monacense, agebantur agenda,
ego paulatim convalescebam. orabam Provincialem, ut si convales-
cerem, non me ordinaret cum Patribus Capituli Guardianum in
aliquo loco, malens docere fratres, ut feceram multis annis. Intercessit vir bonus pro me ad Patres, ne fierem Guardianus. ipsi vero
Visitator so- ea lege consentiebant, ut officium visitatoris Sororum tertii ordinis
rorum fut.
assumerem per terminos Sueviae superioris et inferioris, quae est
Algoie et Wirtembergensis, domos scilicet circiter sexaginta. id
ubi in januis mihi esse edixit Provincialis, tali me officio hono-
randum censentibus, quod juxta oblectamenta cibi et potus et
1617 discursum erat optatissimum omnibus, ego tamen audiens hujus
modi commutationem, respondi Patri Satzgero, si sic agendum
fuerit, ut praeficiar regendis istis feminis, tot domorum: malim
ego amplecti tres Gardianatus fratrum, quam subire id oneris, mihi
prorsus importabilis et periculosissimi.[1]) audientes Patres id me
recusare periculum tantum, bona ipsorum gratia ordinarunt, ut
Guardianus Gardianus essem in Conventu meo, nempe Rubiacensi. Ergo finito
Rubiacen.

---

[1]) Joh. Fabricius stellt diese Begebenheit an dem in der Einl. a. O. als
einen Beweis dafür hin, dass P. gewiss nicht aus fleischlichen Beweggründen
zur Reformation übergetreten sei. Er meint, P. würde jedenfalls jene schöne
Weide sich nicht haben entgehen lassen, si animus ejus ad voluptates potius
quam pietatem inclinaret. Das betreffende Provinzialcapitel verlegt Fabricius
— wohl durch Verwechslung — nach Mainz.

capitulo tradidit mihi Provincialis mulum mansuetissimum, quo
vectus sum toto itinere. Jam enim convalueram beneficio et cibis
optimarum Sororum de tertio ordine in domo Ridlerorum Monaci.
Mulo ergo usus perveni de Monaco Augustam, deinde Ulmam,
postea Tubingam, usque ad Pfortzen, deinde per Baden, Argentinam usque ad Keisersbergam, ibi relicto asino Rubiacum perveni,
circiter Calendis Septembris de anno ut dixi 1517.

Riedler domus
Augusta Ulma
Tubinga Pfortzen,
Baden, Argentina, Keisersberga, Rubiacum

Istis diebus statim ab initio 18 anni circumferri coeperunt sermones quidam Lutheri cujusdam Augustiniani fratris, de poenitentia,[1] de quibus lectis mirabar; casu semel Basileam petiturus
perveni Mulhusen, ibi ad mensam Commendatoris, ubi plebanus
erat doctus et ordinis theutonicorum, articulos fuerat assecutus
centum impressos.[2] hos dum legendos exhiberet mensae, et legisset,
ego satis quidem stupidus, quod illa palam proferrentur, dixi tamen,
me non quidem esse prorsus certum de primis 26 articulis, qui
de purgatorio sonant, de quo dubitarem, si esset; quin in antiquis
Patribus Augustino et eum praecedentibus et in Sacris Literis,
nullam tale inveniretur purgatorium. De indulgentiarum autem
materia, de Confessionibus, de primatu Pontificis, quae sequerentur
in reliquis 70 Articulis prorsus nihil dubitare, quin essent verissima,
verum oportere eum monachum Lutherum de hac re plura adhuc
et clarius ac latius disserere, quod sit nimirum facturus et non
destiturus si vivat. Id tunc dixi, in plena mensa coram multis
doctis; itaque duravi in Guardianatu Rubiac. usque ad annum 19
post Pasca. Inter ea temporis, dum vacaret, anno 1518 descendi
Spiram, pro libris adferendis, pie demortui avunculi mei Jodoci,
eos prout ordinaverat in bibliothecam Minorum, ad illorum usum,
donec filii ex sorore mea illis uti possent, quibus legaverat, ut
patuit ex testamento suo. Inveni ergo indicem librorum, non sua
manu, sed aliorum scriptum. Deerant quidam libri, pauci quidem,
sed boni, quos noveram eum habuisse; et quia tunc soror mea
filios amiserat peste nullosque habebat, parum solicitabar de libris
quibusdam, qui habebantur in fratrum Bibliotheca, unde passus
sum quosdam libros, qui duplices habebantur, ut puta Jeronymi,

Lutheri ortus

Purgator.

Indulgentiae
Confessio, primatus Papae

1518

Spira allati libri Jodoci

libri Jodoci dispersi hinc inde

---

[1] S. Köstlin, Martin Luther I, S. 177 und 182.
[2] Die 95 Thesen.

Wisenburgam destinari, qui carebant duobus vel tribus codicibus. Omnia opera Augustini misi ad Zaberniam, qui illis carebant: reliquos quosque vasi inclusos, beneficientia et expensis Dominorum Canonicorum Sancti Germani Spirae, Rubiacum usque convehi cu-

Testamentum Jodoci ravi Erat enim bene meritus apud eos, quibus moriens legaverat omnes pecunias suas, quas audivi a familiaribus suis fuisse, si non supra, mille florenorum, saltim paulo minus. Audivi de mille quadringentis. quando quidem tunc novam erexerant ecclesiam eximiam cum choro pulcro, cui aedificandae voluit servire collectam a se summam pecuniae ex bonis ejusdem ecclesiae, quandoquidem putabat unicam sororem suam, matrem meam, satis habere ex patrimonio, quod totum ipsa possederat cum matre, pro qua alenda, non nihil quoque quotannis mittebat, licet parum quidem. Ut vero, carissime mi fili Samuel, et tu Conrade Wolfart, aeque dilecte nepos, exemplar habeatis virtutum et honestae conversationis,

genus vitae Jodoci Galli ab exordio incipiam describere vobis genus vitae ejus Jodoci, quod me voluissem sequutum fuisse, si licuisset, et quod ego cupio vos sequi, etiam in meis, quantum ad ea, quae uterque nostrum Doctor et ego bene egimus, juxta Dei verbum, et liberale genus vitae. A puero didicit Doctor Jodocus Gallus paupertatem ferre sine egestate rerum necessararium, unde patronis suis serviens Basileae, Selestadii et Heidelbergae, necessariis nunquam caruit, superflua

liberalis non petiit, frugalitatis amator, usque ad senectutem: sine sordicie, quamvis aliquando potuerit a prodigis parcior haberi. semper

laboriosus cogitavit, quibus commode carere posset. laboravit sedulo, nunquam otiosus, vel scribens, vel legens, vel docens. Docuit coaetaneos patronorum suorum filios, donec promotus est in Doctorem artium: statim in contubernio Heidelbergensi novo praelegit, quod ego sciam, Physica; prius legerat logica Aristotelis juxta interpretationem

Lector eorum, qui tunc exercebantur. Praelecturus autem omnia, quae dicere statuerat, ab exordio libri, signabat paucis verbis et notis in schedulam pro singulis horis, qua finita diligenter seponebat eam scedulam, haud aliter quam aurum, ut post annum vel duos eum autorem iterum lecturus, inveniret secundum ordinem collocatas pariter omnes schedas vel memoralia: sic si poetam aliquem legere debuisset, annotavit ad margines, quae necessaria erant memoratu, ut postea semper praesto esset locus, ut fuerat semel bene intellectus. incipiens praelegere sua hora, primum rogabat, quae priori hora et lectione proposuerat et declaraverat, in certa exactione quorum libet, ut omnes sollicite suspensos teneret ad quaestiones et responsiones: quod si quis negligens aparebat, Fidelis maxime eorum qui pauperes erant, rigide invadebat, si quis improbitatem et impatientiam adderet, non nunquam pugnis aggrediebatur: sic profecit plurimum in suis discipulis, horrendusque fuit discolis[1]) et negligentibus. presbyter factus chorum religiose frequentavit, egit legendo et concinendo quae debuit, matutinas nunquam negligens. et quicquid religiosum putavit, studiose egit et promovit, non minor domi in lectionibus, sed tanto magis assiduus, quanto minus temporis a divinis rebus illi restabat. Vocatus ad Sermones contionum ecclesiasticarum, non se difficilem Praedicator praebuit, quam libet invitus aggrederetur: honesta audacia, non detrectavit praedicationem coram Principibus, coram tota ecclesia Heidelbergensi, si quando rogabatur. Quin et villas rogatus non despexit, nec itinera subterfugit. Nemo Magistrorum Heidelbergensium plures orationes latinas habuit ad universitatem et ad clerum, quam ipse, tam Spirae tandem, quam prius Heidelbergae. Parochiam assequutus in Steinach supra Heidelbergam, ut curam domesticam Plebanus in Steinach habere cogeretur, et non amplius conductitia mensa usus, ut postea quoque in Cathedrali Ecclesia concionator, coquas habuit semper honestas[2]), et honestum famulum, per quos domesticam curam gessit, enumerans in dies pecuniam, non ignarus quid expendendum, et quod nescierat didicit. Hospitalitatem religiosis- Hospitalis sime exercuit, sed praecipue honestorum hominum, doctorum virorum, religiosorum, sine delectu. A puero Minoritas coluit, cum quibus coaluerat, quos familiarius noverat, sed praedicatorios non exclusit, quin inter eos doctos et modestos, ut erat Cono et Cono, Bucer. Bucerus[3]) cum similibus, familiarissime dilexit, et propter eos etiam alioqui ignotos. Commune erat hospitium Spirae dum agerit postea omnibus ejus modi viris, sive Renum descendentibus sive ascendentibus. verum mediocri cibo et potu communi, quo ute-

---

[1]) δυσχόλοις.

[2]) Sic!

[3]) Bucer war damals Dominikaner in Schlettstadt. Vgl. *Baum:* Capito und Butzer, S. 92 ff. Ueter Joh. Cono vgl. *Vischer:* Univ. Basel 203.

batur, eos excipiebat, exosus lauticias, et a sordicie abhorrens, ut nec alliceret, nec gravatim susciperet; si quis hospitum vel morosus, vel ingratus, vel inhonestus occurisset, non dissimulabat vitium, absque suspicione servabat familiam et domesticum honorem, utcunque non careret ustionibus, quando erat optimae complexionis persona, elegans excellenter et inter plures. Sed angue pejus odiebat scandalum: dum juvenis Magister vel Wormaciae vel alibi, sed extra Heidelbergam, ob pestem cum coaetaneis viveret, contigit sibi infantulam tradi, de illa semper erubuit, aluit quidem et ut suam promovit ad honestatem, sed nunquam consensit dici suam, quam-

Catharina libet esset, ex facie sibi similis et speciosa[1]). intellexi aliquando ab eo, tolerabilius eum judicare, extra domum habere amicam, a qua facilius continere possit, et rarius cadere, quam domi tenere,

Coelibatus impius indicium impoenitentiae. si quidem hoc vitio, carnalitatis naturalis, excepto, quia donum non acceperat perpetuo continendi, videri poterat sine omni querela, homo pius, sanctus, civilis, et honestus; quem non dubito, si nostra vixisset tempora, manibus pedibusque fuisse concessurum in nostram hodiernam de coelibatu sententiam. Orationibus, jejuniis, eleemosinis studebat compensare carnis illecebras. amabat ceremonias pias, nolebat cani negligentius divina,

Breviaria Spirensia correxit corrigebat multa, etam in ordinario cultu sacro Spirensis Ecclesiae, et totius Episcopatus, ut patet ex Breviariis, quae nova correxit, auferens multa, quaedam addens, pietati magis et eruditioni sacrae consentanea; id vero non tentavit, nisi post acquisitam ex doctrina

Dilectus episcopis Spirensibus omnibus et vita autoritatem apud Spirenses Episcopos plures, omnibus enim dilectus fuit: Georgio, Philippo et praecessori; a consiliis erat, nedum ipsis Episcopis sed et eorum Vicariis et Officialibus, quorum locum tenens crebro erat, ad labores tolerantissimus et assiduus, nunquam otiosus; erat amicorum observator et cultor integerrimus et perpetuus, quos habuit admodum multos, quorum fata aeque ut sua curabat, ut patet ex suo diario, quorum valde multos nominare possem, sed qui sunt dudum mortui, ultimus qui

Maternus Hatto superest, fuit Maternus Hatto, sibi familiarissimus et domesticus et testamentarius quoque, qui statim ab exorta veritatis praedicatione, beneficio Cantoriae resignato in Ecclesia Spirensi, permu-

---

[1]) Von dieser Tochter Katharina war weiter oben die Rede.

tavit cum alio de Ecclesia Santi Thomae Argentinensi canonico, et usque ad senectam et senium assiduus fuit apud Theologiae interpretes, tam in Ecclesia quam in Scholis. Quamvis vero cibi et potus semper fuit[1]) temperatissimus, incidit tamen gravissimam *podagricus* podagram, quam sustinuit 16 annis qua tandem et mortuus fuit; verum tale aliquid a matre contraxisse videtur, quae eo vitio laboravit, sed tolerabiliter.

Habuit quanquam duo vel tria beneficia; canonicus enim fuit in Sünssheim et plebanus in Sprendlingen. sed non diu servavit, *Sünssheim, Sprendlingen* resignavit maturius, timens deum; unde et quicquid divitiarum collegit ex Ecclesiis, eas Ecclesiae restituit, ad eum modum, qui sibi tunc videbatur rationabilior. Semper tamen fugit arrogantiam et gloriam vanam, qua nihil illi fuit odiosius. unde et cum pre- *Non vanus* ciosissimam et grandem fenestram confici fecisset, in Ecclesia Sancti Germani, credo intra Sacristiam ad occidentem, noluit tamen signo suo notari, nec nomen adscribi. Et quamvis reliquias omnes divitiarum legarit eidem Ecclesiae, noluit tamen epitaphium sibi excudi, sed prohibuit, quin et id moriturus egit, quod hodie nemo Papistarum. probaret, jussit testamentariis et praecavit, ne aliter *Non super-sticiosus* sepeliretur, quam simplex alius Christianus, noluit sacerdotali, ut moris erat, veste sepeliri. petivit tantum, apud amicum quendam paulo antea mortuum sibi fodi sepulcrum, cum quo speraret resurgere ad judicium. non ut sacerdos et Doctor, sed ut humilis Christianus. Si tu mi Conrade charissime aliquando vel Maternum *Maternus* vel Doctorem Lucam de rebus istis omnibus consuleris, deprehendes *Lucas* me nihil affinxisse, sed syncere vera dixisse. Voles forsitan, mi Conrade, aliquid audire et scire de ejus sorore, avia tua et matre mea, quibus addere me quoque delectat de mea avia et avo. Avus *Avus Joann. Galtz junior* sine querela semper vixit. Sarctor simplex et mediocri sorte contentus, deditus bonis operibus, orationi assidue instans, ut nunquam dormitum ierit, nisi prius pro animabus fidelium orasset, utinam illud intellexisset pro vivis! nunquam praetermisit visitationem ossarii, quin ibi oraret, etiam noctu, post nonam horam et hieme, unde potes aestimare cetera. jurare nunquam auditus est; amavit valde prolem, sed admodum amore maturo. in summa, vir simplex

---

[1]) Jodocus scil.

72

et rectus, nescio si senatum unquam accesserit (erat enim Gallicus), hoc novi, quod disceptavit cum nemine unquam, operibus pietatis deditus pro virili; pervenit ad aetatis annum prope centesimum, ex *Aviae vita Barb.* tibia claudus. De avia dicam quod verum novi, alacris et proba fuit, omnibus grata, benefica, agris et horto adsueta, colligens herbas et radices pro valetudinariis; mater omnium pauperum scholarium quorum lavit indusia et capita; quoties veniebant, quoties recordabatur filioli sui. Ecclesias visitabat frequentissime, etiam profanis diebus. omnium fraternitatum cupiebat consors esse, et erat. et ut uno exemplo scias, quantae humanitatis fuerit, qualeque testimonium habuerit probitatis: saepe audivi, trecentos eam pueros levasse de fonte *Mater mea Elizabeth* sacra. obiit supra quam octo-genaria. Et de mea matre, tua avia, quam vidisti, referre possum, quod verum: multo et fideli labore manuum juvisse patrem ad prolis multae educationem, ex quibus duo tantum restant, tua mater et ego. tanti ingenii, ut quicquid sarctrices poterant, hoc ipsa sine magistra didicerat. et discebat omnia. Studiosissima erat verbi Dei, memoriter recitare potens sermones, quos ante 40. annos audierat. orabat assidue et multum. invocabat patronos et patronas, credens gratissimum Deo cultum. redimebat fraternitates omnes, passa tandem est, se persuaderi de transmutatione votorum, aequanimiter ferens status mei reformationem ad verbum Dei. audivit et gavisa est me assequutum filium, et ut similiter concludam, ut de avia et vere, cum fere triginta annis fuerit vidua, raro potuit in civitate quisquam vel nasci, vel mori, ea absente, omnibus istis temporibus; et eo charitatis opere, quid potuit fieri sanctius, et charitate sublimius? Et tu quoque, mi fili *Uxor Anna, mater Samuelis* Samuel, ne conqueraris a me neglectam mentionem tuae optimae et humanissimae matris, quam nondum decennis, absens, amisisti; habuit enim quae te sectari convenit multa bona. paupertatem didicerat et labores, ideo pauperibus misericors erat, modesta, affabilis, jucunda, pacifica, taciturna, amica vicinis, minime garrula, fidelis, et indigentibus officiosa, castissima, et sine omni arrogantia cordis et morum, domestica eatenus, ut de cura familiari nihil mihi fuerit unquam cogitandum. voluisset parcius victitasse, sed quia affluebant hospites et commensales, eos honeste fovere studuit et sine querela dimittere, id quod contigit semper, sollicitior multo, ut fideliter administraret omnia, quam ut ditesceret.

Cum nullo unquam litigavit commensali, nec suspicio ulla oboriri
potuit, vicinis omnibus amabilis et grata, cujus familiaritate gaude-
bant, cujus beneficiis fruebantur. et quamvis ob frugalitatem corporis horrebat mortem, in aetate integra, tamen se evicit, ut adesset
morientibus, cupiens discere libenter. mori, si foret possibile, quod
et contigit. orabat enim ne quis deum· oraret pro sua prolixiore
vita, dum grabato adjaceret anno 1536. Et quid de studiis meis
dicam, decennio mihi uxor fuit, quo toto tempore non ausim
confiteri, ut me in studiorum meorum negotiis, quae multa fuerant,
vel ad horam unam impedierit. haud aliter quam sollicita mihi
Martha adfuit et de omnibus necessariis providit· diligentissime.
abhorruit semper a superbia, memor suae humilitatis et paupertatis
suorum, de. qua non erubuit, sed boni ·consuluit semper et deo
gratias egit studiosius. gaudebat ex potu boni. vini, sed citra
omnem inhonestatem et loquacitatem vel quancunque ineptiam,
qualem intellexi nunquam. amantissima prolis, sed nihil dissimulans
vel permittens correctione dignum. cum cerneret se declinare ad
fragilitatem corporis, tristitiam lachrimis testabatur et 'querebatur,
solum timens se longo morbo cruciandam et me oneraturam; sed
ubi conspexit invalescere morbum, audire noluit consolationem de
longiori vita in tam fragili corpore. quo factum· est, ut Dei gratia
speciali subito abriperetur, eo die, quo erat nemini timor praesentis
exitus, quin alacriter colloquebatur vicinis usque ad horae dimidium·
cujus obitum praesens intuebar, haud aliter se habentem, quam
obdormientis, sine dolore sensibili, ultimo mihi oculorum aspectu
valedicens et in Domino obdormiens. quae cum sepelienda du-
ceretur, eam tantae vicinarum et notarum prosequutae sunt lachri-
mae, ut diceretur, a multis annis nihil simile visum, nec personam
aliquam illachrimatam eatenus et lamentatam (Die Simonis scilicet
et Judae). Haec charissimi filii, vobis testamenti vice scribere licuit,
ut cogitetis de Majorum vestrorum virtutibus; non ut eos laudetis,
nec ego vobis eos laudo tantum, sed propositos cupio, exemplaria
vitae vestrae (cum virtute minime ficta, nec ex affectu exaggerata
prorsus), ut sequamini non solum eorum vestigia, sed pro eruditione
vestra et adhortatione mea, cogitetis, fieri, si non meliores, saltim
aequales: ut discatis et velitis prodesse multis, tota vita vestra, et
facultate discendo, docendo, monendo, juvando, promovendo ad

74

omne bonum, exemplo Majorum vestrorum, ut et vos Domino
miserante et donante, aliquando vestrae quoque posteritatis exemplaria futuri sitis, si Dominus donare dignabitur, ut cupio et oro.
Visus est autem mihi hic fuisse locus idoneus, quando ultimam
de avunculo nostro Doctore Jodoco mentionem facere debui, et
quomodo libros legarit sororis suae posteris; quos et cum reliquis
annotavi, Rubiaci Guardianus, in indicem laboriosum pro fratrum
bibliotheca, quo usui essent studiosis, quorum nunc paucos adesse
audio, quibus etiam parum studiose incumbere consueverunt ab
eodem tempore. Eis autem diebus (anni 1518) jam ·tum primum
Erasmi lucubrationes celebrari coeperant, prodeuntibus tum paraphrasibus ejus in Romanos, quarum exemplaria a Frobenio assequutus,
ea Rubiaci Guardianus praelegebam junioribus fratribus, ut pariter
Paulinam imbiberent Theologiam et latinitatem mundiorem, cum
rethorica christiana. placuit adeo fratribus, ut et in aliis conventibus
idem placere inciperet, et avidius Erasmica legerent passim. talis
tum erat mea exercitatio Rubiaci praelegendi Paulum et ornando
bibliothecam. Incidit autem pestiferum tempus, ad autumnale tempus anni decimi octavi, quando sororis meae proles tota occubuit;
quando et, me absente, frater laicus portarius obiit, qui multos
servaverat medicinali potu suo, sed se ipsum servare, Domino vo-
cante, non potuit. obiit eodem quoque anno Dominus Gualtherus
Gallus patruelis Doctoris Jodoci, Capellanus Ecclesiae parochialis Rubiacensis, diuturna febre, non peste. Anno vero eodem celebratum

Lugdunense capitulum generale fuit *secundum* generale Capitulum totius ordinis Lugduni Galliarum,
ubi successor electus est generalis Minister Franciscus Lecheri, Car-
dinali creato Christofero Foroliviensi, qui Romae Generalis electus
de Observantinis. statim creatus a Papa fuerat, cum aliis XXX Cardinalibus, dum eram Romae, vel in via redeundi Bononiae, ubi
fama diffusa erat, eum emisse Cardinalatum, et prius jam antea
Generalatum 80,000 Ducatis. sed verum non erat; quamvis fuerit
jam antea Commissarius in indulgentiis Generalis, per aliquot
Archiepiscopatus in Italia, et collectas pecunias Papae obtulerat.
pertransibant Rubiacum ex Patribus provinciarum multi de Saxonia
et Colonia, quin et de Ungaria ad Lugdunum.

Augustana comiitia ob Lutherum Eodem anno 1518 comiitia erant Augustae et legatus Apostolicus Thomas Cardinalis S. Sixti: qui Lutherum ob articulos

suos centum citaverat ad Augustam, cujus negotii acta impressa extant. interim tamen impressa legebantur passim, etiam Basileae multa opuscula Lutheri, nempe resolutiones articulorum de indulgentiis, sermones de decem praeceptis vel declamationes, similiter et explanatio epistolae divi Pauli ad Galathas cum quibusdam sermonibus de poenitentia, de indulgentiis,[1]) quae quidem omnia magno plausu excipiebantur a Germanis passim, sed non omnibus. Eckius enim reclamavit et disputationem instituit Lipsiam ad annum sequentem 19num. Similiter Lovanienses, Parisienses et Romani Lutherana omnia damnabant et excommunicabant; sed pauci curabant.

Anno XIX, post Pasca, descendi ad Oppenheim, ad Capitulum provinciale, in quo electus fui unus ex quatuor definitoribus Capituli; similiter et Gardianus ordinatus ad Conventum Basiliensem, jam enim electus ibi a fratribus eram, et in Capitulo confirmatus, pro consuetudine ordinis. Sicque ad festum pentecostes perveni Basileam; quo tempore multi Lutherani libri impressi sunt Basileae, opera et submissione Beati Rhenani, primum quidem a Johanne Frobenio[2]) nempe: resolutiones articulorum, declamationes de decem preceptis, in Epistolam ad Galathas, tandem etiam de potestate Papae, Frobenio absente; sed Erasmo Roterodamo instante epistolis, postea nihil Lutheranum impressit,[3]) id quod vehementer profuit Adae Petri, qui ejusmodi libros consequenter multos cum magno suo commodo impressit et vendidit omnia, etiam Pomerani et Melanchtonis lucubrationes; donec deceptus tandem una impressione. Tria milia Psalteriorum impressit, Pomeranae expositionis, praeter et contra consilium meum, unde damnum grave incidit; alioqui libellos eos ferme omnes, quos assequebatur e Wittenberga, me adnotationes addente, impressit subinde, usque ad annum vicesimum quintum. Eodem anno mense Junio, in fine factum est primum diluvium Basileae, noctu, die Pauli, qui erat 8. corporis Christi, sic ut

Marginal notes: 1519 — Basileam — Beatus Rhenanus — Adam Petri — Annotation. ad Lutheri libellos et indices meae — Diluvium primum Basiliense

---

1) S. die wirklichen Titel der betreffenden Luther'schen Tractate in dem Verzeichniss der Schriften bei Köstlin a. a. O. Bd. II. Anhang.

2) Vgl. über diese und sämmtliche nun angeführte Basel'sche Drucke: Stockmeyer und Reber a. a. O. Von Pellikans Verhältniss zu Froben sagt Fabricius a. a. O.: Frobenio Maecenate et Patrono quamdiu Basileae fuit, usus est.

3) Vgl. auch *Mezger*, Geschichte der deutschen Bibelübersetzung in der schweiz. ref. Kirche, 1876, S. 51.

refectorium et cellare aquis repleretur in monasterio, cum magno damno domus infirmorum subtus, et in reliqua parte urbis[1]). Impressa tunc fuerunt omnia opera divi Cypriani per Frobenium, in quae ego indicem collegi; qui appensus est, non sine magnis laboribus, qui nondum sciebam artificium commodius indices colligendi. Anno quoque 20. impressa fuerunt omnia quae tunc extabant opuscula Martini Lutheri, in unum volumen ab Adamo Petri, me colligente et ordinante.

Celebratum quoque fuit eodem anno Capitulum provinciale in Amberga, prope silvam bohemicam, quod accedere cogebar. Transeundo per Constantiam hospes fui apud Minoritas, honoratus muneribus et praesentia mensae a D. Johanne Fabri, et Urbano Regio, qui tunc erat in Spiritualibus Vicarius Episcopi Constantiensis. Coena nobis in horto erat, supervenitque tempestas tanta, ut naves aliquae submergerentur in lacu inferiori, prope Ueberlingen, ad quam urbem postridie veni; ibi pransus cum Minoribus, profectique inde versus Stocken et Sulgen pervenimus ad Bibrach et Ulmam, unde rate conducta, multi Gardiani cum sociis descendimus per Danubium usque ad Lauwingen, ubi susceptus fui et per noctem hospitio fotus a reverendo Patre Casparo Ammono, Augustiniano, hebraice docto[2]), olim Provinciali Ordinis pro Germania. deinde pervenimus Ingolstadium, consequenterque per Chaelem usque ad Ratisbonam, ubi invenimus idolum erectum speciosae virginis Mariae in loco, ubi fuerat Judaeorum Synagoga, qui anno praeterito ejecti fuerant ex urbe; erat concursus mirabilis omnis generis hominum ad illam imaginem, quam vidimus et una adoravimus, ut reliqui. Eramus vero hospites circiter 24, hospitati in variis monasteriis, ego cum socio apud Minoritas, crastino confecimus itineris medietatem ad Ambergam; postero die pervenimus ad locum Capituli, numero 120 et supra, ubi iterum electus est in Ministrum Provinciae P. Caspar Satzgerus, qui fuerat Gardianus Nurembergensis triennio. tunc invenimus Nurembergae Lutheri tractatum, de Papatu,

Marginal notes: Cypriani opera cum indice — 1520 — Oper. Luth. tomus prim. — Amberga — Joh. Faber. Urb. Regius — D. Caspar Ammonus, August. provincialis — Ratisbona — Speciosa Maria — Caspar Satzger

[1]) Von dieser Ueberschwemmung (29. Juni 1519) berichtet auch Fridolin Ryff, als «von eim grosen Wetter», s. Basler Chroniken I, 24, und der Karthäuser Georg, s. ebenda S. 382.

[2]) Ueber Ammon s. einige interessante Notizen bei *Geiger,* das Studium der hebräischen Sprache, S. 76.

ibidemque secundo impressum. Redii autem Basileam per.Schwabach et Dinckelspuhel, per Gamundiam et Schorndorff, ad Pfortzen, deinde per Argentinam et Rubiacum domum perveni, Basileam. Coepit eodem anno post coronationem Caesaris Caroli quinti, Aquisgrani celebratam, comiitium Wormaciense, ad quod Lutherus quoque vocatus, reddidit rationem doctrinae suae volentibus audire, sed tamen, instigantibus Romanis, a Cesare damnati sunt horrendo edicto libri Lutherani, sed non est neque Wormatiae neque alibi id servatum, quin impressi, venditi et lecti sunt ejus et suorum libri tanto ardentius, quin et liber de captivitate Babilonica tunc quoque editus est, contra Sacramenta papistica quatuor vel quinque, de libertate Christiana, de Missa privata et hujus modi multa, etiam contra monachatum et coelibatum, de votis. In fine ejusdem 20. anni, ex comitiis mihi Basileam hospes venit pater Franciscus de Angelis, Hispanus, Provincialis provinciae, quam Angelorum nominabant, per totam Hispaniam protensam. Is Caesaris consanguineus, legatus missus a Wormacia, festinando ad Hispanias, pro sedando quodam tumultu. Is in profesto vigiliae natalicii dominici superveniens eques, cum ministris, biduo manens integro et tribus noctibus, mihi multum loquebatur de causa Lutherana, quae magna ex parte arridebat viro bono et docto, praeter librum de captivitate Babel, quem legerat Wormatiae cum moerore et displicentia, quem ego nondum librum videram. Et de Ordinis constitutionibus multa colloquebamur in quibusdam mutandis, commisitque mihi quaedam proponenda Capitulo generali celebrando sequente aestate, ad festum Penthecostes in conventu Carpensi, ad quam congregationem ego electus eram, nuntius futurus a tota provincia in Capitulo Ambergensi, cum Ministro Provinciali eo iturus; timebat enim se non posse adesse eidem generali Capitulo, ob negotia regni Hispanici, imperatoris Caroli nomine peragenda. Sed contrarium accidit, ego enim impeditus structura novae infirmariae in conventu Basiliensi, quam dirigebam expensis senatus Basiliensis, tota aestate occupatus fui domestica illa occupatione. Quam ob rem vices meas in generali Capitulo egit frater Michael Fryes, secretarius Ministri provincialis. Eidem Capitulo generali adfuit praedictus Franciscus de Angelis et omnia proposuit, quae inter nos proponenda convenerat, sed non eodem tempore

Marginalia: Comiitia Wormatiae — Damnati libri Lutheri — Franciscus de Angelis, Hispan. — Carpense Capitulum — Mich. Fries

determinata, sed posterius tandem in sequenti generali congregatione fuerunt ordinata, et erat is annus Domini 1521, in quo
non fuit celebratum Capitulum fratrum provinciale, sed dieta
indicta alia ad Nurembergam quorundam principum, ubi decretum
Caesaris contra Lutheranos fuit magna parte remissum in imperio,
sed non in principatu Austriae ducum. Impressum est eodem anno
psalterium Lutheri, me promovente, quoad XXII Psalmos, in
forma magna per Adamum Petri[1]), et opera Tertulliani quoque
a Frobenio impressa sunt, ductu Beati Rhenani, qui argumenta
praeposuit utilia libris, a me quoque obtinuit, ut indicem con-
cinnarem in eadem opera, ut feceram in Ciprianum. A Wittenberga transmissa est expositio Psalmorum Pomerani cujus, ego
exemplar scriptum illius manu relegere rogabar, ut imprimeretur
primum ad numerum 1600; sed et sequenti anno germanice in
psalterium scripsit imitatus Pomeranum Martinus Bucerus, id quod
duplici in forma[2]) imprimebat Adamus, me cooperante et indices
parante in omnes libros, quos imprimebat, non sine magnis meis
laboribus; quando nihilominus Guardianus eram et aedificabam

Marginalia:
- 1521
- Dieta Nüren-bergensis
- psalmi 22
- Tertulliani opera Basil.
- Index meus
- Pomerani Psalterium

---

[1]) Adam Petri gab 1521 Luthers Psalmenerklärung zweimal heraus. An
der ersten Ausgabe, die bloss 14 Psalmen enthielt, hatte Pellikan keinen Antheil, s. Riederer, Nachrichten I, S. 471. Luther war auch gar nicht mit
derselben zufrieden; s. De Wette I, 560. Ueber die von Pellikan besorgte
zweite Folioausgabe findet sich das Nähere bei Walch in der Vorrede zum
IV. Theil der Werke Luthers. Nach dem Briefe Luthers an Pellikan (De
Wette I, 553 ff.) arbeitete der Letztere durchaus im Einverständniss mit
Luther, ja es scheint bei Gelegenheit dieser literarischen Korrespondenz zwischen beiden Männern ein freundschaftliches Verhältniss entstanden zu sein.
Wenigstens hatte Pellikan dem grossen Wittenberger einen Wink zur Mässigung
geglaubt geben zu dürfen. Und Luther, der ihn suum in Christo majorem
nennt, nimmt die Ermahnung sehr gut auf: «recte mones modestiae me, sentio
et ipse, sed compos mei non sum, rapior nescio quo spiritu, cum nemini me
male velle conscius sim: verum urgent etiam illi furiosissime, ut Satanam non
satis observem. Itaque pro me ora Dominum, ut quod se et me, non quod
illos decet, sapiam, loquar et scribam, ac bene vale in Christo.»
Der 22. Psalm folgte erst im Jahre 1522 separatim und in Quarto nach
unter dem Titel: Martini Lutheri Lucubrationes in ps. 21 (nach der Vulgata):
Deus, Deus meus etc. Qui est de passione Christi, quemque autor vere vocat
psalmorum omnium principem. In tomo operationum nuper excuso obmissus.
[2]) Die Beschreibung dieser Ausgaben s. bei Baum a. a. O. S. 591.

infirmariam totam fere domum, quoad interna supra Birsacam, aedificium pro infirmis
nominatim quatuor stubellas et totidem cameras cum capella et
culina. Sed et opera Beati Rhenani impressus est liber a Frobenio
Marsilii Patavini contra Papatum, qui fuerat scriptus tempore Marsilius Patavinus
Caesaris Bavarici Ludovici quarti, cui ego quoque praemisi indicem cum indice meo
materiarum, quo esset liber utilior ac vendibilior, sed et historias
Heinricorum Caesarum quarti et quinti, tunc Frobenius impressit Heinricor. Caesarum vita
contra Papatum utilem et verum.

Anno autem 1522 post pasca celebratum est Capitulum Leon- 1522 Leonbergen.
bergense in Suevia, in quo cum comparuissem cum reliquis, pri- Capitulum
mum locum habiturus inter omnes, ob honorem Conventus et
loci Basiliensis accusabar a quibusdam publice, ut Lutheranus et
ideo excommunicatus et indignus, qui interessem capitularibus
actionibus. Praesidebat p. Casper Satzgerus, respondi, nihil mihi
constare de aliqua excommunicatione lata contra me, qui decretum
Papae nullum viderim; sed et prius quam audissem passim jactari,
cessarim a promotione librorum Lutheri, praeter quorundam impressuram, qui nondum essent damnati, ut erat opus quorundam
Psalmorum. Sic fui decreto Patrum admissus, et cum communis
esset consultatio de prohibendis fratribus omnibus a lectione libro- Luth. libror. prohibitio qualis
rum Lutheri, consilio meo et Patris Ministri Provincialis decreto
ordinatum est, ut simplicioribus fratribus prohiberetur, sed docti
fratres et praedicationis officium exercentes diligenter legerent
Lutherana, ut de eis judicare possent et privatim ac publice redar-
guere errores contra scripturas canonicas et veritatem. sic itaque
illo capitulo ultimo interfui. in via autem inveni in thermis Cellen-
sibus,[1] prope Hirsaugiam, sese lavantem infirmum D. Joannem
Reuchlin, apud quem aliquot horis de multis colloquium habens, D. Reuchlin aegrotus tunc obiit
eum ultimo vidi, nam statim sequente Maio diem obiit extremum,
Stutgardiae sepultus, vir doctissimus et justo zelo succensus pro
veritate asserenda et sacrarum literarum studio promovendo. rediens
autem Basileam et Erasmo narrans de obitu et colloquio, occa- Colloquia Erasmi
sionem praestiti colloquio illi de Apotheosi Reuchlina;[2] sic et

---

[1] Liebenzell. Vgl. Geiger: Joh. Reuchlin, S. 471.
[2] Diese Stelle führt S. Hess in seiner Biographie des Erasmus I, S. 215,
und nach ihm Geiger, Studium der hebräischen Sprache, S. 21, an.

eidem, quod de Franciscano Conrado et Bernhardino lusit, sua facundia illustrans historiam veram, sed humiliorem quam legatur. [1]

1523

Tragoedia
Satzgeri
meoum

Johannes
Luthardus
Joannes
Kreyss

Senatus
Basiliens.

Anno sequenti, nempe 1523 tempore quadragesimali veniens Provincialis Satzgerus Basileam, audivit a Magistris nostris universitatis Basiliensis et a Canonicis quibusdam Ecclesiae majoris querelas graves contra me Gardianum, contra Vicegardianum Joannem Kreiss[2]) et contra Praedicatorem Joannem Luthart[3]) et alios, quia Lutherani essemus et promotores librorum Lutheri; quibus Minister permotus decrevit cum suis consiliariis praedictis, nos tres loco movendos,[4]) tamen cum honore et citra contumeliam, substituendos alios in nostrum locum. Id cum innotuisset senatui Basiliensi, communicato consilio, miserunt ad Provincialem duos senatores magni nominis, denuntiantes eidem, ut accusationem nostram contra nos delatam diceret et revelaret, quam senatus omnino scire et audire vellet. Negavit primum Provincialis, nolens prodere accusatores Dominos et Magistros; audivit statim, sententiam senatus esse, ut si nos tres e monasterio mittat, velle se ejicere statim reliquos fratres omnes, qui tum erant numero supra quadraginta. verum Provincialis, existimans nuntios hos senatores Lutheranos et partiales esse, provocavit ad senatum utrumque colligendum. Id illi delatum est et concessum ad Sabbatum imminens hebdomadae pascalis ea

---

[1]) Das betreffende Stück der Colloquia ist πτωχοπλουσιοι betitelt.

[2]) Von Kreyss meldet P. selbst weiter unten, dass und warum er vom Schauplatz abgetreten sei. Aus einem Briefe des Basilius Amerbach vom Juli 1523 (mitgetheilt von Fechter a. a. O.) könnte man schliessen, es sei dem Kreyss als Viceguardian Eberlin von Günzburg gefolgt. Die betreffende Stelle lautet: «Johannes Eberlin viceguardianus nostri Pellicani cucullam in festo Paschalis abjecit.» Da P. in seinem Schreiben an Molitor's (s. unten) berichtet, es werde unter den gegen ihn vorgebrachten Anschuldigungen auch der Umstand angeführt, er beherberge abtrünnige Ordensbrüder, so ist ein Aufenthalt Eberlins bei ihm gar nicht unmöglich. Dass Eberlin aber sein offizieller Viceguardian gewesen sei, das können wir uns kaum vorstellen (vgl. unsere Monographie über Eberlin S. 149 ff. und S. 175), um so weniger, als P. in seinem offiziellen Schreiben an das Landshuter Capitel, Ende Juli 1523, deutlich von einem ihm feindseligen Viceguardian redet.

[3]) Ueber J. Lüthard, eigentlich Hans Sündli aus Luzern, s. Basler Chroniken I, S. 409, 421, 584. Nach dem, was P. im weitern Verlauf seiner Erzählung über ihn sagt, war er ein sehr bedeutender Prediger.

[4]) P. sollte als Guardian nach Kaisersberg kommen; s. unten.

ratione, ut Praedicator et ego pariter compareamus in senatu, rationem daturi actionum nostrarum et responsuri ad accusationes proponendas. Provincialis voluisset abesse nos duos et solus cum suis sociis, quos tres habebat, comparuisse ante senatum, sed senatus voluit, nos quoque adesse, quod et factum est. Proposuit longo sermone negotium totum et causas, ob quas cogeretur amovere nos tres ad alios conventus et ipsorum conventui melius providere. Accusatio nostra erat, quia Lutherani essemus et promovissemus librorum talium impressuras. Statim a prandio vocati sunt iterum ad senatores quosdam audituri sententiam senatus, quae fuit, ut festinarent egredi urbem, re infecta quam conarentur; quin si nos tres volentes vel nolentes urgeret egredi urbem, statim ejicere decretum esset omnes reliquos Minoritas ex urbe. Sic itaque Provincialis impaciens abiit cum sociis suis et cum confessore Monialium S. Clarae in Gnodental, ubi consilium suum cum Doctoribus et Canonicis habuerant. Sed et denuntiatum est eodem decreto quatuor ordinariis lectoribus[1]): duobus in theologia magistris M. Mauricio Augustiniano[2]) et D. Joanni Gebwilero,[3]) Doctori in Canonibus Joanni Mernach[4]) et Medico Joanni Wonecker,[5]) qui stipendia habebant a senatu, ut posthac amplius non expectarent stipendium pro lecturis, sed et a lecturis cessarent, aliter providendum esse studiosis talium;[6]) porro abeunte Provinciale non amplius redituro, ego dimissus sum in meo officio cum sociis. Statim ordinarius in theologia lector a senatu ordinatus est Doctor Joannes

Marginalia: Sententia contra Provincialem

Marginalia: Academia reformata

---

[1]) Offenbar die Hauptanstifter der ganzen «tragoedia Satzgeri mecum» (s. oben), welche letztere somit in einer bisher nicht genugsam betonten Weise dem Sieg der Reformation zu Basel wesentlichen Vorschub geleistet hat. S. Einl.

[2]) Mauritius Fininger, den Burcrius in einem Briefe an Beat Rhenan (Fechter, Beiträge II, 214) mataeologus und doctorculus nennt, vgl. auch Vischer, Geschichte der Universität Basel, S. 222 ff.

[3]) Ueber Joh. Gebwiler, den Aeltern, s. ebenda S. 223 ff., und Herzog, Joh. Oekolampad, S. 221 ff.

[4]) Johann Textoris von Mörnach hatte die Theologie 1489 wegen Verheirathung mit ridiculo aufgegeben; s. Vischer S. 222 und 224 u. ff.

[5]) Ueber den ehemaligen Barbiergesellen Johann Rulmann von Windegk s. Vischer, S. 250 ff., und Basler Chroniken I, 440 ff.

[6]) Aehnlich ging es den widerspenstigen Professoren in Tübingen im Jahre 1534; vgl. Heyd a. a. O. III, 131.

Oecolampadius, qui et jam antea Isajam germanice legerat omnibus audire cupientibus, sed ex illo tempore coepit praelegere epistolam ad Romanos. et ego in locum Augustiniani Doctoris subornatus sum Lector Theologus, qui et in amplo satis auditorio praelegi Genesim, integro anno, deinde 24. anno praelegi Proverbia Salomonis, consequenterque Ecclesiasten, usque ad Februarii finem fere anni vigesimi sexti.[1])

Genesis, Proverbia, Ecclesiastes praelecti

Cum autem eodem anno 23. celebrandum esset Capitulum provinciale in civitate Lantshutensi, et p. Satzgerus, qui mihi semper amicus erat, ab officio post finitum triennium absolvendus esset, et jam non parum confusus de me, quem amaverat semper et experiebatur tantisper inobedientem me, non congruum videbatur, ut ei scriberem absens, quia autem Senatus Basiliensis communi decreto statuerat, proprium juratum nuntium cum suis epistolis mittere et exponere, quid actum esset, et quid fieri vellent de conventu Fratrum et Sororum Sanctae Clarae in Gnodental, necessarium putavi scribere causam meam et excusationem veram et declarare ea, quae passim per totam provinciam superioris Germaniae de mea fama ferebantur varia, tum bona tum mala. Epistolam ergo scripsi piissimo cuidam patri et coaetaneo meo, qui Guardianus erat tunc Moguntiensis, viro integro, docto et religioso valde et syncero amico, apud quem similiter haud parum periclitabar de fama, quem amicum perdere timebam veterem, nomine Alexandro Molitoris[2]), qui et in eodem capitulo Provincialis electus est, id quod non putabam. Ejus epistolae copiam mihi rescribi feci per fratrem, in meum testimonium; cujus tenorem servavi usque in praesens, quam cupio vobis ambobus, meis filiis, esse aliquando lectam, ut cum tempore, si quando res fit postulatura, veraciter, solide et constanter famam meam contra superstites Mino-

Lantzhutens. capitulum

Alexander Molitoris

---

[1]) Der Karthäuser Georg berichtet (s. Basler Chroniken I, 386): tunc coeptum est legi tres linguas ab eodem (Occol.) scilicet et Pellicano. Die Universität verweigerte umsonst den beiden vom Rath ernannten Lehrern ihre Anerkennung, umsonst schrieb Petrus Fabrinus in die Rectoratsmatrikel, die bessere Theologie sei vertrieben. Ein Späterer hat sogar noch die Malice gehabt, zu dieser Notiz die Randbemerkung zu machen: sic bono rectori videbatur!

[2]) Hottinger nennt ihn an dem in der Einl. a. O. Aegidius Müller.

ritas defendere possitis, et ipsi vos cum posteris vestris scire
rationem mutatae conversationis meae et qua fiducia integrae famae
et syncerae conscientiae vixerim, ipsis illis testibus amicis et hostibus
quoque meis. Sic autem scripsi eidem Alexandro, honestissimo
Patri, qui posterius saepe Provincialatum gessit et Guardinatum
Heidelbergensem, ut eam epistolam aliis quoque meis fautoribus
legendum ostendere posset, ad meam excusationem.[1]) Unde et in
eodem coetu fratrum, cum multus et atrox rumor de me inter
fratres ferretur, dixit in tota congregatione provincialis Satzgerus, Sententia Satzgeri de me coram Provincia
ut mihi per quosdam amicos rescriptum tunc fuit, in hanc senten-
tiam: «audio, inquit, diffamationes multas et varias de Pellicano
Basiliensi, non sine multis de eo mendaciis, id ego scire vos volo,
fuisse eum semper et esse virum honestae conversationis et integrae
vitae et famae, qui nihil egit, nisi quod decet bonum virum, volo
ergo, ut ab illius diffamatione vobis temperetis. Haec ille tunc
quoque dixit, nescio si hanc quoque epistolam ab Alexandro exhibitam ei legeret vel ne, sic autem scripseram ad verbum, et
causam meam totam sic comprehendi paucis, ut fieri potuit in re
tam mihi gravi et periculosa, quo ad vitam et conscientiam: Vener-
ando Patri Alexandro Molitoris, Guardiano Moguntino, amico et Epistola mea ad Alexandr. provincial.
fratri charissimo, nunc in Capitulo provinciali Minorum in conventu
Landshutensi celebrando, partes quoque suas porrecturo frater Conradus Pellicanus Rubeaquensis, hactenus Gardianus Basiliensis,
gratiam ac salutem in Christo Salvatore. Quod ego in tot mise-
riarum mearum casibus difficilibus venerandae Paternitati tuae
toto anno nihil scripsi, causam aliam nolis aestimare quaero, quam
scribendorum nimiam prolixitatem et negotiorum meorum per-

---

[1]) Ausser diesem Privatbrief an den einflussreichen Mainzer Guardian
schrieb P. einen zweiten kürzern direkt an das Landshuter Kapitel; derselbe
ist datirt Dominica post Jacobi 1523, und sein Original, resp. Concept, befindet
sich auf der Zürcher Kantonsbibliothek. Wir werden aus diesem offiziellen
Schreiben in einigen folgenden Anmerkungen etliche Parallelstellen mittheilen.
Ein Passus, der in besonders sprechender Weise für das in P. erwachte refor-
matorische Bewusstsein Zeugniss ablegt, möge schon hier seine Stelle finden:
«Si tam odiosi sunt patribus hi fratres, qui Lutherani nominantur, et propter
Papam eos ferre non potestis, ego nec Papam timeo, si quippiam tentaret contra
legem Dei et catholicam veritatem, pro qua feram, quae Christus jussit, in
aliis eidem libenter obediam».

84

plexitatem, ut nec me putarim scribendis sufficere, nec te voluerim legendis onerare, nunc vero rationem redditurus vel ex magna et necessaria magis parte famae et actionum mearum, charissimam **Exordium** mihi fraternitatem tuam prae aliis multis elegi, pro religioso et sincero affectu tuo, ut si vacaverit, per negotia, legere digneris, quae sunt subito ut in buccam tristi et solicito ingesta scribenda tibi; sin minus videre licuerit per negotia capitularia, quae tibi cum primoribus transigenda commendabuntur, saltem aliis piis ac syncerioribus patribus legenda permittas, ut ex tot vulgatis passim in omnes conventus rumoribus de me quid credere debeant, valeant **Narratio** judicare. Audio enim me miris tragoediis traduci per omnem provinciam, quosdam etiam credere, non parum multos, omni vento, et quae de conversatione mea aliquando certo cognoverant non mala, nunc relatione malevolorum[1]) persuasi ducantur ad credendum de me non bona, id quod quorundam verba et scripta non obscure testantur: annitar pro virili, ut rerum mearum certam rationem intelligas, ut quod de amico nunquam, ut spero, poenitendo sentire possis et respondere, ad manum habeas, et ego quae tibi familiari amico descripsero, ceteri fratrum, utcunque in me affecti, per te legere vera possint et si velint boni consulere, quae perperam diffamata crediderant. Primo omnium audio, quosdam **Distributio** obgannire mihi, quasi in Capitulo Leonbergensi[2]) cum ut Lutheranus et excommunicandus producerer ad rationem reddendam, verbis meis et mendaci excusatione patres deceperim, simplicitatique eorum imposuerim. Quidam dicunt, quod nescio quae revocaverim, **Lutheranum** et quod tunc ut haereticus damnari debuerim, sed mihi adstiterit **esse.** favor reverendi patris Ministri Provincialis Satzgeri, eatenus, ut mihi nemo contra dicere fuerit ausus. ad quae ego nunc quoque repeto, quae tunc praesens audisti me loquentem coram omnibus; **quomodo** testatus sum enim coram eis, me ea ratione dici posse Lutheranum, **Lutherana** **placeant.** quod ejus a principio libros diligenter et admirabundus legissem, licet non omnia statim intellexerim, alio enim jam dudum odore imbutus, placuerint multa, profeci ex eis in multis, quando bona

---

[1]) In dem offiziellen Schreiben führt P. als den signifer seiner Gegner an: Kaspar Corbach. Von zwei Andern, Thomas Meyer und Claudius, sagt er, es sei gerade, als ob sie dazu angestellt wären, ihn zu befeinden.

[2]) S. oben.

plura scripsit etiam judicio aemulorum, qui legunt sua laudata a
bonis viris et doctis; contra quoque complura apud eum viderim,
quae displicuerint vehementer, quae horrorem incusserint tanquam
nova; denique quaedam non ferenda immodestia, quae potuissent
stilo modestiore fuisse prolata, et scripta quaedam, quae nec vellem
nec possem defendere; nec minus quoque diligenter legerim ac
sedulo legam, quae contra eum multa scribuntur, ideoque scruti-
nium reverendi patris Ministri Satzgeri imprimi curassem,[1] ut patres   Scrutinium Satzgeri.
nostrae provinciae intelligerent, quid in libris Lutheri et qua ratione   legenda Lu- therana qua
admittere vel impugnare possent, et quomodo interpretari; et quod   ratione
usque in id temporis nec Papa bullam, nec Caesaris mandatum
viderim (sicut nec hactenus vidi); nec solum non esse malum, si
docti fratres legant libros hujusmodi, sed potius necessarium,
maxime his, qui cum hominibus prudentibus et eruditis aliquando
congredi debent, ne ignoremus, quid sit vel admittendum vel refu-
tandum. Solo quoque rumore audito de Caesaris edicto, conti-   Edicta Cae- saris
nuerim me ab impressorum opera, praeter opus Psalmorum quorundam, ubi adjeci quosdam hebraicos caracteres, ad id rogatus a
Luthero per epistolam[2]); quin et antequam Basileam venissem
Gardianus, Lutheri libri illic impressi habebantur, et jam fratres
quidam doctrina ipsa imbuti fuerant, quam et diligenter legebant,
et non minus etiam saeculares multi; non potuisse me, dicebam,
rationabiliter obmisisse lectionem istorum librorum, quos tam   necessariam lectionem
communiter et crebro laicos legere conspicerem in tanta civitate,   Lutheri
quibus esset quandoque ratio nostrae fidei reddenda exigentibus.
De apostasia quae de me falso provinciam mendaci fama repleverat,   Apostasia
adjeci loquens, quod tunc erat in animo; id de me nemo timere
deberet. haec et pauca quaedam alia norunt, qui presentes fuerant,
sincere me dixisse. nihil revocavi nec erat necesse, cum mihi nullus
error objiceretur. Ab eo tempore cum impressoribus, quoad

---

[1]) Hierauf bezieht sich die in unserer Monographie über Eberlin von
Günzburg S. 175 ff. abgedruckte Stelle aus dessen Tractat «Mich wundert,
dass kein Geld im Land ist.» Was dort S. 176 Anm. über das Verhältniss
Pellikans zu Satzger gesagt ist, wird durch die Darstellung des Chronicon im
Ganzen bestätigt, immerhin aber zu Gunsten Pellikans und theilweise auch
Satzgers modifizirt.

[2]) De Wette I, 554.

Lutheri libros, nihil mihi fuit commercii, ipsis interim non cessantibus sequi suum lucrum. Novum instrumentum cum germanice imprimeretur, promovi ut potui[1]), nec poenitet diligentiae, nec id vir christianus improbabit, nec si cessassem, aliquid fuisset impeditum in opere. De doctrina vero Lutheri tunc et modo judico, ut eidem eatenus acquiescam, quatenus ex sacris Litteris clare intellectis comprobari potest esse conformis doctrinae Christi et Apostolorum. usui et moribus primitivae Ecclesiae et sanctorum Patrum (ubi circa dogma aliquod consentiunt) scriptis non usque adeo dissentit, quin et si dissentiat alicubi, non magis eidem credo quam solide mihi probare videtur, et ut sancti Patres quoque sibi ipsis credi voluerunt. Ecclesiasticum credo et suscipio, quicquid juxta divinae scripturae sententias concluditur et docetur. sine scripturis et obscure proposita et in rebus non necessariis ad salutem vel pietatem sicut non protinus sperno, sic nec omnino acquiescere debeo, in praejudicium doctius et rationabilius sua docentium, et studiose inquirentium. Expecto omnium eorum, quae nunc disputantur, maturam determinationem, per viros pios, doctos, modestos, fideles, rerum mundanarum contemptores, solius verbi Dei admiratores, qui non ad gratiam hominum vel privatum commodum, sed in Dei gloriam, Evangelii et pietatis profectum, animarumque salutem respiciunt, ea quae fidei sunt et morum docentes, hoc est, spiritu sancto imbutos, non hujus mundi sapientia turgidos nec nominis sui potius quam Dei et veritatis rationem habentes, uti hodie multi videntur, multoque plures in christiano orbe sperantur. Exiit quoque et alius rumor de nostro Conventu et nobis ad fratres provinciae praesenti anno et praeterito, quasi Episcopus Basiliensis et Senatus cum populo propediem expulsuri nos essent; quamobrem et reverendus Pater Minister literis me suis seriose communefecit, periculis hujus modi praecaverem. Ad quod ei rescripsi et dico nunc quoque, crebro me certiorem redditum per majores senatores, per cives nobiles, nihil tale nobis metuendum,

Marginal notes (left column):
- Doctrina Lutheri
- quomodo Patribus credendum
- ecclesiastica doctrina quae dda.
- Praejudicium piorum
- Non ejiciendos propter me fratres a senatu

---

[1]) Sowohl Adam Petri als Thomas Wolf druckten in Basel Luthers neues Testament nach. Vgl. die ausführliche Beschreibung der einzelnen Ausgaben in dem oben angeführten trefflichen Werke von *Mezger*. Dass Pellikan die Drucker (und zwar wohl hauptsächlich Adam Petri zu seiner ersten Ausgabe vom Dezember 1522) ermuntert und unterstützt, war unseres Wissens bisher unbekannt.

quodque nihil querularum perlatum fuerit ad Consules unquam, nec in publicis sit auditum Zunfftarum domibus; tantum canonicorum et clericorum quorumdam et eis familiarium querelae et mendacia per civitatem passim pervagarunt contra praedicatorem conventus[1]) et me, et de universitate quidam vetuli Doctores, Sophistae potius quam Theologi[2]), machinati sunt contra nos quicquid potuerunt, cum illo nostro Confessore apud Gnodental, similes cum similibus; quibus saepe dixi, ut si quid in nostram doctrinam haberent et mores, congregarent academiam suam, vocarent nos, formarent et statuerent articulos, audirent fidei nostrae rationes, quas pollicebamur, vel nos de veritate clarius edocerent. nec id egerunt unquam[3]), sed clanculis conciliabulis suis et conciliis in nostram diffamiam machinati sunt infatigabiliter, donec inciderunt in foveam, quam foderant, exauthorati et stipendiis et lecturis. Toties se is Doctor noster Gregorius Heilmann Confessor jactaverat, obstitisse se et intercessisse pro nobis ne expelleremur, donec sine omni opera mea vel cogitatu, Domino vindicante, ipse primus expulsus est. Tantum abest, ut procurare tentaverimus, licet ut verum fatear, de ejus relegatione ad Alsaciam parum doluerim, tum quia semper videbatur optare expulsionem meam et dedecus, in cujus judicio et sensu haereticus eram, tum quia amicissimos sibi fecerat, quotquot sciebat mihi et bonis fratribus inimicissimos, tum quoque, quia toties multis annis cum suis sociis molestaverat nos inextricabilibus suis altercationibus, quibus vix tolerabilis erat pompaticus et ridiculus doctoratus suus bullatus, et sororibus quoque magno incommodo expensae erant, quas augebat saepe in scandalum familiae et sororum, ne dicam conscientiarum angustias, quibus alioqui timoratas arctius constringebat, eximia eruditione sua scotica, qua et nunc glorificabit Provinciam, si minister nunc fuerit electus, ut sperat, si Diis placet. — Inter omnes

(marginalia: machinamenta doctorculorum)

(marginalia: Gregorius Heilmann)

---

[1]) Der oben angeführte Joh. Lüthard.

[2]) Die oben angeführten Fininger und Gebwiler.

[3]) Vgl. Basler Chroniken I, S. 440 ff. Der oben genannte Wonecker hatte allerdings im Dezember 1522 Artikel angeschlagen und zu einer Disputation eingeladen; indessen bestätigt das, was Pellikan hier sagt, die Vermuthung Vischers (a. a. O. in den Anmerkungen zu Woneckers Thesen), dieselbe sei gar nicht zu Stande gekommen.

autem rumores odiosos de nobis audio diffamari nos, quasi reverendissimus Dominus noster Episcopus et pater Provincialis Minister, me et praedicatorem mutare loco voluerint, nos vero inobedientes

auxilio et invocatione senatus obstiterimus.[1]) Id ut totum ex initio scias, amicissime Pater, oro vel semel legas historiam brevibus describendam sine fuco vel mendacia. Dominus, quem nosti Senior Episcopus Christophorus, ejus quoque coadjutor et alii quidam Canonici mihi antehac semper fuere favorabiles, facti autem' quorumdam sunt factione adversarii. Post Ambergense capitulum[2])

concionator noster ab exordio coepit praedicare Evangelium secundum Mathaeum, quod et finivit infra annum cum dimidio, sequutus authores sanctos et veteres: Chrysostomum, Hieronymum, Augustinum, Origenem et Hilarium et ordinariam Glossam, idque cum fructu et approbatione amplissimi auditorii etiam Doctorum. Hoc igitur verbum Evangelii juxta naturam suam genuinam segit, consolatu siquidem est conscientias et aedificavit piorum; irritavit autem scribas, phariseos et sacerdotum principes. murmur paulatim obortum est in clero et curialibus, verum utcunque tulerunt. Post Leonbergense Capitulum[3]) diebus Pentecostes denuo coepit sermonem Domini in monte, quod is esset Christianorum regula, quam diligenter populo discendam proposuit, pia qua valet vehementia.[4]) Hic commota est cohors universa: canonici, universitas, et de senatu primores quidam, statimque mense Junio convocatis omnibus praedicatoribus

civitatis denunciatum est[5]), ut posthac Evangelium praedicent

[1]) Wie grundlos diese Anklage und wie weit entfernt Pellikan davon war, eine staatliche Einmischung von sich aus zu begehren, zeigt eine Stelle aus dem angeführten offiziellen Schreiben: «vellem quod nihil se intromitteret Senatus de conventu nostro, sed quid possum impedire? Irritati sunt a negotii illius inceptoribus nec desistent facile; vix poterunt propter plebem.»

[2]) 1520; s. oben.

[3]) 1522; s. oben.

[4]) Fechter theilt a. a. O. einen Brief des Burerius an Beat Rhenan mit, worin sich derselbe über Lüthards Heftigkeit bitter beklagt.

[5]) Diese Mittheilung Pellikans ist von grossem Werth. Durch sie erhalten wir nämlich zum ersten Male sichern Aufschluss über Veranlassung und Datum des «ersten öffentlichen Dokumentes in Basels Reformationsgeschichte». Dasselbe ist abgedruckt in den Basler Chroniken I, S. 38 ff. Es wurde, da weder in Ryffs Chronik noch anderswo ein Datum dabei steht, bisher darüber ge-

solum[1]) juxta antiquorum Sanctorum explanationem, non secundum propria capita et renitente scriptura[2]), nihil contra probatos ritus ecclesiasticos et usum sacramentorum praedicent, populum adhortentur ad obedientiam, et ne quid innovare festinent, sed expectent futurum generale concilium[3]). Post hanc commissionem factam, sicut et antea, quamdiu praedicator Evangelium praedicaverat, interfui omnibus ipsius concionibus, ut et audirem ipse quid et quomodo praedicaret, ut pro eo respondere vel contra eum procedere possem, utut res postulasset; nihil autem audivi unquam ex, ejus ore, quod non scirem olim dictum fuisse a Sanctis et conforme Sacris litteris, licet non nunquam vehementius inveheretur contra vitia, quam multis placebat. In festo omnium Sanctorum et postea aliquot sermonibus docuit de abusibus in cultu Sanctorum, *Cultus Sanctorum* multa dicens, vera quidem, sed quaestoribus Divorum omnibus odiosa, consequenter de vero Dei cultu et honore Sanctorum. Post aliquot dies vocati fuimus ipse et ego ad Dominos de Capitulo, *Concilium factum* propositum, non esse servata per nos, quae commiserant ante, praedicasset enim nova et perniciosa, et quod Sancti non *Accusatio* essent honorandi, concitasse populum ad interfectionem cleri et ad seditionem, ingratos nos esse acceptorum beneficiorum, et quod Ave Maria non oraret in praedicationis initio. Responsum fuit a nobis, *Responsio nostra* cum Ave Maria fuisse similiter quoque dictum Pater noster, orationem dominicam, nihil contra fidem et scripturas esse praedicatum, sed omnia ex sanctis antiquis Patribus; de interfectione cleri accusatio falsa esset et malitiose conficta; ingrati non essemus, sed parati ad humile obsequium, ad omnia, quae pro pace et bono cleri, studiose conari; non oportere timere seditionem plebis; delatos nos esse ex invidia malignorum, provocaremus ad auditorium et

---

stritten (a. a. O. S. 37 Anm.) ob es in's Jahr 1523 oder in's Jahr 1524 zu setzen sei. Nach Pellikans Zeugniss ist es nun erwiesen, dass es im Juni 1522, mithin vor Oekolampads Ankunft erlassen worden ist. Wir geben in den nun folgenden Anmerkungen einige entsprechenden Ausdrücke des Originals, um zu zeigen, dass Pellikan hier von diesem und keinem andern Mandate redet.

[1]) «nüt anders dann allein das heilig evangelium.»
[2]) «alle andere leeren, disputation und stempanien, den heiligen evangelien und geschriften ungemesz, ganz und gar underlassen.»
[3]) «bisz zů verrer erlüterung ».

90

ad testimonium cordatorum virorum, cum in abscondito nihil fuerit dictum, et quod diversa hominum studia in causa essent variae intelligentiae eorumdem sermonum. Responsio a Dominis mansuete suscepta est; promiserunt bonam suam erga nos gratiam. Pro se concionator dicebat, quid et qualiter praedicasset; cautelam promisit diligentiorem de futuro; per Adventum autem quotidie praedicans explicavit Evangelium «missus est», et tota hieme sequente satis modeste praedicavit usque ad Quadragesimam, et sine querela manifesta; his tamen non obstantibus interdicta fuit in Galliis collecta eleemosinarum. Supervenit post Dominicam Laetare reverendus Pater Provincialis, inquisivit pro more et recitavit visitata. — Ego quoque coram toto Conventu et Patre provolutus suppliciter deprecabar Patrem, ut insufficientiam meam attendens et diffamias indignas, quas paterer, quum posthac aliter agere non possem quam egissem hactenus, ob temporum et rerum difficultates oravique instanter, ut me a Guardinatu absolveret. Pollicebar excusaturum me id ipsum ad omnes amicos meos et inimicos, doctos et indoctos, ne quis suspicari possit, odio vel livore me ab officio absolutum. Respondit reverendus Pater, scire me, praeter consuetudinem futurum, ut jam absolvar, vix post tres menses instante Capitulo, sed et hinc fidem praestandam meis diffamationibus omnibus, si modico hoc tempore, non expectato absolverer ab officio; patientiam habere deberem exemplo suo, qui graviora pateretur. acquievi et sustinui patienter. haec vero agebantur sabbato ante Judica. Sequenti vero hebdomada, dum apud Gnodental[1]) visitaret, adierunt eum commensales continuo novi, Doctores universitatis, ex senatoribus quidam et Canonici; quid ibi egerint, nescio quidem, quia aberam; audivi autem, contra me et concionatorem multa fuisse dicta et practicata; tandem rogatus Pater venit ad Canonicos collectos majoris Ecclesiae, socio assumpto Confessore Heilmanno Doctore; ibi querelae auditae sunt contra praedicatorem et me et Vice-Gardianum cum precibus, ut e Civitate et loco mutaremur. Id ipsum referenti mihi Patri reverendo secretius respondi, id ipsum quidem cupere me et rogasse nuper,

Suscepta responsio

Precatio mea ad Provincialem

Responsio provincialis

---

[1]) Das schon mehrfach erwähnte Clarissenkloster Gnadenthal lag in der sogenannten Spalenvorstadt.

sed jam timere, ne id si fiat ob Canonicorum accusationem et
Doctorum, fieri non posse absque senatorum et populi tumultu.[1])
Postea mihi Pater consilium suum indicavit esse, ut me Keisersbergam mittat cum honore, ut sim ibi Gardianus. Praedicatorem
recipere in socium se velle, in nostrum locum positurus suum
socium[2]) et Romanum gardianum Keisersbergensem patria Basiliensem.[3]) respondi ut prius. practica illa tota innotuit Senatui,
incertum quo revelante, qui missis duobus ex primoribus ad
reverendum Patrem postulavit querelarum contra nos depositarum
articulos, quos nisi prius vidissent, non permissuros se Patrum
illorum trium amotionem. redit ad Canonicos Pater reverendus,   **Practicam
Senatus in-**
petit articulos, sed non recipit. ad quintam Pascae denuo senatus   **fregit**
missis duobus petit articulos et testatur, non se passuros nos
amoveri, nisi legitime accusatos et convictos. Perstat Pater in
proposito, dicens, pacis gratia cogi eum, ut nos amoveat juxta
praedicta. respondent missi, senatus nomine, revera senatus consultum esse, ut videant accusationem, alioqui non permittere
amotionem, denique si pergat amovere nos contra eorum voluntatem, jam nunc esse decretum, ut ceteri fratres omnes post nos
de urbe et Conventu ejiciantur. audiens haec Pater reverendus,
arbitratusque, non serio haec dici nec commissione senatus, provocavit ad praesentiam personalem ad senatum. consenserunt Legati,
constitutaque est Sabbati dies sequens, ea conditione ut nos quoque
duo, Praedicator et ego, pariter compareremus, audituri proponenda.
Comparuit Provincialis cum suo socio Joanne Wintzler et confessore, meis hostibus; ego quoque cum concionatore vocati pariter.
Proponebat reverendus Pater ad senatum, audisse se querelas de   **Propositio
Patris coram**
conventu isto per Provinciam, et nunc similes intra urbem audiret,   **senatu**
timerent pericula seditionum in urbe, si hic consisteremus diutius,

---

[1]) Aus dieser Antwort Pellikans erkennt man am besten, welch' guten
Boden die Predigt des Evangeliums bereits unter allen Ständen der Bevölkerung
gefunden hatte; vgl. auch die oben aus Pellikans offiziellem Schreiben angeführte Stelle über Rath und Volk von Basel.

[2]) Der nachher genannte Johann Winzler.

[3]) Aus der Familie Rumann oder Romann. s. Basler Chroniken I, S. 476,
Anm. 1. Derselbe wurde später wirklich Guardian, freilich nur, weil er ein
Basler war. Ueber seine schmähliche Entsetzung s. unten.

peregrinae doctrinae praedicarentur, non sine periculo posse hac tempestate praedicari veritatem[1]), etiam esse in conventu partialitates, quarum nisi una loco moveatur, non esse pacem, omnia se acturum cum nostro honore; quibus consulere meditetur sicut et urbi pro virili, et alia multa mansueta et rationabiliter loquebatur; qua oratione finita, ego quoque loqui jussus, summatum haec dixi:

Responsio mea ad Senatum Scio me diffamatum per Provinciam et accusatum apud reverend. Patrem, ut perniciosus conventui, exosus quoque fratribus, clero et populo ob haeresim Lutheranam, ut timenda fuerit mei et fratrum expulsio, idque reverendo Patri scriptis et dictis relatum; de qua re aliquando Patri rescripsi, nihil aliud me scire, quam me habere gratiosos Dominos et cives, et me sic rexisse conventum, ut abjectionem inhonestam non meruerim, quamquam optem ex animo officio exonerari, ne sim seditionis cujuscunque occasio; optarem tamen scire accusationes, paratus reddere rationem de fide, moribus et regimine fratrum; quod si non accuser vel convincar, paratus sim posthac agere quod prius, quamdiu id Patrum obedientia, et favor Dominorum permiserint. Et praedicator quoque de sua praedicatione loquebatur, pro loco et causa; sic itaque dimittebamur; egressis nobis, retento reverendo Patre, quid illi dixerint nescimus; rediit ad Sorores cum suis praedicator et ego ad locum nostri

Sententia senatus conventus. Ad vesperam, amicorum relatu nobis innotuit, per senatum vocatos quatuor Doctores ordinarios, quibus negata sint in posterum stipendia lecturarum, quae a senatu recipere consueverant, denunciatum quoque confessori in Gnodental Doctori Gregorio, abiret e civitate eorum, sed nec Joannem Wintzler habere vellent, sed utrosque abire juberent intra triduum. Sero autem diei illius reverendus Pater rediens ad conventum quere-

Querela P. Satzgeri batur se contemptum tam a Senatu, quam subditis, me et Prae-
Responsio mea dicatore, inobedientibus ad recessum; respondi solus soli, nolle nos contra obedientiam suam et voluntatem manere, nec aliquatenus contemnere ipsius jussa, sed maliciosis nostris adversariis et invidiosis non oportere credi solum, qui abuterentur credulitate suae paternitatis ad destructionem conventus, quibus sit imputandum, si quid illegitime factum est, nempe ab Heilmanno et Wintzlero;

---

[1]) Sic! Ueber den Wortlaut dieses Satzes und die ganze Rathssitzung vgl. die Einleitung B. 2.

malle quidem me abscedere et quiete frui mea absque officio Guardinatus, sed diffamari ab invidiosis et falsis hominibus sustinere difficile sit, et deserere tam egregium conventum et senatui contradicere tantae urbis in re non inhonesta et pro justitia morum et fidei, non esse consultum nobis, qui tot annis honeste nos gessimus, et juxta verbum Dei et conscientias docuimus, maxime quod certo scirem, quosdam fratres sine nobis in hoc conventu et ordine quoque illo remanere nolle et vix posse, nec velle etiam mutari ad loca alia, ubi minus quieti in conscientia servire Deo valeant, cogendi ad ea, quae contra suam conscientiam agere contingeret: erat enim etiam rumor jam antea, omnes fratres mihi consentaneos mecum quoque expellendos, quorum ego curam habere cogebar. Respondit mihi reverendus Pater, abiturum se absque conclusione visitationis, id quod et fecit. In mensa enim AbitusPatris die dominico Quasimodo, facta fratribus utili et erudita fidelique exhortatione, pacem illis conservandam admonuit, usque ad tempus provincialis Capituli imminentis ad Augustum: querebatur se impediri in suo officio: abiturus jam mihi dicebat, me non esse suum Guardianum, sed senatus Basiliensis. respondi, provolutus genibus: absit, reverende Pater, Guardianus infelix sum non alterius quam vestra authoritate et capituli provincialis, paratus nunc egredi conventum, si iubeat, consiliumque efflagitabam de eo quod mihi agendum putaret, si in certum praesensque periculum conventus et fratrum abire deberem, vel pro honore et salute fratrum et ordinis diutius remanere.[1]) Respondit, tardius nunc posse consilium praestari his rebus, adjiciens, placiturum forsan patribus magis, ut resignent conventum civibus, quam ipsorum instantia velle impediri in. regimine.

Sic est discessum: et haec infelicitatis meae historia paucis descripta sit, ut contigit, et verissime, unde agnoscas, charissime frater, quid mihi in his eventibus fuerit imputandum. Causam ego meam Christo commendaveram, qui eam usque modo tuetur

---

[1]) In dem offiziellen Schreiben redet Pellikan von der heikeln Alternative mit folgenden Worten: «de miserrimo Guardianatu meo expecto ordinationem Dei et vestram. Non sine difficultate possum deserere et non sine maxima molestia sustinere.»

tuebiturque in futurum, ut adsim bonis fratribus cum fide, interimque negligam quid hominibus placeat, cum Dei voluntati et juxta
Dei verbum obtemperare desidero. quod autem accusor, permisisse
me fratribus lectionem librorum Lutheri, et apostatas ab ordine
nutrierim, dico, quod notum est omnibus: plena est urbs Basilea
non solum libris, sed et impressoribus, ut praeveniri non possit
eorumdem librorum lectio, quanto arctius prohibentur, tanto avidius
et ardentius cupiuntur et leguntur. gratia Dei discernere possum
preciosum a vili, verum a falso. Legerant jam Lutheri libros,
antequam Basileam venissem Guardianus. ego curam adhibere stu-
debam majorem residuos conservandi, quam recedentes revocandi,
malo eos foris Domino suo cadere, quam intra Domino, mihi,
fratribus et ordini obesse. Studui eosdem cum residuis crebro
consolari scripturis divinis, hortari, ut libera Domino conscientia
servirent juxta Evangelium, professum in regula. Voluissem votorum
obligationes non aspici tantum sed Domini mandatum, cujus summa
et scopus est Charitas; arbitratus sum satius, paucos servare bonos,
quam plurimos retinere involontarios. Sinistre mihi interpretatum
audio et inversum, quod dixisse me recolo et adhuc dico: Si fratres
in Provincia tota, qui Lutherani habentur, et ea tantum ratione a
Guardianis suis tolerari vix possunt, ad meum conventum trans-
ferrentur, nempe Basileam, et vicissim hi fratres, qui hic odiosis-
sime persequuntur Lutheranos, quos vocant, et inquieti sunt,
reponerentur in illorum loca, passim consuleretur et nobis et aliis.[1]
Verum non patiar ego me Lutheranum dici, ea ratione, qua ipsi
intendunt loquentes. Sacros libros assidue lego, reliquos cursim
legendo gusto; quae bona offendero, amplector, quod inutile et
non solidum, negligo, non curans, quis scribat, nec etiam quid,
sed quam firmiter et solido verbo Dei probetur, interim quoque
attendens, si consonent antiquis Sanctorum scriptis, quibus Lutherana multo minus discordant, quam eis, quos nominamus Scholasticos, potius Philosophos quam Theologos. Scio in his mihi
non dissentire fraternitatem tuam, amicissime Pater, qui semper

Marginalia: Lectio librorum Lutheri
excusata

De Apostatis

Lectionis
meae
studium

---

[1] Der nämliche originelle Vorschlag findet sich auch in dem oben angeführten offiziellen Schreiben, und noch im Jahr 1525 wiederholt Pellikan
denselben dem Kreuznacher Kapitel. S. unten.

maluisti, praedicator multi temporis, devotis et spiritualibus sanctisque authoribus incumbere priscis, quam modernis illis formaliza-
toribus et Scotistis, a quibus semper abhorruisti, id quod ego
tardius sensi, quam placeat modo, licet non tam tarde, quam alii
nostrorum, qui toties admoniti, tam conscientia, quam confusione
hodierna, adhuc altum somnum dormire non cessant. Si perso-
naliter colloqui potuissem, una et altera hora mihi non suffecisset,
pro quibus compensa, quaeso, tempus lectionis harum, si poteris
per otium hoc legere. Basileae 3. Kal. Augusti 1523.

Hanc ego epistolam commisi deferendam fratribus, qui ad
Capitulum mittebantur, a quo nihil vel consolationis vel responsi
relatum est mihi, nisi quod exoneratus et absolutus fui ab officio
regendi fratres, in quem locum repositus est quidam Romanus, Substitutus mihi in offi-
qui fuerat Gardianus Keisersbergensis. Is fuerat olim annis multis cioRomanus nomine
Basileae confessor primorum civium et matronarum, homo prorsus
indoctus, ut in tota provincia indoctior Gardianus non fuerit, et
homo ventrosus, non semper bonae famae. eum, quia plurium
civium favorem habere videretur, [1] in locum meum statuerunt,
qui et veniens benigne me tractabat, commissione Patrum, qui me
sinebant agere, quae agebam. Jam enim in scola Theologorum
praelegebam Genesim, loco Mauricii Doctoris, et praemium laboris
mei [2] permisi ad victum et necessitatem fratrum conventus, nihil Praemium laboris mei
ego ad meum usum ordinans, unde et gratior eram Guardiano.
Verum occultis modis satagebat mihi reddere quosdam civium
inimicos, sed excellebat semper amicorum multitudo; jactabat se
mentiens, ea ratione positum in illud officium, ut praedicatorem
et me expelleret cum tempore. sed Domino partes nostras tuente,
ante finem anni magna contumelia non solum ipsius et justa, sed
conventus ipsius et fratrum dedecore, quale in 50 annis nunquam Scortator Romanus
tulerat, equidem turpiter deprehensus est, in cellam et locum
hospitum intromisisse scortum, ubi et in facto deprehensus, a toto

---

[1] Einen Andern hätten sie gar nicht zu schicken gewagt.

[2] Die dem Fininger entzogene und Pellikan zugewandte Besoldung muss
keine unansehnliche gewesen sein; wenigstens sagt Joh. Fabricius a. a. O.:
«inter primos P. Basileae sinceriorem docuit theologiam, prudentissimo civitatis ejus Senatu factum hoc longe pulcherrimum non adprobante modo, sed
manifico insuper prosequente stipendio.»

conventu fratrum provinciali accusatus et depositus, ad alium locum mutatus et carceri mancipatus, mercedem recepit suae perfidiae, qui eo ipso facto improbo melioribus fratribus infamiam inurere paraverat, quam ipse justo Dei judicio tulit. In ejusdem locum missus est anno 24 alius Guardianus, vir bonus et doctus, Mathias Meysenbach: is in mandatis accepit, ut praedicatori et mihi gravis non esset, sineret agere, quae ageremus; negaret nihil honestum factu; quod et fecit. Pergebat praedicator Evangelium praedicans, ego in lectura mea cum Oecolampadio, vicissim legentes in schola theologica, quae coeperamus, et finivimus quoque, ipse Isajam, ego Genesim, ipse subinde Epistolam ad Romanos, ego Parabolas Salomonis, per annum illum 23 et vicesimum quartum usque in vicesimum quintum. Veniebat quotannis pro more Provincialis Minister qui tunc erat is Pater Alexander Molitoris, cui scripseram epistolam, et inter visitandum paterne et amice tractavit, utrosque me et Praedicatorem. Jam autem tertius frater Johannes Kreis [1]) accepta licentia a Provinciali, eo tempore dum Satzgerus tragoediam experiretur, intercedente patre pro filio et matre, cujus auxilio indigerent, eum, qui contra voluntatem parentum dudum frater fuerat Basileae factus, organista egregius, iterum repetitus, et Deo magis obedire volens ac parentibus egentibus quam Guardiano, abierat Argentinam cum parente, ibi et magister ludi factus, Domino servivit sanctius et parentibus est obsequutus multis annis, donec ibidem ad S. Nicolaum obiit anno 1541, qui mihi filius et frater fuit omnium charissimus, egregius scriba, homo dexter et sanctus.

Quamquam vero mihi Guardianus ille [2]) tunc meus faveret, erant tamen fratres quidam laici: culinarius et cellerarius mihi hostiliter infesti cum aliis paucis; timuerunt ergo vitae et periculo meo viri boni, in primis Adam Petri [3]) cum sua uxore, qui mihi

Marginal notes:
1524
Mathias Meisenbach
Joannes Kreis
Hostilia passus

---

[1]) Der oben angeführte Viceguardian.

[2]) Meysenbach.

[3]) Für Petri war Pellikans Leben schon deswegen von grossem Werth, weil der uneigennützige Mann beständig für ihn arbeitete. Dass die drei zu Ende des Jahres 1523 bei Petri erschienenen Ausgaben von Luthers Pentateuch (s. Metzger a. a. O. S. 47 ff.) unter Pellikans fleissiger Mitwirkung zu Stande kamen, zeigt uns der Brief Pellikans an Thomas Blaurer vom 12. Dez.

toto vere ultimo anno quotidie cibum et potum mittebant, quem Consolatus a piis
sumebam non cum reliquis fratribus, qui jam egere incipiebant,
quia nova temeritate et stultitia cives, fautores omnes valde irri- Nova stultitia fratrum non sanor.
taverant, anno 24 to in februario, quorum numero plus quam 70
optimi et divites cives; maxima pars illorum de senatu erat, cum·
ipso Consule tribuno plebis; hi omnes suo et. aliorum amicorum
nostrorum civium nomine rogabant, ut pro tot horarum cantionibus Civium postulatio
et tot Missis dignaremur ordinare, ut hora 8. quotidie haberetur
per horam dimidiam sermo, ex sacris litteris novi Testamenti [1])
in nostra ecclesia, quae prae aliis ampla esset, et in corde civitatis commode sita. Guardianus et reliqui fratres responderunt,
se deliberaturos super hac re, quid facto illis sit opus. Ego,
Praedicator et quidam alii, praedicatores docti et boni, consenserunt Consilium nostrum sanum
et sese obtulerunt sponte facturos postulata, tam sancta, tam con-
formia regulae et votis S. Francisci, tam levia factu, tam bonis et
optimis amicis, quorum eleemosina nutrietur conventus, quibus
offensis extrema immineret egestas et hostilitas quoque; praevaluit
in uno et altero juvene medietas votorum eorum, qui nollent ac- Votorum excessus impius et infelix
quiescere, quod videretur esse Lutheranum, praedicare diebus pro-
fanis, consilium captandum Provincialis Ministri, qui ad illud con-
sentiret. id me male habuit votum et decretum, ideo statim dixi: Sententia mea ad fratr.
quandoquidem vos fratres tam sanctis et levibus precibus ami-
corum vestrorum acquiescere recusatis, posthac ego vestrarum
necessitatum patronus non ero, pro vobis nihil rogabo, quae pro
laboribus meis dantur pecuniae, ad meae vitae sustentationem
usurpabo, vos posthac videbitis, quomodo sitis nutriendi, et qua

---

1523 (abgedruckt von Geiger in den Jahrbb. für deutsche Theologie 1876,
S. 215 ff.), wo es heisst: «contuli Lutheri *nostri* translationem germanam et
vehementissime placet, ut minor posthac necessitas sit investigandi hebraicam
veritatem nisi textum praeceptoribus.» .Da Pellikan dazumal über die Genesis
Vorlesungen hielt, lag diese Arbeit ihm nahe.

[1]) Diese löbliche «Initiative» der Bürgerschaft wird wohl zum grösten
Theil eine Folge der Farel'schen Disputation gewesen sein, welche in jenem
Monat Februar der bischöflichen Curie und den «Regenten der Universität»
zum Trotz vom Rath war erlaubt worden, und von der Ryff (Basler Chroniken I, S. 45) sagt: «es kam ouch vil gutz dorvon, es giengen ouch vil
seckten und ceremonien ab, es endstunden ouch viel cristlicher lerer dovon uff.»

gratia populi et amicorum civium sustentandi. Et ab eo tempore coepi amplecti cibum, qui mihi deferebatur ab amicis, ut dixi.[1]) Audientes vero amici nostri omnes malevolentiam fratrum, versi

Cives inimici facti fratribus sunt ad unum in inimicos, jurantes nihil posthac eleemosinarum largituros, ut alias fecerant. Sic autem restitit anno 24 to.

1525 Sequenti anno, qui erat 1525tus, celebrandum erat Capitulum provinciale in Crutznaco oppido, et licet noster Guardianus vir bonus erat, sed civibus ingratus et austerus, qui causa fuerat negati sermonis quotidiani, et rigidus contra alios Lutheranos, ego tamen haerebam in officio jam duobus annis legens Theologiam et multas devorans a fratribus molestias et timores, tandem imminente Capitulo provinciali, ad Dominicam Jubilate, ad Patres Capituli, cui

Epistola ultima ad patr. Minoritas praeerat Alexander Molitoris, hanc transmisi epistolam ultimam, nondum cogitans de deserendo Ordine quidquam. Cujus epistolae copiam ego ipse mihi rescripsi, in testimonium causae meae, quam vobis quoque filiis meis legendam, et ubi necesse fuerit, defen-

Discessio mea non levis sandam adscribo, ad rei memoriam, ne levis et perfida videri possit ab aliquo mea discessio, quae postea subsequuta est, Domino ordinante.

Epistola Reverendis Patribus Ordinis Minorum, in Conventu Crutznacensi congregandis ad Dominicam Jubilate, Spiritum sapientiae et pietatis precor ex animo et salutem in Domino. Requisitus fui

Professio nova requisita nuper ego a meis Conventualibus Patribus et fratribus, qui fuerant jussi audire querelas contra Guardianum, ut moris est. et contra morem, subito, nihil tale cogitantem me adigere conabuntur, quasi ad novam Ordinis professionem, nescio qua id authoritate vel inductione tentantes, forsitan cupientes me hac occasione expellere nolentem. Respondi ego statim, hac de re me vobis meis Patribus provincialibus scripturum, id quod nunc extrema necessitate com-

---

[1]) Gegen den Gedanken, das Kloster gänzlich zu verlassen und das Ordenskleid abzulegen, kämpfte der gewissenhafte Pellikan fortwährend. Einige Wochen nach Ostern 1524 schrieb er an Capito (Simler'sche Samml. Original in Strassb.): «Ego, si omnibus inimicis meis et evangelii osoribus et plane impiis, ut apparet, gratificari cuperem quam maxime, cucullam rejicerem, id nempe plurimi etiam Patrum meorum maximopere cuperent.» Es scheint ihn von diesem Schritt somit auch die Furcht abgehalten zu haben, derselbe könnte von den Katholischen zu Ungunsten des Evangeliums ausgebeutet werden.

pulsus, vere, fideliter et serio sum facturus, obsecrans eam hanc meam epistolam legere dignemini, et quid porro facto sit opus diligentius cogitare, sic enim exigit temporum, causarum personarumque conditio. Imprimis a multis audio, Ordinem et fratres propter me non parum per Provinciam confundi, ut dicunt, tam a Lutheranis, quos vocant, quam ab aliis, illis quidem me tanquam Lutheranum opponentibus fratribus mendicantibus, exhortantibus et contendentibus, ut ipsi quoque me aemulari debeant et veritati adhaerere, istis vero, eadem ratione invadentibus eos improperiis et eleemosinam ea potissimum ratione negantibus et odientibus, quia me Lutheranum hactenus sustinent, et non ut excommunicatum et haereticum carceri includunt vel sacrificant, ut loquuntur. Quin et dicuntur Episcopi quidam Domini, improperare patribus ordinis, quasi per me promoveatur negotium Lutheranum, in damnum ipsis non modicum, quasi fontem earum rerum putantes hunc nostrum conventum Basiliensem, ubi ego impressionibus librorum invigilo et secreto agam omnia. Praedicator autem, Joannes Luthardus publica praedicatione instet fortiter; sed et jam diu accusor apud Patres Provinciae, quasi apud senatum Basiliensem sollicitaverim ad id, ut ab hoc loco amoveri nequeam, ob idque videar a vobis indignus omnibus officiis ordinis; de quo tamen tantum abest, ut trister, quin gaudeam multum et gaudebo semper, hujusmodi vestris officiis tandem liberatus; jam nunc non dubito mihi aeque imputabitur, falso licet, ablatum regimini vestro monasterium S. Clarae in Gnodental; audio quoque fratres dolere quod in Leonbergensi Capitulo non fuissem vel incarceratus vel omnibus exautoratus officiis et honoribus; denique nunc etiam dolere, quod in Capitulo Lantshutensi conventus noster Basiliensis non fuerit, juxta aliquorum consilium, resignatus et excommunicatus a provincia, quin et audio venerabilem et ex vobis optimum virum Patrem Caspar Satzgerum male audire passim a ceteris quibusdam magnis Patribus, quia me amaverit, et pro viribus defensarit, nec aliorum insaniae consentire voluerit.[1] Ex quibus intelligo me haberi a vobis ut pestem et venenum Ordinis, non

Marginalia: Confusio ordinis propt. me conquesta

Marginalia: Episcopus Argentinens. Guilhelmus

Marginalia: Ablatum monaster. Gnodental

---

[1] Schon in seinem offiziellen Schreiben an das Landshuter Kapitel hatte Pellikan erklärt, er kenne Satzger als « minime superstitiosae fidei. »

solum provinciae; omniumque apostatarum vestrorum fratrum in provincia reus habeor et diffamor; amici in provincia fratres me defendere non audent, qui mei quoque causa odiuntur. Inter fratres multos nostri conventus experior in dies magnam cordium amaritudinem et invidiam, quamlibet non cessarim interim eis benefacere, modis quibus potui omnibus. Periclitor inter malevolos fratres non modicum de fama et vita, qui me ut excommunicatum habent, fatentur publice, accusant, traducunt, diffamant, omne malum mihi imputant, paupertatem, quam hactenus nullam senserunt, mihi ferunt acceptam, proscindunt me multis mendaciis, cogor audire jugiter eorum obmurmurationes contra bonos viros, qui me diligunt et accedunt; videntur magnopere desiderare, ut abeam, et eos deferam, existimantes, se melius habituros, propter me sibi eleemosinas subtrahi querulantur, qui sine me, credo, miserrime vivere potuissent. Si in alium conventum mutari consentirem, bone Deus, quid. mihi contingeret? qua cordis pace et spiritus libertate vivere possem, agnus inter lupos, vel ut ipsi dicunt, haereticus inter zelosissimos Papistas. Interim non pauciora patior ab alia turma virorum bonorum, qui ferunt aegerrime, me tamdiu contra conscientiam, ut ajunt, et verbum Dei cohabitare cum hypocritis, fovere hypocrisim, defendere impietatem, pluris habere vota humanitus instituta, quam praecepta dei, ex eleemosinis vivere, quam laboribus. Sunt, qui jam dudum et ante triennium et usque nunc spondent vestes, mensam pro tota vita mea, etiam praebendas et parochias; interim legere non obmitto omnia tum Lutheri tum aliorum utriusque partis Scripta diligenter, totusque sum in sacris literis legendis, die noctuque, invenioque subinde fortissima esse scripta contra abusus doctrinarum et morum hoc nostro saeculo in omnibus statibus, ut sine magnis abusibus nihil liceat inveniri, quae hactenus sine verbo Dei docuimus vel operati sumus: contraria vero, quae proferuntur, mihi certe videntur et pluribus quoque mecum inconstantia esse, debilia, dubia, humana. Rebus itaque meis sic nunc stantibus, cum tantae sint querelae vestrae atque vestrorum contra me, vicissimque tot producere possum causas contra vos vel ordinis fratres, interimque hujusmodi lectionibus instructus et persuasus, eo animo esse cogor volens nolens, ex vobis audire cupio, quid consilii mihi dare pos-

Marginal notes:

Periculum in falsis fratribus

nolle mutari in alium locum

Judicium de nova doctrina

sitis: non audeo requirere vestram sententiam, quid multi vestrum, si non omnes, loco meo positi facturi essetis, quandoquidem aliud agere non possum, quam agam vel egi, nec poenitere potest verbi vel facti tot annis, etiam si crastino moriturus, divinum tribunal me subterfugere non posse certissime credam, secus enim agere non possum nec debere scio, quam ut hactenus egi; non igitur invenio mecum aliud consilium, quam ut prudenter locum meum non deseram, asylum mihi innocenti a Domino Deo provisum, Basileae gratus amplector, ut non patiar volentem me transferri in alium locum vel conventum, ubi ut perniciosus habitus, omni essem fratrum odio persequendus et extremis suppliciis afficiendus, sine aliqua spe melioris status, pacis meae et confratrum meorum qui mecum sunt, qui etiam nunc quoque optare cernuntur abitum meum, ut dixi, et quibus possunt cuniculis moliuntur, ut extrudant. Si itaque Paternitates vestrae conventum Basiliensem resignare voluerint et pro membro deplorato habere, in eodem tamen ego manebo, more meo vivam, ut sine confusione Ordinis posthac propter me, reliquis conventibus esse possim (utilis), quantum fieri potest: vivam autem ad beneplacitum non solum Domini nostri Jesu Christi, si gratiam ad id largietur, sed et Sancti Francisci, nempe sine privilegiis omnibus sedis Romanae, sine inutilibus vel perniciosis traditionibus humanis, non tamen ad libertatem carnis, sicut nec hactenus me vixisse satis scitis, quotquot ab adolescentia mea per XXXIII annos consuetudinem meam noscere potuistis, sine omni labe vitae et famae, quantum attinet ad humanum judicium, ut nec inimicorum meorum in hac re testimonium subire verear, quod certo sciam nihil contra publicam honestatem, nihil contra regulam, nihil contra statuta me notabiliter unquam gessisse; sic posthac juxta Christi regulam me victurum spero. Quod si diutius elementa mundanae justiciae, ceremonias parvu- lorum et infantium illactementa non tulero, nemo succenseat, quandoquidem tot annis non nihil virilitatis et judicii accreverit literis assueto sacris, ut nolim infantium schola et institutis pueri- libus perpetuo detineri, et nimium tardos coaetaneos et contuber- nales in via Dei morosos condiscipulos morari diutius non debeo neque volo, Domino volente. Si vero consentaneos ejusmodi fratres, quos multos in provincia tota sentitis, associare mihi

confidentia ex publica conversat.

extrudere satagunt

fama integra

Profectus ad solidiora

volueritis in hunc nostrum Basiliensem conventum, quos vos ceu
Lutheranos molestissime fertis et ut projectamenta ducitis, immo ut
perniciosos persequimini, adversarios denique meos si e conventu
amovere vultis in illorum locum, sentietis prope diem, si deus
voluerit, fructum meo judicio sanctum et bonum, sed et utilem
vehementer, de quo olim sitis haud parum gratulaturi, si quando
agnoscendae veritatis gratiam fueritis asequuturi, ex renovatione
Christianismi per verbum Dei purum et solum, propediem con-
spicienda in omnibus statibus; instat enim non solum religiosorum
monasticorumque, sed et totius Christianae totius Reip. reformatio,
quam nec vos nec universus ordo papisticus poterit impedire,
omnibus suis molitionibus, quin longe facilius pariter involvemini,
quam hujus fluminis impetum cohibere possitis, contra robur et
firmitatem verbi Dei et zelum praeconum ejus, quibus facile est
et erit, ad mortem usque decertare et opus Evangelii propagare
per orbem universum. Quodsi conventus Basiliensis curam ac
regimen asservare et manutenere placuerit, atque meam conditionem ferre aequanimiter poteritis, ac simul diligentius curaveritis,
ut in pace perseverare mihi liceat, et esse tranquillum, ut verbo
Dei insistam liberius, facta translatione fratrum quorundam, diutius
feram reliquos et quicquid ferendum erit; amanter, pacifice, ac
utiliter cum illis conversari non rennuo, modo in conscientia mea
non graver, vel obmittere coactus, quod conscientia agendum
docet et verbum domini, vel agere compulsus, quod vetat Deus.
Diligo enim fratres et ordinem, dilexique semper; licet parum
nunc diligar, nunc enim vobis impius sum et stultus, qui nuper
doctior habebar et bonus, cum idem fuerim semper et hodie,
praeter divinae legis amorem, quae mihi nunc clarior quam ante
effulget. Fratrum ergo sodalitatem non gravatim feram, si me
ferre voluerint. Sin minus id placeat, et vos curaturi non sitis,
quae futura sint videbitis una mecum, quod nunc futurum nescio.
Quae enim timor Dei et honestatis amor in tempore suaserint,
et deus ordinaverit, cui ego sum curae, de crastino nihil sollicito,
pariter sciemus; sic enim libera vivo conscientia, ut quicquid difficile etiam pro fratrum charitate servandum sit, alacriter feram,
si modo pietati et verbo Dei minime adversetur, atque vicissim
sic parvi facio humana instituta omnia, in verbo Dei non vere

Marginal notes:

Christianismus reformandus

Constantia pie Doctor.

Mutatus favor

De crastino non sollicitandum

fundata, ut quicquid hujusmodi est, sine conscientiae scrupulo valeam pro loco et tempore obmittere, quin et contemnere, si quispiam mihi talia ut necessaria ad salutem obtrudere pergat. [margin: libertas christiana]

Si enim habitus Ordinis et institutum monachicum cedere poterit in gloriam Dei, non gravabor ferre assueta jam dudum, imo ut id fiat, maxime cupio; sin aliter, certe talibus praeponam Dei gloriam, et evangelicae veritatis promotionem omni sensui meo, carni quoque et sanguini; quandoquidem hactenus nihil pro vita temporali mihi defuit, observantia regularis molesta non fuit, interim tamen malo a vobis exul haberi, quam a Christo, qui veritas est et justitia viaque salutis. Utcunque autem acturi sitis cum nostro conventu et mecum, nolo vos nescire, famam esse nobiscum certam, in omnibus Helvetiorum civitatibus ejiciendos esse Fratres conventuum eos, qui ibidem non fecerunt professionem, vel, ut ajunt, non sunt conventuum filii, nullumque recipiendum sine senatuum concessione. Id ipsum quamvis apud nos nondum decretum audiatur, grandis tamen est metus, futurum id quoque nobiscum. jam enim quaedam monasteria id sunt experta. et quod auditis de Gnodental, ut sit ordinis regimini subtractum, id etiam interim contigit de tribus aliis monialium monasteriis, ut senatus consulto posthac nullus ex ordinibus eisdem praeesse debeat.[1] Est autem fama, ut maximam hujus rei dederit occasionem frater Romanus, nobis Guardianus nuper intrusus, vafer et perfidus, quem talem qualem noveratis praefeceratis antea sororibus in Gnodental, ego huic rei causam vel calcar nullam praebuisse me scio, licet, ut verum fatear, si patrum observantiam rejicere hactenus voluissem, vel habitum mutasse, credebar illis praeficiendus sororibus, pro quo fui tentatus etiam a primoribus, sed et nulla spes mihi superest quacunque via denuo obtinendi regimen Sororum illarum, eo loci. Longe facilius credo, omnia monasteria expiratura et evacuanda, [margin: Ejiciendi fratres extranei] [margin: Gnodental subtractum regimini ordinis tum.] [margin: Monasteria expirabunt]

---

[1] Prediger und Confessor von Gnadenthal wurde Stephan Stör aus Diessenhofen, dessen namhafte Bedeutung und wechselvolle Schicksale noch immer einer eingehenden Würdigung harren. S. über die ganze Angelegenheit mit den Nonnenklöstern den Bericht des Karthäusers Georg (Basler Chroniken I, S. 388), der mit der bittern Ironie schliesst: «o quam bene fuerunt illae sorores provisae;» als ob die Nonnen mit einem Romanus so sonderlich gut wären versorgt gewesen! (Ueber Stör s. Einl.)

quam ut reddantur monàchis quibuscunque. Si quis vobis aliud suggesserit, frustra credetis, sed jam saepe expertus sum consilia mea parum placuisse vobis, quod vobis nunc ipse displiceam. In

Finis non expectatus nomine domini credo, comesturos vos prope diem fructus consiliorum vestrorum, ut sero tandem dentes obstupescant, et tum in integrum collapsa restituere tandem cupietis, cum minime valebitis. Vos itaque persistite in placitis vestris, donec visum erit, Patrum inhaerere vestigiis, privilegia Papae contra Sancti Francisci testamentum mordicus tenete et implorate, sedis Romanae constitutiones

abusus in ordine vindicate, et sola mendicitate vivite otiosi, ut hactenus, donec licebit: ego contendam pro viribus pervenire cum gratia Dei, quo me perduxerit verbum Dei, quod solum manet in aeternum. Consilium cordis mei et spiritus sincere veraciterque in hanc chartam prolapsum oro, boni consulite, factus forsan vobis insipiens, sed professionis meae, mihi dénuo injunctae necessitas ad id me coegit. In retentione Patris Guardiani partem non habeo, nam et proximo

De retento in offioio guardiano ultimo Capitulo Lantshutensi fratribus significanter de eo viro scripseram,[1] ne mitteretur Gardianus nobis, non quod malum virum credam, vel cui non possim sponte subesse cum omni reverentia et pace, sed quod audieram prius eum in Wyssenburga parum feliciter promovisse: cujus etiam specimen in primo capitulo suo nobiscum exhibuit, dicens, ob id se nobis missum Gardianum, ut collapsa restauret et novam illam sectam Lutheranam dejiciat et eliminet, coepitque aliquot sermonibus agere verbis parum ad charitatem et pacem profuturis, verum admonitus amice a toto conventu destitit; pro mea certe persona alium vix optarem Praelatum, sed ingenium ejus vereor, quo diffiçile quicquam dissimulare potest ad quoslibet, id quomodo hoc seculo et nostris hominibus sit ferendum non video. Satisfuerit hac de re denuo monuisse Paternitates vestras, quas in spiritu Christi cupio omnia feliciter ordinaturos, in quo valete semper feliciter et hanc sive piam sive stultam, certe non insynceram meam sententiam bono animo suscipite,

---

[1] In dem oben angeführten offiziellen Schreiben Pellikans an das Landshuter Kapitel heisst es deutlich: «Wissenburgensis Guardianus mihi omnium ineptissimus huic loco videtur; si dabitur homo incircumspectus periclitabuntur fratres et conventus.»

obsecro, et ad neutram partem plus justo propensiores incumbite, de quo vehementer vobis timeo, quod paucos vel nullos vobis velitis admittere, qui de Lutheranis rebus clare et solide loquuntur, ideoque vobis omnia longe tutiora somniatis, quam sitis post breve tempus experturi, cum irrevocabili damno.

Ex Basilea, die Palmarum, anno 1525. Vestrarum Paternitatum qualiscunque vobis videar filius, certe sincera conscientia frater in Domino. C. P. R.

Pro hac quoque Epistola nihil responsi accepi, sed rediens Responsio Guardianus totus mihi erat benevolus, aliis dicens, commissum sibi a Patribus, ut sineret me agere, quae agerem, quamdiu nihil toleratu indignum committerem.

Eo anno 25. Ecclesiasten legi, et Frobenio rogante et coacto Ecclesiastes ad novae Plinianae editionis inventarium,. quod aliorum nemo Inventarium in volebat tentare, ab eodem passus sum me adigi, ut novum indicem Plinium pro impressione ejusdem anni conficerem multo labore, quando aliter quam factum est tunc, tempore urgente fieri non potuit, similiter eodem anno in omnia opera divi Hieronymi, aliter et Inventarium in majore litera edita, quando Oecolampadii index non amplius qua- opera omnia Jeronymi. drabat ad hanc editionem secundam, per hiemem ultimam quam Basileae ad initium anni 26. absolvi, indicem novum fusissimum magno labore.

Ejusdem anni 1526ti initio, in die Sancti Stephani[1]) epistolam Huldrici epistolae accepi a sanctae memoriae viro imcomparabili, Huldricho Zwinglio, perditae ar- gumentum qui nomine senatus Tigurini et Deputatorum scribebat, obiise eximiae eruditionis virum Jacobum Ceporinum[2]) qui hebraea praelegerat in ordinaria tunc instituta lectione et biblica, suadebatque et orabat enixissime, ut intuitu veritatis et ecclesiae Tygurinae necessitatis non difficultarer mutare conditionem meam in longe sacratiorem et tutiorem, quam antea fuisset; sciret quidem, se rem a me maximam petere, sed quam conscientiae meae et Deo et

---

[1]) Mithin nach unserer Ausdrucksweise am 26. Dez. 1525.

[2]) Ceporin oder Wiesendanger war unmittelbar vorher, am 20. Dez. 1525, gestorben. Metzger (a. a. O. S. 67) lässt irrthümlich Ceporinus und Pellikan in Zürich zuerst neben einander in der «Prophezei», wie Zwingli seine collegia philobiblica nannte, thätig sein.

Domino nostro Jesu Christo et ejus ecclesiae me scirem debere, orabat ne abnuerem eam, quam a Deo, eo ipso, vocationem agnoscerem ad nihil aliud, quam ad verissimum Dei cultum, ad verbi divini tractationem, et ad gratiae mihi collatae reddendum pro viribus fructum, quo ipsi carere non facile possent. Ego vocationem istam stupidus considerans et me imparem sciens et cogitans, jamque assequutus vocationem praelegendi sacra in universitate Basiliensi, cui sine querela saltem satisfeceram jam triennio, respondi *Responsio mea ad* per literas[1]), dubii me animi esse, tum quod Dominis Basiliensibus *Zwinglium* astringebar[2]), tum quod sufficere votis Zwinglii me non posse timerem[3]), rogavi, ut clarius scriberet, quid mihi faciendum pro officio foret; interim consilio amicorum requirendo vellem investigare, quid opus, et si possibile esset fieri, quod alioqui satis animo arridebat. ostendi epistolam et vocationem amicissimis meis amicis *Jacobus Meyer* et Dominis, Consuli Jacobo[4]) et reliquis multis, optans scire, quid facto opus judicarent mihi et honorificum foret, et quid mihi subinde scribendum Tigurinis, si me vocare persisterent. Suaserunt *Vocatio probata* amici mei omnes, ut non detrectarem vocationem istam, quando adhuc tardius proficiebat Basileae reformationis institutum[5]), et ego

---

[1]) Dieser Brief ist auf der Kantonsbibliothek in Zürich erhalten. Er trägt das Datum die Innoc. 1525, ist mithin sofort nach Empfang der Anfrage geschrieben. Wir ersehen aus ihm, dass Oekolampad — vielleicht nachdem er selbst abgelehnt hatte — von den Zürchern beauftragt war, Pellikan für sie zu gewinnen. Hören wir, wie Oekolampad das anscheinend Befremdliche dieser Mission selbst erklärt (Oecol. et Zwingl. epist. Dez. 1525): «Cum Pellicano egi diligenter, ut cognosces ex ejus litteris, mallem eum hic manere, sed excucullatum. Si hanc conditionem detrectabit, non video, quomodo unquam superstitiosa illa secta liberetur. Sed habebitis hominem eumque non poenitendum ac tractabilem, quem invitus hic amitto, sed malo eum agere bona conscientia isthic, quam hic superstitionis patronum.»

[2]) In dem Briefe selbst steht: «Basileam satis adamavi et amo.»

[3]) «Sum enim homo impeditionis tam linguae quam ingenii, ut nihil magni ausim de me unquam polliceri.»

[4]) Ueber den trefflichen Jakob Meyer zum Hirschen vgl. Basler Chroniken I und Ochs, Geschichte Basels V, S. 313; 434; 449; 632.

[5]) Bekanntlich liess in Basel die Entscheidung besonders lange auf sich warten (vgl. Herzog und Hagenbach in ihren Biographien Oekolampads); damals nun, an der Jahreswende von 1525—1526, war die Sachlage für die Freunde der Reformation besonders kritisch, s. Basler Chroniken I, S. 404;

inter fratres tutior esse diu nequirem,[1]) sed periclitarer in dies
inter fratres falsos et dissidentes. Et statim secundis literis Zwinglius ardentius vocat et instat, ut pro nulla ratione venire recusem,
placere sibi meam trepidationem de mea insufficientia, omnem
studiosorum coetum optare et orare meum adventum, habiturum
me quotannis Canonicatum 70. vel 80. florenorum, et vacantias
quasdam, ut sit labor tolerabilis. Sic autem scribebat. Charissime   Epistola 2a
                                                                      Zwinglii
Pelecane! dici non potest, quantum hilaritatis hauserim ex tuis   ad me
literis, quibus sentio te ad nostram petitionem non nihil propendere;
satis est, te tanto tempore in carcere humanarum tenebrarum
delituisse, tametsi non ignorem, ubi, ubi sis, ibi lux sit. Scis enim
cui credidisti[2]); alacriter aliquando lux est contuenda tibi; quamdiu   Hypocrisis
enim pectus sibi quidem probe constat, hypocriseos autem vestitus
aliud mentitur, ipsi nobis nimirum sumus conscii, quo animo
conscientiam audiamus adcusantem et defendentem.[3])   Tu igitur,
optatissime homo, nequeo enim calamo et per epistolam prosequi,   Exoratio
quam tu nobis omnibus unus in votis sis, quamque urbs ista, quae
te deperit, tibi sit moribusque tuis commodatura, velis ac remis
ad nos propera.   Quid enim tibi multa pollicear, qui te experiri
omnia non tuo, sed meo periculo cupio? Per deum loquor, cujus
et causa loquor, nihil aetati tuae[4]), nihil studiis, nihil humanitati
evenire accomodatius posse quam Tigurum. Conditio vero haec   Conditio
est. Leges quotidie hebraice certum aliquem modum: Exodum nunc
ordimur, nec praeterea quicquam tibi oneris imminebit; annuus
proventus meo aequalis est:[5]) sexaginta aut septuaginta florenorum,

---

die Mehrheit des Rathes stand unter dem Einfluss der Altgläubigen, so dass
Pellikan fürchten musste, es könnte seine Lehrthätigkeit an der Universität
am Ende doch nicht mehr von langer Dauer sein; «subsunt causae,» schreibt
er an Zwingli, «non sperandae diuturnitatis in opere meo;» jedenfalls wisse
er, dass der Rath keine Versuche machen werde, ihn in Basel festzuhalten,
und dass auch Oekolampad lieber nach Zürich käme, als inter tam cunctabundos
frustra clamare et vivere.

[1]) Pellikan selbst hatte an Zwingli geschrieben: «imminuitur in dies
numerus fratrum Christianorum in coenobio meo.»

[2]) 2. Timoth. 1, 12.

[3]) Römer 2, 15.

[4]) Pellikan hatte in seinem Brief an Zwingli u. A. auch seine 47 Jahre
zu bedenken gegeben.

[5]) Nämlich, wie oben gesagt, die Einkünfte einer Chorherrenstelle.

promissa et servata aut fortasse octoginta, domus elegans, atque oportunissima; Oecolampadius et Hätzerus[1]) viderant eam. Per omnem vitam nemo te expunget, nisi tanta utaris petulantia, ut ferre nemo debeat; jocor, nulla enim aegritudo, morbus nullus, nihil penitus malorum tibi poterit accidere, quod hanc conditionem infirmet. Vacationes tres sunt, quae plus quam mensem si jungas longae sunt. Feriae, dominica dies et aliquot alii, ut putem quartam anni partem vacationi patere; rem domesticam, si ipse curare statueris, praesto est domus, ut diximus; sin minus, apud alios eris, donec tibi res tuae commodent, atque ego ipse tibi meas aedes patefacio, ingredere, **Cucullum** exi, ut lubet, omnia in tua erunt potestate. Cucullae ridentur apud nos, sed si perpetuo utaris, prorsus autem nihil, si adferas ut ponas; cucullato autem tibi veniendum est ad nos, propter instantem tumultum tyrannorumque improbitatem, non apud nos, sed apud alios saevientem. Scio tibi non magna esse promittenda, qui mediocribus pro maximis uti didicisti, sed me totum tibi promitto cum bonis et doctis omnibus. Senatus vester si quid abitione gravabitur, indica qua ratione senatus noster debeat epistolam ad vestrum temperare, atque operam dabimus, ut per ejus petitionem tibi permittatur, quod alioque negaretur. Orant te Leo, Myconius, Jo. **Amici constantes ad mortem usque** Jacobus Ammianus, Rud. Collinus[2]), Megander, omnes ne te ulla ratione retineri patiaris. non ignoramus, quid chalcographi tenturi sint[3]): verum tu lucrones istos nihil moraberis. Vale. Tiguri,

---

[1]) Ludwig *Hetzer* (vgl. Basler Chroniken I, S. 45, und Metzger a. a. O. S. 79 ff.) war ebenfalls von Zwingli beauftragt worden, auf Pellikan einzuwirken. Ueber seine Erfolge schreibt er unter dem 30. Dez. 1525 (s. Simlerische Sammlung) an Zwingli Folgendes: tuo nomine locutus sum hodie cum Conrado Pellicano, quam potui officiosissime. Narravi commoditates aedium, item desiderium omnium bonorum virorum, qui apud vos multi sunt, interim etiam aptam occasionem, qua a superstitioso cucullo liberetur. Pellikan habe ihm erklärt, er wolle den ihm zwar sehr erwünschten Ruf doch nur dann annehmen, wenn kein Gelehrterer sich finde. Er halte jedoch eben den Pellikan für den Gelehrtesten.

[2]) Zwinglis Begleiter zum Marburger Gespräch.

[3]) Wie sorgfältig Pellikan fortwährend für die Basler Buchdrucker arbeitete, wie er z. B. für jede neue Ausgabe, die Petri von Luthers Psalter veranstaltete, die Verbesserungen der neuesten Wittenberger Drucke nachtrug, darauf macht Mezger, der gründliche Kenner all dieser Editionen, a. a. O. S. 49, aufmerksam.

12. Januarii MDXXVI, i. e. quo te Dominus vocat, H. Zwinglius, totus tuus.

Ad eam epistolam statim respondi, sperare me dimittendum a senatu, sed propediem tentandum; placeat functionis ratio et officium, de reliquo nulla mihi cura, sed Deo, qui me sit directurus. non sexaginta florenos petiturus, modo in tali ecclesia mihi et cum talibus viris vivere liceat; etiam de sedecim posse me vivere. Eam epistolam Zwinglii legi Guardiano meo, addens: quid Pater Mathia tibi faciendum putares, si in eo, quo sum ego, statu cum Patribus et fratribus constitutus, talem haberes vocationem? respondit vir non malus: non mihi licet ad hanc tibi respondere quaestionem, intuli ego, invocata Domini gratia, agam quòd potero, et ubi bona gratia Dominorum potero, cedam fratribus, mihi Institutum professum. parum propiciis, in tutum locum, et vocationi obsequar, quam non dubito esse divinam. Igitur favente Domino, XIX februarii, anno 1526. porrecta supplicatione ad senatum, pro venia abeundi, permissum est, ut bona gratia abire possem et sequi vocationem; ea mihi licentia indicata, curavi libros nessarios meos exportari in domum propinquam, die sequenti, vigesima. Quo die et dixi Guardiano Mathiae, obtinuisse me licentiam a senatu amplectendi vocationem, eam cum primum licuerit, bono modo sequuuturum esse. Postera die, quae erat vigesima prima et quinta feria post[1]) Reminiscere, veniam petivi, invitatus a cive Adam scilicet Petri, Exitus monasterii ad secum prandendum, et socium; non casu sed Dei ordinatione contigit, ut eum mihi fratrem socium nominaret[2]) et daret, qui jam dudum decreverat, non abiturum se, nisi mecum, erat autem Petrus Fleck, homo sanctus, simplex et ad omnia institutus, ligator Petrus Fleck librorum et commodus ad omnes labores, amantissimus lectionis, sicut ob capitis debilitatem fuerit ei inhibitum, ne nimis diu legeret. Eundem ego ad professionem susceperam anno 12. Pforce. Is mecum missus, mecum exiit pransurus, nec amplius redivimus.

[1]) soll heissen ante, denn am Donnerstag nach Reminiscere fieng P. schon in Zürich an zu lesen; s. unten.

[2]) Nämlich der Guardian Meisenbach gab ihm nach der Ordensregel diesen Begleiter mit, und es hatte so durchaus nicht den Anschein, als ob P. den Orden verlassen wolle.

Quin postero die, qua erat cathedra Petri, assumpto socio isto

Petro et Heinrico Billingo, sanctissimo juvene, ut testatur tota Basilea, filius uxoris Consulis Jacobi Meyer, qui tunc erat Tribunus plebis, duobus his associatus exivi Basileam, accepta quoque pecunia circiter XX florenorum a senatu et Frobenio pervenimus prima nocte in villam citra Schafmatt; postero die Sabbati, quae erat Mathiae, pransi sumus in Arouw, pernoctavimus in Mellingen, dominica autem Reminiscere pransi in Dietiken, sub horam quartam pervenimus Tigurum, hospitati duo in domo Zwinglii nostri, cum magna fratrum ibidem laetitia et charitate. Secunda feria sequente oblatae mihi fuerunt claves ad domum, prorsus vacuam, sed elegantem aptissimamque studiis meis, quam promiserat Maecenas Zwinglius, authoritate et jussu senatus Tigurini per nobilem Huldrichum Trinckler. Triduo subinde audivi lectiones theologicas, destitutus libris, a Leone Judae, qui hebraea legebat, et interpretabatur. Is primus fuit, quem hebraea legere audissem. Kalendis autem Martii, quae erat quinta feria post Reminiscere, non casu contigit, ut prima mihi lectio praelegenda occurreret caput quintum decimum Exodi; eam in hanc exordiebar sententiam: Gratia Deo meo, qui me ereptum ex Egypto et ab egyptiaca et papistica captivitate fecit transire mare rubrum, ut nunc mihi cum sanctis liceat canere canticum illud Sororis Moysi, et dicere cum gaudio: Cantemus Domino, gloriose enim honorificatus est et cetera.[1])

---

[1]) Ueber Pellikans tägliche Arbeit in der «Prophezei» besitzen wir zwei zeitgenössische Berichte. Den einen von Bullinger hat Mezger a. a. O. S. 81 abgedruckt: «ubi vero adolescens eum, qui tractandus venit, locum Latina lingua recitavit, assurgit lector Hebraeus ac Hebrea lingua eundem locum recenset, sparsim ejus lingua idiotismus proprietatesque indicans, jam sensum etiam reddens, aliquoties verbum verbo interpretans sed et Grammaticorum et Rabbiorum recitans sententias.» Kürzer berichtet dasselbe Joh. Kessler in der Sabbata a. a. O. I, 372. Nachdem er rühmend hervorgehoben, wie die Zürcher Obrigkeit weit und breit nach «sprachenrichen Mennern gefochten», erzählt er, wie Megander in der Prophezei den alttestamentlichen Abschnitt zuerst hebräisch vorgelesen habe und wie dann «der gelerte fromme Cuonrad Pellicanus, der hochverstendige und witverrumbte in hebreischen Zungen» das Vorgelesene ins Lateinische übersetzt habe «sampt einer kurtzen anzeigung der worter krafft und vermugen und wo es nitt mitt der alten Dolmetschung glichlutend funden worden.»

Mensam habui ad octo dies in domo Huldrici Zwinglii, donec Mensa domus ad necessitatem instrueretur pauperis habitatoris. Coepit Petrus meus omnia scire et facere necessaria domus, plantare Minister a Deo paratus hortulum, radices extrahere, coquinam facere, servulum agere ad mihi omnia idoneum, quin et putare vites, seminare areolas et omnia necessaria emere et parare. Curabat Zwinglius de necessariis expensis diligenter, et inter haec omnia nihil mihi veniebat in mentem Uxor nondum ducenda de ducenda uxore,[1]) quandoquidem displicebat mihi mulierum tigurinarum et virginum cultus et inverecundia, et jam agebam annum aetatis 48mum, cui non liceret juvenculam ducere, et vetulam nolebam tentare pro consueta molestia, quam inferre solent. Statui ergo mecum nullam ducere tigurinam, quando placebant nullius quam noscebam mores. Sexta feria ante Judica, quae erat sexta decima Martii, supervenerunt mihi libri mei et vestes paratae officio et impensis Frobenii duplices, ad necessitatem, pro die festo et profanis; ibi cum benedictione Domini deposui cucullum Exutum cucullum solus mecum et communibus istis indui me vestibus, non sine multa dissuetudinis phantasia,[2]) sed sine omni conscientiae cunctatione. Oblati mihi fuerunt septem coronati, inter quos coronatus Septem coronati pro erat duplex, in quo imago erat S. Francisci cum inscriptione: 21 et ¹/₂ batz. Miraculum amoris, moneta Mirandulana, quae mihi perplacuit et ominis vice suscepta, quia non abhorreret pius Franciscus a me propter mutatum habitum, qui et ipse jam aurum non sperneret, quamlibet Deo charus et beatus, quod felicius sit dare quam accipere, laborare quam otium colere, benefacere quam bonis

---

[1]) Er fürchtete sich sehr vor falscher Beurtheilung dieses Schrittes. An Capito hatte er im April 1524, als Butzer für denselben um eine Verwandte des Bischofs Christoph von Utenheim gefreit (vgl. Baum a. a. O. S. 260 ff.), in abmahnendem Sinne geschrieben: «conjugem te ambire audio; non damno, si sit necessitas juxta Dei indultum. Mallem tamen libere nos omnes instare profectibus Ecclesiae, maxime eos, qui possent, ut Tu et Tui similes, ne perperam judicetur ab infirmis, qui carnalia judicant facile in partem pejorem.» (Autogr. in Strassburg; s. Siml. Samml.)

[2]) Dass es ihn einige Ueberwindung kosten werde, die ihm zur Natur gewordene Gewohnheit zu verlassen, hatte er bereits in dem o. a. Brief an Zwingli ausgesprochen: «juxta carnem ac sanguinem difficile abstrahor genere vivendi, cui per triginta tres annos assuevi».

Monetarum
impertissi-
mus egere. Cogebar discere valores monetarum, qui jam tunc primum coronatos, florenos, batzones, solidos, sextarios et denarios noscere incipiebam, et discere oportebat, qui a 33 annis nihil tale vel semel

professio
qualis tetigeram vel habueram. In monasterio fueram professor verae paupertatis et nulla re tamen indigueram, jam nunc observator paupertatis eram cum pecunia, qui omnibus fere necessariis indigebam; sed quae dabantur et habebam, communicavi cum pauperibus domesticis, quos insuper augebam et invitabam, maxime

Joh.Frysius,
Sebastianus
Faber post
Guldibeck vero duos adolescentulos: Joannem Frysium et Sebastianum Fabrum, quorum mihi placebant ingenia et studia; jam enim scholas graecas visitans, illos cum maxima animi voluptate audiebam interpretantes Evangelia latine ex graecis et rationem grammaticam reddentes. eos. rogavi, ut per vices mecum prandium sumerent, quale parabatur a meo Petro; erant enim et ipsi pauperes, nondum donati stipendiis; id raro, tamen aliquoties egerunt per quadragesimam. Contigit ad secundam Pascae, cum visitandi gratia ad me venisset ex fratribus unus, qui fuerat Minorita, Basiliensis natus

Antonius
Wild Heinri-
cus Schwer-
ter Muri Antonius Wild; eo assumpto cum Heinrico Billing et Petro, visitavimus pariter fratrem nostrum Heinricum Schwerter in Mur, prope lacum Gryfensee dictum, a quo post sermonem in ecclesia declamatum, amice suscepti et domum ducti, refecti fuimus. cui

famula
idonea erat uxor fecunda magis quam elegans. sed aderat prompta aliqua virgo, quae curabat domum et culinam, postea assidens mensae. haec mihi ornatior moribus et paulo venustior videbatur et magis placebat; domum rediens nihil adhuc cogitabam de uxore ducenda, quamvis accederent quaedam feminae et puellae, quae miserebantur mei et domesticae desolationis meae; amici multi coeperunt suadere ducendam uxorem mihi, ·exemplo omnium aliorum sacerdotum; ego senium et provectam aetatem expendebam, et semel displicentiam conceperam de moribus Tigurinarum. Cum vero plures mihi nominarentur et, ut fit, jugiter luderent me de ducenda uxore, contigit me rescire Johannis Frysii sororem esse eam, quam primam videram extra Tigurum in villa Mur; ea quoque aliquando fratrem visitabat et mihi magis placere incipiebat. Inquirebam cum tempore de Frysii Parentibus et audivi parum fuisse infelicioris conditionis, quam fuerant mei parentes, similiter quoque honestos et optimae famae, sed admodum pauperes. perstiti per

aestatem usque ad finem Junii. tunc conveniebat me nobilis ille **Huldricus Trinkler** curator et fautor meus Huldrichus Trinckler; is compellare coepit me de ducenda uxore, exemplo omnium aliorum, ne scandalo essem in ecclesia, tantum coelibatui tribuens facto, quem verbo traducerem. cui respondi, saepe jam a multis solicitatus sum pro hujus modi causa, et de multis colloquia habita sunt non placentibus. Quum autem te nobilem senem et syncerum amicum **Consilium conjugii** audio talia mihi suadere audentem, ecce opus non est multis nominationibus, ego illam ducam uxorem, quae extra Tygurum mihi prima visa est et placuit. hoc audiens nobilis arrisit et imprecatus est felicitatem. et ego pro ipsa ducenda deinde solicitior fui et multos habui instituti mei approbatores. Zwinglius unicus **Zwinglii prudens solicitudo** mihi loquens, domi meae, dum audiret me persuasum de uxore ducenda, territus fuit et mirabatur, solicitus de aetate mea timensque ne mihi non felix conjugium obveniret tam diu coelibi. Benignitate ergo Dei et singulari gratia, quam ex effectu et beneficiis ejus clare agnovi, contigit ut circa Kalendas Augusti sponsalia contraherem, simplicissime, per Dominum Johannem Hallerum, **D. Joh. Haller** patrem duorum Hallerorum Tigurinorum; deinde septima Augusti nuptiae sunt celebratae, minimis ceremoniis et paucissimis invitatis imo nullis, sed tamen innotuerat, ut viginti fere personas paverim, vel magis ab illis pascebar. Jam tum Dei gratia domestica cura sic exoneratus fui et interim mansi, ut longe mihi commodior oportunitas fuerit incumbendi literis bonis et sacris, quam fuerit unquam in monasterio triginta annis; erat enim uxor Anna Fry- **Anna Fryesin** esin exercitata in re domestica curanda, fuerat enim apud nobiles non paucos semper famula honesta et sedula, et quae nesciebat discere non verecundabatur; in paupertate nutrita, didicerat ferre pauperiem, quamvis lapsu temporis sufficiebant mihi, quae offerebantur; statim docti homines, advenae contubernium petebant mecum et esse commensales, ad quod uxor benevolam se gerebat, quod placuit mihi inprimis; raro sine hospitibus eram, jam tum enim persecutionis tempore multi confugiebant Tigurum boni viri et religiosi, amore Evangelii discendi, docendi et servandi, quos nunquam uxor sancta suscipiebat gravatim, sed humaniter tractare solebat. Inter commensales, primus quidem erat Heinricus Billing **Diluvium** per 6 tantum menses: audiens autem de diluvio secundo ad au- **2um Basileae** tumnum facto Basileae, [1]) rediit ad parentes Basileam. Secundus

fuit Lucius Pludentinus, vir sanctus et doctus, qui per annum cohabitavit. Petrus autem Fleck, biennio fere, donec uxorem duxit, cum qua patriam suam rediens, prope Treverim obiit cum uxore sine liberis. Quia vero cucullatus et nudus rebus adveneram, praeter modicam pecuniam, et de beneficio Canonicatus eo tempore scilicet a die Joannis Evangelistae, quo die Domini Canonici statuerant ex gratia inchoandum esse meum tempus, quoad fructuum perceptionem (cedebat autem quod praecesserat tempus percipiendorum fructuum heredibus Jacobi Ceporini), quos eram expecta-

turus, non ante tempus autumnale, quando distribuuntur frumenta et vinum, ideo ne mihi egestas ferenda esset, vel aere alieno onerandus, quia domum prorsus vacuam inveneram, decreverunt Domini Deputati cum Zwinglio, ut pro primo anno mihi decernerentur et tribuerentur de fisco pauperum per Dominum prae-

positum Embracensem sexaginta floreni, et erant quidem ex Deputatis, qui voluissent hujus modi aliquando restituenda a me fisco pauperum, ubi mihi arrisisset quandoque in futurum divitiarum fortuna; sed quia id tardius futurum putabatur,[2]) non fuit conclusum nec mihi impositum, sed a Zwinglio et aliis impeditum:

Igitur a collegio nihil accepi, nisi praesentialia pro Canonicorum more, quo factum est, ut primo anno, qui, ut dixi, incipiebat a die Joannis Evangelistae proxime ante initium anni 1526^{ti} nihil receperim, praeter praesentias, sed tamen nihil defuit ob supplementum, ordinatum mihi ex fisco. Novem urnas vini mihi assignarant, sed septem tantum accepi, cujus partem reddidi Domino Praeposito, qui mihi statim venienti commodaverat vinum; et de frumento praeter id, quod pistori illatum est, credo XVIII Mütt, alia sedecim accepi tantum venderique compulsus sum Hallero Joanni pro singulis florenis; erat autem praesentia Cellerarii, ut schedulae habebant, 24 Mütt, ex Camerario 14; sed quae mihi

---

[1]) Von einer Ueberschwemmung wissen die Basler Chroniken nichts; dagegen geben sie (I, 54 und 412 ff.) über zwei grosse Gewitter (19. Sept. und 11. Nov.) und deren mächtigen Eindruck ausführlichen Bericht. Gemeint ist wohl das erste, von dem Oekolampad Zwingli sofort in Kenntniss setzte; dann wäre Billing gerade 6 Wochen, nicht Monate, P.'s Hausgenosse gewesen.

[2]) Sic!

dare debuerat Dominus Widmar, illa non accepi. Finivimus hoc Dominus Widmar
26. anno quinque libros Mosis.[1])

Anno 1527. praelegimus ordinarie libros Josuae, Judicum, Ruth, 1527
Samuelem et Regum libros, usque ad Septembrem, cujus secunda Lecta per ordinem in sacris
die coepimus Isajam, qui finitus est praelegente Zwinglio, ut alii
omnes, 27. Februarii anni sequentis. Item prima die Junii gratia
Dei donatus sum optatissimo munere, nato mihi filio Samuele, Samuel filius natus
quarta parte horae post nonam ante meridiem; erat autem Sabbathum post festum ascensionis Domini; tunc autem historia
Samuelis pueri legebatur, unde occasio sumpta nominis, tum quia
Anna dicebatur mater ejus, et ego cognomine non valde discre-
pante ab Hellcana patre. Utinam Dei gratia vivat sanctus ut
Samuel Propheta, utque tunc desideram et cupio, quando eum ea
ratione similiter postulavi a Domino, sed ut illi sanctissime serviat
diutissime aut in gratia Dei junior moriatur; id est enim, quod
a Domino precibus obtinere contendo, ut posteritas inde mihi
sancta proveniat ad gloriam Dei, Amen.

Eodem mense[2]) disputatio peracta est Badenae, ubi Oeco- Disputatio Badenae
lampadius contra Eckium et Fabrum aliosque multo favore Helvetiorum adjutos coactus est disputare, modo quo descripta est
disputatio et impressa ab Helvetiis Lucernae.[3]) Invitatus quidem
fuerat Zwinglius, sed in dolo papistico, admoniti vero Tigurini,
permittere noluerunt, sed internuntiis actum, ut quod interdiu in
Baden disputaretur, noctu Zwinglius legendum habebat,[4]) et respon-
debat, editis quibusdam objectionibus etiam per impressuram; timor Dolus formidatus in Baden
et opinio vehemens erat, quod si Zwinglius interfuisset disputationi

---

[1]) Die Erlebnisse Pellikans während dieses ganzen Jahres 1526 notirt der
Karthäuser Georg (Basler Chroniken I, 405 f.) mit folgenden Worten:
«hoc anno Conradus Pelicanus (ex guardiano quondam Minoritarum et pro-
fessore literarum Hebraicarum, qua hic publice legerat, laicus prophanus effectus)
Tigurum se conferens anno praesente illic duxit uxorem, ut ajunt meretricem,
et legit literas Hebraicas, dato sibi stipendio sufficienti per Tigurinenses. Ad
hoc dudum aspiraverat».

[2]) Jedoch ein Jahr früher, nämlich vom 21. Mai bis 8. Juni 1526.

[3]) und zwar, man kann denken wie unpartheiisch, durch Thomas Murner.
Vgl. die litterarischen Nachweise in den Basler Chroniken I, S. 407. Anm. 3.

[4]) Bekanntlich durch die originelle Vermittlung Thomas Platers.

ipse et propter eum alii quoque Basilienses docti excidium non evasissent, verum absentia ejus servasse creditur reliquos doctos et bonos viros, inter quos et Johannes Luthardus Lucernanus praedicator ille conventus Basiliensis, de quo supra contumeliose tractatus est, sed evasit; et Bernensis concionator tandem adfuit D.

Berchtoldus Hallerus Berchtoldus Hallerus; verum jam istis diebus abjuraverant Domini Bernenses doctrinam Lutheri, donec suo tempore negotium fidei clarius et certius inclaresceret.

Disputatio Bernensis Statim postea, eodem anno, indicta est disputatio Bernensis, vocatis Episcopis Helvetiorum, sed non comparentibus. Dies initio futura praescribebatur secunda Januarii de anno sequente 1527.[1])

portio Canonicatus prima Annona beneficii prima mihi contigit, ut sequitur: 40 pulli, decimae 16 portiones, ex Camera et Cell. 87 frusta, vini 23 urnas, ex feudo iiij urnae, finita fuit vindemia 31. Octobris.

Studia mea laboriosa Eodem anno coepi scribere hebraicum textum ab Esaja et consequenter omnes prophetas et Hagigrapha per annos duos, cum punctis et accentibus, additis annotationibus grammaticalibus ex Comentariis Judaeorum Rabi Salomonis, David Kimhi et aliorum, Damian Irmis quos habui; sed et studio, favore ac opera Damiani Irmii Basi- Secunda editio Bibl. Hebr. liensis mercatoris,[2]) asequutus sum secundam editionem Bibliorum hebraicorum, cum commentariis R. Abraham Abenezra et Rabi Salomonis in prophetas, pro XI florenis, similiter librum radicum et Michlol. Constantinopoli impressa, beneficio Domini Danielis Daniel Bomberga Bomberga cum ejusdem epistola et monusculo duplicis Psalterii in forma minutissima cum Parabolis et Canticis et Ecclesiaste.

1528 Anno 1528. in Januario celebrata fuit disputatio Bernensis Disputantes Bernae qui integro fere mense, praesentibus Zwinglio, Megandro, Oecolampadio, Bucero, Capitone, Ambrosio Blaurero, Conrado Somio, Ulmense, Althaymer Nurembergense, Bullingero et aliis multis, valde viris

---

[1]) P. verwickelt sich hier in mehrere chronologische Widersprüche. Die Berner Disputation wurde am 17. Nov. 1527 ausgeschrieben und den 6. Januar 1528 eröffnet; dies letztere berichtet P. selbst nachher richtig. Vgl. Basler Chroniken I, 421 ff.

[2]) Aus dem Leben Thomas Platers erfahren wir, dass dieser Irmi damals auch Pellikans Schüler mit hebräischen Bibeln versah, die er in Venedig aufgekauft hatte. Das Exemplar kostete eine Krone.

doctis, quae sequenti anno Tiguri impressa est germanice;[1]) coeptaque statim est reformatio in tota ditione Bernensi. Redeuntibus nobis, mense Februario, inchoata est lectio Jeremiae 27. die mensis; finita cum Lamentationibus undecima Junii ejusdem; statim duodecima Junii inchoatus est Ezechiel propheta et praelectus ordinarie usque ad finem fere Septembris, quum ejus mensis 28. die coeptus est Oseas cum reliquis duodecim prophetis, finiti 26ᵃ Decembris. Consequenter inceptus Daniel 28. Decembris et finitus 16, Januarii anno 1529. Post prophetales libros Psalterium praelectum est et coeptum a Zwinglio 23. Februarii, finitum autem 17. Junii; inde praelecta sunt proverbia, inchoata quidem 20. Julii, finita autem 2ᵃ Septembris. *(Continuata lectio biblica anno 1528)* *(1529)* *(lectio per annum 1529)*

Verum die 10. 11. et 12 Augusti celebrata est secunda Synodus Tigurina; tertia autem 7bris incepit Ecclesiasten, quo coepto, quarta sequente abiit Marpurgum ad convocationem Lantgravii, in colloquium cum Wittembergensibus, rediit autem sub vindemiis, in quibus collectum est vinum acerbissimum.[2]) *(Synodus tigurina secunda)* *(Marpurgam Zwinglius abiit)*

Infra tempus autem absentiae, ne vacaret studium, Jo. Ammianus et ego praelegimus Genesim usque ad 16 caput: per 40 lectiones.[3]) Octava autem Novembris secundo incepit Ecclesiasten, quem finivit 23mᵃ ejusdem. Deinde coeptus est legi Job 6 Decembris, finitus 15 februarii, in cujus mensis die primo obiit clarus vir et pius, Doctor Franciscus Zinck, anno 1530. Cantica autem Canticorum Zwinglius coepit praelegere 24. Novembris anni 1529 finivitque quarta Decembris. Post hos libros praelecti sunt Ezras, Neemias et Hester, anno scilicet 1530. Ultimo autem Paralipo- *(Franciscus Zinck)* *(Lectiones anno 1530)*

---

[1]) Ob und wie weit diese «Handlung oder Acta gehaltener Disputation zu Bern in Uchtland», Zürich bei Froschauer, 23. März 1528, Pellikans Werk sind, müssen wir einstweilen unentschieden lassen; auch von P.s Antheil an der Disputation selbst wissen wir nichts, als dass er dort war; vgl. Mörikofer a. a. O. II, 100; er selbst berichtet in einem von Mörikofer II, 117 citirten Briefe an Vadian, dass Zwingli in sehr ernster Stimmung von Bern zurückgekehrt sei.

[2]) Es mochte dem treuen Freunde Zwinglis vorkommen, die herben Worte Luthers und der herbe Wein des Jahres passen vortrefflich zusammen.

[3]) Es ist charakteristisch, dass in Zwinglis Abwesenheit seine Mitarbeiter nicht fortzuschreiten wagten, sondern bloss ein bereits unter seinen Auspizien gelesenes Buch wiederholten.

menon [1]) usque ad vicesimum caput, quod bello et obitu inter-
turbatum non finivit Zwinglius noster, vir clarissima et aeterna
memoria dignissimus. Hactenus de Huldrici Zwinglii praelectionibus doctissimis: verum quid scripserit germanice et latine, liquet
ex impressura operum ipsius.

Domestica mea his annis 4 Redeo ad mea domestica: anno 1528. vicesima nona [2]) cepi
commensalem Hieronymum Frickerum, filium Doctoris quondam
Hieronimus Frickerus Turingi, protonotarii Bernensis, qui apud Rellicanum fuerat, quo
cum Megandro Bernam translato, juvenis mecum esse cupiens,
eandem, quam alteri dederat mensae mercedem, mihi quoque dedit:
abii Basileam 20 coronatorum. Maji 29. abii Basileam: hospitatus apud consulem
Jacobum Meyer, redii quinta Junii Tigurum. Abierat jam ante
Lucius Pludentinus, in fine Martii; antequam etiam Dominus Joannes Cecus cum uxore pigra et furace, conjugibus pauperibus,
quos per hiemem totam gratis hospitio foveram; sicut et aestate
praeterita viduam dictam das Wyblin, quae matrina erat Samueli,
Societas fratrum relictorum ut nunquam sine repleta domo fuerim, ut hactenus. Basileae cum
essem visitavi Monasterium et paucos residuos fratres inveni, sine
Gardiano et Praedicatore, sine omni observantia regulari, sus-
ceperunt me ad Symbolum et impertiebantur merendam, ut
habebant; erat jam locus nimium desolatus, conveniebant etiam
Heilander reliqui fratres, qui habitum mutaverant, et aderat Marcus Heilander,
cum quo descenderam e Tiguro, ubi me visitaverat, ad Basileam.
Mense Augusto aedificavi fornacem novum in meum hypocaustum
et murum horti texi lapidibus latis et planis; jam enim vicinus
Wernherus Steiner accesserat Steinerus.

Nata filia Elisabeth Die Bartholomei 24. Augusti nata mihi fuit filia, quam Eli-
zabetham vocari volui, juxta nomen sororis dilectae et matris
dilectioris, quin et patris mei sinceriorem sororem sic vocatam
agnoveram.

Beneficium Ejus autumni fructus erant pulli 51, decimae 25 partes, officia
duo dederunt 68 portiones; villici vinum VIIIJ urnae; ex Cellario 50 urnae.

Ad 23 diem Novembris commensalis factus est Heinricus

---

[1]) Chronika.
[2]) ?

Stuckii. Octobris autem die XXI obiit Rubiaci charissima mea mater, Elizabet Kleinhenslerin dicta, quae jam praeterita aestate transmiserat mihi vas plenum suppelectili vario, in stanneis et lineis laneisque paramentis, laeta de meo statu, quem intelligere coeperat esse juxta Domini voluntatem et verbum Dei, quamlibet religiosa fuerit semper et usque ad superstitionem, sed avidissima audiendi verbum Dei et retinendi mente.

(marginalia: Heinricus Stucki. Obitus matris meae Elisabeth Rubiaci)

Annus 1529. fere totus fuit humidus et frigidus, quin et turbulentus ob quinque Cantones, qui multifariam irritabant Tigurino, ob invidiam. Querelae Tigurinorum non exaudiebantur, quod soli essent in fide nova cum Bernensibus et Basiliensibus, unde et bellum contigit primum Tigurinorum apud Capellam, sed compositum est in Junio, absque strage vel sanguine, tantum ut confoederatio solveretur, quam inierant cum hostibus Helvetiorum, Ducibus Austriae et Ferdinando.[1]) Quia vero audiebam jam evacuatum monasterium Minoritarum Basileae, veritus, ne libri, quos laboribus meis diuturnis et multis promerueram a chalcographis, distraherentur ad manus aliorum, accepi promotoriales epistolas a senatu nostro ad Basiliensem senatum, ut eos libros, quos ostenderem et probarem olim mihi datos ob labores et in meam gratiam repositos in bibliothecam[2]) ostenderem, mihi cedere sinerent, maxime eos qui Basileae impressi fuissent; accepta ergo epistola, descendi quarta Maji et perveniens Basileam nuntium sorori Rubiacum misi, ut veniret ad me Basileam. venit illa 8 Maji, pedes, hospitata ad Serculum; simul attulit florenos aureos septem, quos ei mater commendaverat mihi mittendos, et unam coronam. Obtinui libros, vas plenum non parvum, erant enim libri plures et meliores, quos transferri feci Tigurum.

(marginalia: Bellum cum 5 cantonibus primum / Libros obtinui meos e Basilea / Basileam 2° vidi et sororem ibidem.)

Mense Junio, si bene memini, missus est ad me nepos ex sorore, Conradus, circiter XII annos natus, ut mecum proficeret litteris.

(marginalia: Conradus Wolfard consobrinus venit.)

---

[1]) Die Urkunde dieses Friedens s. in Eschers und Hottingers Archiv für schweiz. Geschichte 1827. I.

[2]) Dies war schon während der Zeit seines ersten Aufenthaltes in Basel geschehen, von dem er (zum Jahr 1502) berichtet: Amorbachius et Frobenius fratribus minoritis plurima beneficia contulerant ob meos labores et me nullo libro utili carere permiserunt.

Synodus in
Frouwen-
feld Eadem aestate˙ Synodus celebrata est in Frauwenfeld celebris,
unde et Constantiam equitarunt, quotquot˛ legati erant de senatu
cum Zwinglio,[1]) ubi honestissime tractati fuimus cum maxima
charitate et expensis Constantientium, ubi et Zwinglius dominica
quadam die praedicavit. Deinde navi conducta pervenimus ad
Zwinglius in
Hassiam
ivit. Steyn et per Winterthur redivimus Tigurum. Quinta autem
Septembris abiit deinde Zwinglius ad Hassiam,[2]) ut dictum est.

proventus Fuit proventus ejusdem aestatis et autumni pulli 52, decimae
de Wyticken 21 ˙Stuck. Ex officiis 65 vini urnae, a villico tres,
ex Cellerario XV.

Anni 1530
acta. Anno 1˙30 Februarii sexta die, abiit Bernam Jeronimus Friker.
Ego quoque jam finito toto cursu et elaborata Biblia, XXIIII
librorum, aliud jam quid agerem, non habebam, videns interim
Institutum
scribendi in
vet. test. non sufficere ecclesiasticis studiosis ejusmodi tractationem, quam
hactenus egeramus, juxta grammaticas tantum et summarias sententias capitum; quin putarem sumendas ex singulis ferme capitulis
et versibus doctrinas pro docendis fidei articulis et moribus christianis, ut discerent auditores, quomodo sacris libris uterentur
commode et erudite ad aedificationem Ecclesiarum. Id ipsum cum
jam dudum optassem a doctis fieri et rogassem quosdam, ut anni-
terentur et vidissem tale aliquid coeptum a Luthero in Deuteronomium et a Pomerano in Samuelem, Melanchtone in Parabolas,
dolebam tamen omnes pariter ad primum congressum substitisse,
et non procedere, ut potuisse sciebam, itaque cum suppeteret ad
id otium, vehementer stimulabar, ut vel ego tentarem, aliis ad id
gustum praebendo talia aggressuris et inchoata a me absoluturis.
Exodus Bona ergo Dei gratia coepi periculum experiri primum in Exodo;
idque ipso die Kalendarum Aprilium succincte et breviter anno-
tando, quae dici et doceri possent circa quodlibet caput in parvas
schedulas. et res ipsa pro voto satis feliciter mihi procedere videbatur; et enim ante 12. diem Maji absolvi Exodum totum, quamlibet in aliis quoque agendis, utpote grammaticam hebraicam per
istos menses praelegendo, nihil negligebatur. consequenter aggressus

---

[1]) Ueber die Synode von Frauenfeld und Pellikans Antheil an derselben
s. *Mörikofer*, Zwingli II, 275, und Joh. *Kesslers* Sabbata a. a. O. II, 233.
[2]) Zum Colloquium von Marburg.

sum difficilem librum Levitici et eundem quoque intra paucos Leviticus
dies absolvi, quo coeperam modo, sic, ut librum Numerorum coeperim Numerorum
explicare 6. die Junii; quintum quoque, qui est Deuteronomium, Deuterono-
mium
coepi 14 Julii finivique 24 Augusti, videns profectum non poeniten-
dum, manum apposui ad prophetas dictos Hebraeis priores, et primum Prophetae
priores.
ad librum Josuae, quem coepi 24. die Augusti; Judicum 15. Decem- Josuae.
Judicum
bris¹) cum libro Ruth; quarta Octobris coepi primum Samuelis, Ruth.
Samuelis
secundum autem 10. Novembris. Primum Regum vel Malachim Regum.
incepi secunda Decembris anni 1530; secundum autem coepi
secunda Januarii anni 1531. Quo finito secunda Februarii,
statim coepi cunctabundus licet 3* Februarii librum Dibre Hajamim, Verba
Dierum
i. e. verba dierum, Hebraeis dictum, nobis Paralipomenon, vel
praetermissorum, cujus secundum complevi in fine Februarii et Ezra
statim Kalendis Martii coepi Esdram, et post Neemiam expositum Ester
absolvi etiam librum Ester, in fine Martii anno, ut dixi, 1531.
Post hos libros expositos, auxilio patrum priorum et neotericorum,
quos vidi et defloravi, tam latinos quam judaicos, qui mihi expo-
sitione aliqua egere videbantur, ut gesta majorum, tam sanctorum
quam impiorum, fidelibus non essent scandalo sed eruditioni, et
qua ratione exempla essent arripienda proposita in sacris scripturis,
videbam me satis operae collocasse ad intellectum scripturae, quam
declarandum putabam studiosis sacrorum. Et prorsus de residuis
nihil necessarium scriptu putabam, quando jam piissimus et doctis- Oecolamp.in
prophetas
simus Oecolampadius Prophetas omnes fere exposuisset, scripto et alii.
quoque suo ordinarie eos legens Basileae, quorum aliqui jam impressi habebantur, et erant eruditissime explicati. Sed et de Ezechiele
et Jobo referebatur, ut essent prae foribus divulgandi: putavi ergo
supervacaneum illis quidpiam addere, quae non dubitabam absolu-
tissima, quibuslibet studiosis sufficientia semel, quin et impossibilia
mihi suspicatus declaratu et non necessaria; tamen quia instabat
breve tempus sacrorum dierum in Aprili, sancta scilicet hebdomada,
subiit mihi in mentem, tentandum aliquid saltem in libellum Canticum
Canticora
Cantici Canticorum; jam enim dudum Basileae agens, egeram pro
viribus et Dei auxilio, quae agenda putabam, praelegens et auditoribus dictitans, quae circa libros Geneseos, Parabolarum et Ecclesiasticis annotanda credideram. Itaque Dei instinctu, ut spero,

¹) d. h. September.

arripui hunc quoque libellum, et meo spiritu, non aliorum opera
usus, tentavi intellectum ejusdem libelli, coepique meo more brevia
annotare in cantica, idque quarta Aprilis anni 1531, et infra paucos
illos dies sic processi, ut duodecima Aprilis absolverem. videns
autem difficillimum hunc libellum mihi satis feliciter pro mea
conscientia explicatum juxta sensum catholicum, coepi, nescio quo
spiritu, impelli, si non fuit spiritus pietatis et scientiae, ut quae ab
Oecolompadio, divo Jeronimo, Lyrano et aliis fuissent pluribus
explicata libris et voluminibus, ego brevius quo possem, contraherem catholicam sententiam, junctis quoque Judaeorum Rabinis,
quos praeter R. Davidem Kimhi fueram assequutus: R. Salomonem
et Rabi Abraham, Aben Ezrae; coepi ergo conari abbreviationem
in Isajam cum simplici claritate pro viribus in Esajam quarta decima Aprilis
ejusdem anni 1531. Sicque satis feliciter processi continue, ut
finierim Commentariolum illud, qualequale est, in Isajam, quarta
Junii; id cum feliciter mihi evenisse conspicerem, ultra processi
Jeremiam et arripui Jeremiae quoque prophetiam, quam coepi quinta Junii
et cum Lamentationibus quoque adjectis absolvi quarta decima Junii.
Ezechiel   Subinde aggrediebar quoque Ezechielis librum, quinta Julii
ejusdem anni, processique usque ad quadragesimum caput, exclusive,
ubi sequentium difficultate territus,[1] majorum et sanctorum exemplo
Daniel destiti tentare spiritum et manum apposui cum cogitatu ad Danielis
expositionem, quam coepi vicesima quarta Augusti, et quae scripsi,
finivi octava Septembris. Jam autem primum et antea 22da Julii
XII Pro- coeperam duodecim Prophetarum librum, quem finiveram quoque
phetae
vicesima tertia Augusti. Jamque restabat nihil praeter difficillimum
librum Job, cujus expositionem occepi nona Septembris anni scilicet
1531mi, sicque totius operis finem assequutus, Dei gratia et auxilio,
ultima Septembris. Psalterium autem breviter exposueram dudum
Basileae, anno 1524, quod et furtim mihi sublatum fuerat, rescriptum
et Argentinae impressum, me ignorante. verum illud ipsum Tiguri
agens revideram et correctum prelis submiseram, jamque divul-
gatum erat secundo anno.[2]

---

[1] Wie Pellikan sich später bei der Herausgabe seines Commentars zum
alten Testamente für diesen Schluss des Ezechiel zu helfen gewusst s. unten.
[2] Die erste Ausgabe hat den Titel: Psalterium Davidis, Conradi Pelicani
opera elaboratum. Cum Privilegio ad triennium. Argentorati 1527. Der

Dum vero haec sic agerentur per me privatim, innotuit qui-^{Occasio im-pressurae} busdam studium meum et opera, qui impressori librorum nostro Christophoro Froschofero indicarunt, talia me molitum, et jam extare deformata et annotata, quam ob rem alioqui mihi amicus supplex fiebat, ut aliquem ex libris sacris sibi edendum permittens, gustum darem reliquorum studiosis forsitan placiturorum; et ego, ut verum quidem fatear, a principio negligentius omnia scripseram, ut in buccam cadebant; aliud consilium, Deo mihi teste, non erat, quam ut moriturus propediem vel victurus ea omnia traderem studioso alicui ex nostris, qui multi erant juvenesque optimae spei et eloquentes in latina lingua, qui aliquando sumpta occasione data per me argumenta hujus modi sacra et necessaria scitu elegantius polienda et absolvenda doctius, aliquando si viderentur edenda, curarent, suo etiam vel nullo, saltim non meo nomine; quando Deo mihi teste, aliud praeter Dei gloriam et communem fructum in causa fidei et verbi Dei claritatem propagandam et edendam latius, nil prorsus cogitabam; ubi vero requirebar de edendo statim aliquo vel minimo libello, arripui libellum Ruth et aliquantulum emendatum impressori concessi edendum jam tunc^{Ruth editus}

Herausgeber Wolf Köpfel, Capitos Verwandter und Verleger, warnt in der Vorrede höchst naiv vor unbefugtem Nachdruck. Dass er das Werk vel invito Pelicano drucke, rechtfertigt er mit folgenden Worten: venit mihi in manus per amicum quendam Psalterium a tum pio tum erudito Theologo Conrado Pelicano, juxta Hebraeum fontem translatum succinctisque paraphrasibus aut si mavis scholiis adornatum. Quod cum eruditi aliquot, vel a limite, quod ajunt, salutassent, adeo eis arrisit, ut Reipublicae christianae omnino publicandum censuerint. Vorrede und Text sind mit deutschen, die Scholien mit lateinischen Lettern gedruckt. Angehängt ist ohne Erläuterungen precatio Habacuc. Am Schlusse steht: Argentorati Volphius Cephalaeus excudebat. Anno MDXXVII. — Ueber diese erste und die Veranlassung der zweiten Ausgabe spricht sich Pellikan in einem Briefe an Joachim Vadian (d. 26. Sept. 1532; Original in St. Gallen; siehe Siml. Samml.) folgendermassen aus: «forte fortuna excidit tibi dudum, doctissime Vadiane, sermo de Psalterio nostro olim obtento, de quo interim semper dolui, sciens indignum, quod a tanto viro haberetur, nedum legeretur; quandoquidem, me invito, per impostorem prodierit in publicum, quod mihi Monacho praeparaveram ad primam manum. Coactus sum emendare et longe deteriorem inveni, quam putaram. Id nunc mitto reponendum in alterius locum, ea conditione, ut prior editio ignibus consecretur».

124

ad nundinas suas in Septembri futuras, paucissimorum dierum opellam, ut gustus porrigeretur sacra amantibus legere et ad profectum intelligere. Innotuit hoc nostro Zwinglio, id esse prae manibus, qui admiratus est, et ut erat brevissimum opusculum unius et alterius folii, permisit edendum, et non nisi pauci quoque, hoc est 800, impressi distrahebantur eo mense Septembris.[1])

Sed judicio Domini volentis erudire, exercere et castigare nostram Tigurinam ecclesiam contigit, ut Octobris undecima die subito nihil tale credentes Tigurini prodire compulsi infra quintam horam in urbe essent, et peragrato monte, duobus miliaribus, acie decertarent infirma, siquidem non totis duobus millibus, contra octo milia hostium, qui triduo sese collegerant atque convenerant; *Clades Tigurina* non tamen incruenta victoria potiti sunt, quamlibet optimi quique in acie stantes occiderentur, sed non tanto numero, quantum hostes jactarunt. Succubuit tamen corpore quidem occisus tunc Zwinglius, et plures optimi et docti viri, quos necessitas traxerat in commune periculum patriae et Ecclesiae veritatisque defendendae, quam et suo sanguine redemerunt, ea conditione, ut libertati patriae et *Victoria veritati cessit* veritati catholicae fidei non tantum nihil decesserit, sed ex eo casu ac tempore longe quam ante fortius omnia steterint et promoverint amplius, ut testatur gratia Dei haec dies. Manet enim *Ecclesiae Tigurinae constantia* interea profecit Ecclesia Tigurina in fide et moribus, in doctrina et Reipublicae felicitate, ut nunquam potentior fuerit tam manus quam fides. Permissa quidem sunt quaedam hostium temeritati, sed nihil eorum, quae sese obtenturos speraverant. Damnum quidem senserunt quidam, qui segniter opem promissam tulerunt, et *Profectus Ecclesiae* perfidia quorumdam ipsis nocuit perfidis. Ecclesia autem tigurina

---

[1]) Die zwei Bogen (in Quart) umfassende Schrift wurde auf dem Titel ausdrücklich als Probeheft bezeichnet: Explicatio brevis, simplex et catholica libelli Ruth, ea forma, qua totius veteris testamenti libri canonici expositi sunt et edentur, si meliora propediem alius non anteverterit, quod, ut fiat optatur. Autore Conrado Pellicano. Tiguri apud Christophorum Froschouer, anno MDXXXI. — Ueber den Commentar, der diesem Prospekt folgte, s. unten und Einleitung. Als Pellikan in seinem höhern Alter von seinen Freunden aufgefordert wurde, ein Bibelwerk für die Gemeinde in deutscher Sprache zu schreiben, so war es wiederum eine Erklärung des Büchlein Ruth, die er als Probe herausgab; s. Einleitung.

constitit ex hoc fortius, et beneficio Domini, Dei cultus et fructus in verbo Domini longe profecit latius postea quam antea, duplo enim et amplius profecit audientia verbi Dei, oratio et disciplina, qualis in tam licentioso populo, ne dicam libero, valeat obtineri, et gratia quidem Dei factum est et misericordia, ut pro uno Huldricho Zwinglio ejusdem fide et dexteritate, cum justitia pro Ecclesia promerente, clementia Dei providerit Ecclesiae tigurinae exemplo et verbo dupliciter gloriosius. Cum enim prius Zwinglius solus praelegerat Sacra quotidie doctis et praedicaret vulgo, et pluribus alioqui in talibus praepediretur, Domino prospiciente nobis, in locum lecturae theologicae Zwinglio successit Theodorus Bibliander, linguarum sacrarum peritissimus, et in omni genere doctrinarum exercitatissimus eloquentissimusque atque piissimus, id testatur et perpetuo testabitur lucubrationum suarum fructus felicissimus.

Theodorus Bibliander theologus

Pro secundo et principaliori officio Zwinglii accepimus gratia Dei episcopum Tigurinum, aeque integrae aetatis virum optimum, pium, justum, eruditum, fidelem et diligentissimum virum et concionatorem incomparabilem, Heinricum Bullingerum, qui verbo doctrinae domi et scriptura sua foris in tota christiana religione videtur et sentitur homo divinus et immensis Dei beneficiis locupletatus, ad salutem ecclesiae Tigurinae et ad Dei gloriam cum animarum salute praeter alios quosdam viros pietatis eximiae et eruditionis, ut est Leo Judae et Erasmus Fabricius; qui, quanto periculosior erat status Ecclesiae, tanto fidelius, fortius, constantius et vigilantius, Ecclesiae gubernationi adsistebant clavo, fortissimi Christi athletae, donec Dei benignitas Ecclesiae succurrebat istis duobus luminibus. Statim enim a clade perpessa, mense Novembri, surrogatus est Heinricus Bullingerus, legitima electione, in episcopum Tigurinum, et ut dixi pariter Theodorus Bibliander, qui mense Decembri, vix aegre coactus precibus fratrum in Ecclesiae successit praelectionibus sacris, residuum secundi Paralipomenon continuans usque ad finem, idque ad finem anni trigesimi primi; sed ad initium anni trigesimi secundi undecima Januarii exorsus est magna cum auditorum admiratione Prophetam Isajam homo adhuc juvenis, vix annorum 23 vel duorum magnaque diligentia praelegit, consultis semper prius omnium sanctorum Patrum scriptis,

H. Bullingerus episcopus

Leo Judae. Erasmus Fabricius

Isajas Bibliandri

tam veterum quam novorum, quin et Judaeorum Rabinorum, quorum nullum non legit et non intellexit melius, quam Judaeorum quicunque in Germania. Sicque profecit laboriosissimus in sacris excutiendis, ut se quotidie procedendo excelleret; eatenus, ut nihil desideraretur in eo, praeter unicam vocis cunctationem, quam eidem verecundia juvenilis incutiebat loquenti in tam celebri et seniorum doctissimorum collegio vel auditorio; quam modestiam et humilitatem suam ne hodie quidem excutere potest, omnibus satisfaciens, praeterquam sibi soli. Processit ergo diligentissime exponens Esajam per lectiones, quas ego assignavi centum et undecim finivitque tertia decima Julii. Et ut viri illius studium in exemplum vobis sit, charissimi filii, quod et admiremini et imitemini et aliquando, Domino volente, simili studio Christo et Ecclesiae Dei prodesse velitis et possitis nostro exemplo, non gravor vobis etiam sequentium temporum nostra studia recitare

Institutum hujus chronicae non ad nostram quamcunque laudem, quando omne bonum desursum est et a Patre luminum descendens, et bonorum nostrorum nihil agnoscimus nostrum, sed meritorum Christi et gratiae Dei ad sacrosanctam electorum Ecclesiam, non solum Tiguri, sed toto terrarum orbe constitutam; ut aliquando ambo vos, si vivetis,

Marcus Crodel in epistolis inimicis nostris satisfacere valeatis, qui nos, ut schismaticos partim et nescio quo injurioso titulo traducunt, quasi praesumptuosos, vel nescio qua ratione nos venditantes mundo, ut a nobis decipiatur, qui nihil ardentius cupimus, quam deceptores mundi traducere et adhortari vel eosdem, ut honestius agant et fidelius, vel alios Catholicos, ne illorum procacitate scandalizandi relabantur a veritate, quam mundo cupimus commendatam, cum pietate christiana,

Modestia Ministrorum eccl. Tigurinae in mera simplicitate et modestia nostra, cujus nos conscii nobis sumus; et ego testor hactenus eam vigere in omnibus Ecclesiae nostrae Ministris cum summa concordia in verbo Dei. Itaque Theodorus noster, post feliciter explicatum Esajam studium appo-

Jeremias suit subinde ad Jeremiam, quem inchoavit praelegere duodecima Augusti anno 1532 finivitque centum praecise lectionibus Prophetiam et Lamentationes ipsas lectionibus novem, octava Februarii

Ezechiel anno 1533. Eodem mense coepit Ezechielis praelectionem, quam executus est lectionibus centum fere, usque in finem Junii; cujus ultima

XII Prophetae coepit praelegere duodecim Prophetas minores, quos finivit die

Nicolai in Decembri anno 1533. Verum Danielem praelegere coepit   Daniel
statim octava Decembris eodem anno finivitque duodecima Februarii
anno 1534; post quem coepit praelegere Psalmos eodem mense die   Psalterium
25ta continuandoque absolvit 147 lectionibus. Post Psalterium
manum misit ad Genesim, quem incepit praelegere decima Novem-   Genesis
bris anno 1534, quem finivit feria sexta ante Penthecosten anno
1535. Exodum coepit 20 Maji ejusdem mensis[1]) finivitque in   Exodus
Decembri, cujus die quinta decima incepit Leviticum, sed Numerorum librum coepit anno 1535. mense ... Deuteronomion autem
coepit ... Josuae autem librum incepit 27ma die Novembris anno 1536.
librum Judicum coepit 15 Februarii anni 1537, finivit 8. Maji; Ruth
coepit 11 Maji, finivit ejusdem 29 die; Samuelio primum coepit
30 Maji anni 1537; secundum ultima septembris coepit, finivit
autem septima Januarii anno 1839. Tertium Regum coepit 8. Jauarii
anno 38: Quartum Regum coepit 23 Martii die anno 1538, eum
finivit 6 Junii. Esdram coepit 12 Junii, Neemiam Kalendis Augusti
17 lectionibus; Hester praelegit 12 lectionibus, finivit 5ta die Septembris anno 38. Post hos libros legit primum Ecclesiasten inci-
cipiens 9. Septembris anno 38, praelegit 33bus praelectionibus,
finivit 7 Novembris. Canticum Canticorum coepit octava Novembris,
et finivit 6ta Xbris, 23bus lectionibus. Proverbia Salomonis coepit
undecima Decembris anni 38, finivit 22. die Marcii anno 1539.
Coepit vero librum Job 26 Martii anni 39, quem finivit decima
Julii anno 1539. Et is tandem ultimus liber primi cursus Theodori,   Finis primi
quem coeperat 32. anno.[2])   cursus

Secundum autem cursum rursus coepit non a Genesi, sed sicut   Cursus 2us
coeperat ab Isaja; idque feliciter auspicatus est, undecima die Augusti
anno 1539.

Postquam vero finieram commentaria qualiacunque, pro me
et studiosis theologiae junioribus, jamque iterum exantlatum
putarem fructum studiorum meorum, communicandum ad minus,
tibi meo filio, si viveres, vel tibi nepoti Conrado, qui olim talibus
uterentur et perficerent in sacris, tibi et aliis pretiosissimum vobis

---

[1]) d. h. anni.

[2]) Diese genauen chronologischen Angaben reehtfertigt Pellikan dem
Leser gegenüber mit folgender Randbemerkung: «ut videas diligentiam scholae
et profectum, cui non facile similem invenias alibi.»

128

ex me testamentum relicturum me gaudens, ecce incipit instare
chalcographus et bibliopola, ut ex gustu aliquantum alectis passim
studiosis de libello Ruth et cetera quoque cupientibus similiter
evulgari inciperem, quae scripsissem, corrigere et pro virili absol-
vere, imprimis autem quinque libros Mosis. Id enim cupere nedum
studiosi inciperent, sed et bibliopolae urgerent. Ego videns
simplicia et mediocria scripta placitura mediocriter doctis et
simplicioribus, sciensque simplicitatem stili mediocriter latini
non abhorrere a stilo Spiritus sancti simplici et plano, et
quod major sit copia mediocriter studiosorum, quibus gratificari
petentibus deberem, quam eximie doctorum, qui sicut nostra legere
non dignarentur sic nec indigerent, quibus nec etiam scripseram, [1])
coepi propendere ad communem piorum et simplicium devotionem
et expendere, quis talibus inde fructus succrescere possit, pro quo
assequendo tot ego annis totque inexplicabilibus laboribus succu-
buissem, jam a triginta integris annis et amplius, quibus ut certius
sacra intelligerem Biblia, multam et improbam operam impenderam
ad intelligendum Hebraica; hujusmodi cogitatione et solo respectu
proficiendi in verbo Dei clare intelligendo permotus, id quod
conscientiae meae testis deus novit, permovebar ad gratificandum
alioque mihi amicissimo amico Froschofero coepique aggredi
Genesim, quam nondum aliter scripseram, quam eo modo, quo
Basileae ordinarius in theologia lector auditoribus ipsam praelegeram;
assumtis ergo aliis quoque interpretibus sacris antiquis et neotericis,
quorum interim lucubrationes emerserant per impressuram, ut
Chrisostomi, Melanchtonis et Zwinglii, ex his alacriter, quae resta-
bant in librum Genesim exposui, ut brevius potui et sic constitui
negotium, ut ad futuras nundinas Franckfordianas folium unum et
alterum impressum in initium Genesis studiosis passim et bibliopolis
exhiberetur. Dumque Genesis imprimi coeperat, alios ego libros
quatuor Mosaicos, prius satis neglectim tentatos, rescribo et emaculo
et in eam qua prostat formam exhibeo impressoribus, per menses

Editio Mosis cum Commentario meo

Frosch-hoferus

---

[1]) In ähnlichem Sinne spricht sich P. nach der Vollendung des ersten
Bandes in dem o. a. Briefe an Vadian aus: «audio praeterea tibi commentaria
nostra destinata, quae tui similibus minime scripsi, sed regionariis pastoribus,
qui altiora non caperent et scripturae dogmata tantum praedicare cogantur,
quae nunquam didicerunt nec opportunitatem habent discendi aliter quam libris.»

ferme sex, primum commentarii hujusmodi tomum; cumque ᴵᵘˢ ᶦⁿ ᵛᵉᵗ·
ᵀᵉˢᵗ·
urgeret quoque ad secundum tomum, qui historias habet omnes, ᴵᴵᵘˢ ᵀᵒᵐᵘˢ·
eum quoque paravi multis laboribus, ut una cum textus biblici
totius correctura ad hebraicam veritatem, si quid obmissum vel
scriptorum vitio admissum esset, mendarum, servata translatione
recepta et ecclesiastica, quae mihi nondum videbatur mutanda,
quamvis notabiles errores non dissimularim. ergo anno 1532 mense
Augusto absolutus est tomus primus; sequenti anno secundus tomus
prodiit mense Martio; consequenter quoque eodem anno 33. mense
Augusto prodiit tomus tertius,[1]) et anno sequente 34. Martio ᵗᵘˢ ᵗᵒᵐᵘˢ
mense tomus quartus.[2])   ⁴ᵘˢ

Cum autem docti quidam viri et religiosi viderent, quid actum
et legerent scripta, erant qui impense rogarent, ut non omitterem
scribere[3]) in reliquos libros biblicos, quamlibet non canonicos, ᴱᶜᶜˡᵉˢᶦᵃˢᵗᶦᶜᶦ
ˡᶦᵇʳᶦ ⁿᵒⁿ
sed tamen ecclesiasticos, maxime vero in Tobiam, quem arbitra- ᶜᵃⁿᵒⁿᶦᶜᶦ
rentur egregium esse exemplum omnium virtutum Christianarum.
Cum vero suppeteret ad id tentandum otium, parui et quae
Dominus dedit, conscripsi, tanta felicitate juxta modum ingenii et
mediocris stili, ut non magna molestia finierim, sed magis ad
reliquos quoque expendendos animum appellens expleverim piorum
multorum vota et mea praecipue; nec poenitet laboris, quamlibet
sciam, eum multis non probari, id vero qua ratione, ipsi viderint;[4])

---

¹) Im Propheten Ezechiel ist vom vierzigsten Capitel an Biblianders
Erklärung abgedruckt, was Pellikan selbst dort mit folgenden Worten zugesteht:
«Malui bene dictis subscribere quam propriam tenuitatem agnoscens in sacris
periclitari dogmatibus».

²) Vgl. hiezu und zu dem Folgenden das Verzeichniss der Commentare
in der Einleitung.

³) In der Vorrede zum ersten Band gedenkt Pellikan namentlich des
Wernher· Steiner von Zug als desjenigen, der ihn immer wieder zu Ver-
öffentlichungen gedrängt habe.

⁴) In der Vorrede zum Commentar über das Neue Testament erklärt
Pellikan ausdrücklich: hoc mihi praecipue in votis et studio fuit, ne quid
catholicis dogmatibus et orthodoxis patribus contrarium hic aut alibi asserem.
Ubi autem fuerit deprehensum, quod scripturis canonicis pugnantia propinavi,
notetur a peritioribus, reprehendatur, revincatur idoneis rationibus, proferatur
in publicum, ne incauti impingant in eundem scopulum. Equidem admonitus
erroris impii statim corrigam et monitori gratiam agam aliisque autor, quantum
in me situm erit, ad fugienda noxia dogmata esse non erubescam.

id autem quicquid est operis exantlatum est anno 1534. Cui operi successit labor colligendi indicem totius sacrae Bibliothecae pro his, qui in commentariis meis querebantur obmissas esse allegationes et concordantias, quod ego admittendum putaveram, brevitatis gratia, ne in immensum crescerent tomi, alioqui satis pretiosi ac magni: id ego laboris confeci anno 1545.[1]) Tardius autem imprimendum suscipiebatur a chalcographo,[2]) qui me urgebat omnibus modis et quantum potuit, ut et in novum Testamentum scribens, absolverem biblicum opus illud, pro quo et facile passus sum me exorari, quando non mihi nisi aliorum scripta meliora colligenda et perstringenda credidi, ut a multis dicta, quae meliora et solidiora essent,[3]) similiter quoque brevius in uno volumine legerentur; maxime vero in Evangelia et Acta, ut simul quoque textus adesset integre, id egi anno 1546.[4])

Etiam quia totiens commentaria D. H. Bullingeri in omnes epistolas impressa erant, minime putabam, aliquid actis tam egregie superaddendum; sed et hic tandem vicit chalcographi apud me amica exactio, contendentis esse complures, qui meis delectarentur et ab eodem cuperent habere, quae legerent simpliciora, aliorum

(Marginalien:) Index biblicus — Evangelia et acta — in epistolas Apost.

---

[1]) Es soll heissen 1535.

[2]) Erst nachdem der Commentar zu den Evangelien die Presse verlassen, druckte Froschauer auch den Index. Die für Pellikan sehr schmeichelhafte Vorrede Bullingers ist vom August 1537 datirt; u. A. wird der Verfasser, vir vitae integritate et morum sanctimonia clarus sanctisque ministeriis de pietate et litteris optime meritus, gegen den Vorwurf in Schutz genommen, als ob er mit diesem Index ein subsidium negligentiae bieten wolle; zum Schlusse sagt Bullinger, um die Kritik in gesunde Schranken zu weisen: «facilius est calumniari quam meliora aut etiam paria facere».

[3]) Dies wird schon im Titel deutlich zugestanden und in der Vorrede heisst es: nec mihi quicquam ex hoc opere vendico quam laborem legendi, judicandi, transscribendi aliorum bene dicta, abbreviandi quoque et nonnunquam latius explicandi, mea sparsim interponens, quum alii non possent per omnia probari. Sed abstinui a nominibus autorum, partim studio brevitatis, partim ob molestiam illam nomenclaturae vitandam, partim animo quorundam infirmo consulens, qui veritatem clarissimam per se agnoscunt, sed sub hominis alicujus parum sibi probati titulo exhibitam refugiunt. Diese treffende Bemerkung bezog sich wohl in erster Linie auf die aus den Paraphrasen des Erasmus zumal in die Erklärung des zweiten Evangeliums herübergenommenen Stellen.

[4]) Lapsus calami statt 1536.

quoque bene dicta non neglecturi. Ergo id quoque laboris quod
supererat exegi ad annum 1538 et 39.[1]) Apocalipsin vero nunquam
animus fuit vel fiducia tanta ingenii et eruditionis, ut in illam
scribere cogitarem;[2]) sed placuit valde, quae scripserat Doctor
Sebastianus Meyer in eandem, quam nostris commentariis aptius Sebastianus
                                                                 Meyer
pro complendo jungendam et colligandam gaudebam;[3]) in eum
tamen librum tandem quoque Germanice scripsi, ut absolveretur Apocalipsis
                                                               germanice
expositio Erasmiana in novum Testamentum, cujus paraphrases   exposita
elegantissimas transtulerat Leo noster Judae, quam chalcographus
precabatur addendam, utcunque brevissimo tempore, magis praeci-
pitatam quam praemeditatam diu et scriptam, cujus tamen operae
quamlibet insufficientis nondum me poenituit.[4])

---

[1]) In einem Brief an O. Myconius (vom 14. Mai 1542, s. Siml. Samml.)
spricht sich P. über die Entstehung dieses Bandes näher dahin aus, dass die
Arbeit über den Römerbrief an Butzer (s. Baum a. a. O. 598), die über die
Corintherbriefe an Chrysostomus sich anschliesse.

[2]) An Bitten um eine Erklärung der Apokalypse aus seiner Feder hatten
es die Freunde nicht fehlen lassen. Vadian schrieb ihm im Mai 1537: «ceterum
vellem, quod boni ut consulas precor, et in Joannis apocalypsin te calamum
convertere, et quoniam ecclesiae publico favore is liber multis seculis exceptus
est, opes ingenii tui, quae Domini gratia (nihil adulor) magnae sunt, in recon-
ditum illum thesaurum mysteriorum, quae nostra maxime aetate emergunt,
solita illa facilitate ingeres. Ad mysteria enim praesertim aenigmatis involuta
non judicium modo scripturis exercitum, sed ingenium etiam facilitati natum
et hac praecipua gratia praeditum requiritur. Sunt autem, mihi crede, qui eum
librum Pellicano interprete maxime legere cuperent, non modo quia magnae
existimationis apud se nomen tuum existit, sed quod gustum fecerint ex ingenii tui modulo et promittant sibi, te, qui magnam partem utriusque testamenti mysteriaque tanta fide et diligentia tractaris, certe nihil relicturum in
Apocalypsin, quod pium lectorem non possit abunde de luce veritatis instruere».
Wir drucken diese Stelle um so lieber ab, als sie von dem Einfluss der Pellikan'schen Commentare überhaupt ein beredtes Zeugniss ablegt.

[3]) Sebastian Meyer, der Berner Reformator, ehedem auch Franziskaner,
hatte Pellikan das Manuscript eines Commentars zur Apokalypse überschickt.
Dieser, den Grundsätzen der Meyer'schen Exegese im Wesentlichen zustimmend
und 'froh, nicht selbst an das heikle Geschäft gehen zu müssen, gab die Arbeit
des Freundes leicht überarbeitet in die Froschauer'sche Presse. Aus der
Correspondenz Pellikans und Meyers (Siml. Samml.) ist ersichtlich, dass der
Abdruck der Vorrede, einer ziemlich heftigen Invektive gegen Luther und
dessen Benehmen im Sakramentsstreit, gar nicht in Meyers Absicht gelegen hatte.

[4]) s. unten.

Interim autem, dum sic haec aguntur a me, coepi nihilominus diligentius agere in lectionibus Theodori, ab eo tempore, quo coepit praelegere librum Josuae, nempe ab anni 1536. mense Decembri, ut rapidissime exciperem ea quae in lectionibus ab eo dicebantur, ab exordio lectionum usque ad finem, et statim domum rediens rescriberem diligentius et legibiliore litera, quae rapueram festinantissime et memoriter insuper retinueram; id egi ab eo die diligentissime, ut apparet ex scriptis meis sexternionibus fere ducentis, quae omni auro et lapide pretioso mihi sunt cariora. Sic autem processi, ab eo tempore laborans quotidie una et altera hora in Josuae, Judicum, Ruth, Regum, Esrae, Neemiae, Hester, Esaja, Jeremia, Ezechiele, duodecim prophetis, Daniele, Ecclesiaste Canticis, Parabolis, Psalterio et Paralipomenon. Genesim quoque collegi ex meis et aliorum rapsodiis, ex suo autem scripto. Siquidem tota Biblia hoc modo ipse sibi praelegenda conscripsit, ut semel laborans, posthac sit liberior ad alia. Scripsi ad verbum expositiones in Exodum, Leviticum, Numerorum, et adhuc tantum restat Deuteronomius, quem tamen scripsi ipsum quoque ex ore Bullingeri, qui biennio praedicavit eum dominicis diebus tantum et doctissime et utilissime; haec autem transegi regulariter a 36. anno usque ad annum 43. ad finem, quando idem Theodorus, praeter rationem nostrae scholae tempori servire cupiens, se recepit praelecturum Apocalipsim Joannis, quem praelegere coepit ab initio ferme Decembris, quam praelectionem spero propediem typis edendam orbi christiano, opus mirabile nimis. Sed residua studiorum meorum praeter praedicta vobis charissimis filiis jam quoque describam, vobis non solum in exemplum, sed ut olim cum tempore, ubi creveritis in viros judicio solidissimos, eisdem non solum utamini, sed et ad fidelium usum et utilitatem absolvenda a vobis disseminaturi sitis, etiam si videbitur per impressuram, si nemo meliore opera eadem disseminanda anteverterit, vel eisdam uti poteritis ad commodum vestrum, ubi alios eadem contemturos credideritis.[1]) Primum est, quod tota Biblia sacra transtuli a Chal-

Marginal notes:
- Theodori praelectiones exceptae in Josuae
- Theodori scripta in 24 canon. Vet. Tect.
- Deuteron.
- Apocalypsis

---

[1]) Diese Manuscripte Pellikans alle werden in Zürich aufbewahrt. Der in der Einl. angeführte Sal. Hess hat ein Verzeichniss dieser Zeugen «eines schreibseligen Lebens» oder um mehr als Hess zu sagen: eines unermüdlichen Sammelfleisses angelegt. Da Pellikan hier und an späteren Stellen des Chronikons alle diese Arbeiten aufführt, so drucken wir den Hess'schen Katalog nicht ab.

daice in latinum, Mosen scilicet, Prophetas priores et posteriores
cum Hagiographis, Onckelum scilicet et Jonathan cum reliquis
etiam in Cantica, Ecclesiasten, Lamentationes, et utrumque Targum super libro Hester, de quo sibi Judaei mire placent; quin et
Targum Jerosolymitanum in quinque libros Mosis. Praeter hoc
etiam transtuli quaedam Talmudica opuscula vel capita, nempe
Massechet, id est tractatum Schabbath, Erufim, sed hunc nondum
finivi; Joma per 8 capitula, Sanhedrim per XI capitula, Maccoth
per 3 c. Suta per 9 c. Csufoth inchoata, Bruchot inchoata. Sucha
quoque et Thaenioth, Megila quoque et Maschkin Piah et Damai;
cum Gamora, tam Joma quam Sanhedrin, omnia numero XVII,
cum Schabbat Babilonico.

Haec opera Michaelis Adae

Transtuli quoque librum Massoreth, quem hebraicum edidit
Elias Grammaticus[1]); tractatum quoque ejusdem de accentibus,
similiter grammaticam egregiam, quae dicitur Hasmisum, Rabi
Mosis punctatoris, quae incipit: dixit Jacob filius Hajim, filius
Isaac et appressa est ipsi Massoreth majori, in marginibus supremis
et infimis a מַעֲרֶכֶת litterae א usque ad literam ט; servit autem
ea grammatica volentibus scribere hebraea et exacte legere non
punctata et ad indicandum causas et regulas· punctationum; tractatum quoque grammaticalem, qui incipit Porta Meseg.

Transtuli praeter ea commentaria Rabi Salomonis et Rabi
Abraham Aben Ezra in Genesim, Rabi Davidis Kimhi in totum
Esajam, in duodecim prophetas minores, in 50 primos Psalmos,
in libros Josuae, Judicum et Regum, sed non tota. Rabi Salomonis
et Rabi Levi ben Gerson; similiter R. Salomonis commentarium in
Paralipomenon, Esdram et Neemiam, similiter in eadem R. Simeonis
commentarium et commentarium in Mischle: proverbia, quod
dicitur Kabfenaki, et commentarium Abrahae Prizol in librum Job;
quaedam R. Levi ben Gersoni in Danielem. Scripsi in primum
psalmum modum exactissime praelegendi psalmos hebraicos, juxta
traditionem judaicam et vere christianam, longe illam superantem;
ibi exposui Massoret parvas et magnas, grammaticalem sensum
cum ratione orthographica et cum Judaeorum triplici commentario

Lectio in primum psalmum ab- soluta

---

[1]) Diese Ausgabe des Elias Levita war 1538 in Venedig erschienen; s.
Geiger: das Studium der hebräischen Sprache, S. 64.

R. Salomonis, Abrahae Aben Ezra et David Kimhi, quibus christianam addidi expositionem, ut lector discrimen videat lucis et tenebrarum.

Scripsi praeterea sub illud temporis germanice expositionem christianissimam et utilissimam doctis et indoctis, etiam Praedicatoribus cum Laicis, in Genesim, Exodum, Leviticum, Numeros, Deuteronomion, Josuae, Judicum, Ruth, Samuel, Malachim; denique in Jesajam et Jeremiam prophetas, ad convincendum solidissime Judaeos.[1]) unde et transtuli librum Ludovici Vivis latinum disputatientem cum Judaeis, elegantissimum librum in germanicum, ut potui, a vobis olim emendanda.

Ethica Sed et Ethicorum libros Aristotelis transtuli de latino in germanicum, satis intelligibiliter, ut fieri potuit, similiter libros Rhethoricorum ejusdem anno 41. et Politicorum quoque libros anno 42., item Oeconomicorum anno 41. et parva moralia ejusdem; similiter de longitudine ac brevitate vitae anno 42. in 7brl. de somno et vigilia 42. 7brl, de somnis 42. 7brl, de insomniorum significationibus 42. 7brl, de juventute et senectute et morte 42. 7brl; primum phisicorum 42. in 8brl, secundum non finitum in 8brl, paraphrasim in librum. Aristotelis de coelo et mundo. Transtuleram prius filio Tusculanarum quaestionum libros tertium, 4tum et quintum.[2])

---

[1]) Nach den am Rande angefügten Daten hat Pellikan an dieser apologetischen Auslegung des Alten Testamentes in den Jahren 1538, 1541, 1542 und 1543 gearbeitet.

[2]) Die 1541 und 1542 ungemein rasch vollendeten Uebersetzungen aus Aristoteles und Cicero füllen zwei starke Quartbände (Kantonsbibliothek in Zürich), aus deren erstem Herr Professor Vögelin die Güte hatte uns zwei Dedikationen Pellikans an zwei seiner Schüler, Jakob Rösch (Röust), den Sohn des bekannten Zürcher Bürgermeisters, und Heinrich Rüblin, abzuschreiben. Der Inhalt derselben ist im Wesentlichen derselbe wie in der hier folgenden «ratio germanicae interpretationis». Es ist jedenfalls merkwürdig an Pellikan, dass er, der Sprachenkundige, einen so grossen Werth auf deutsche Uebersetzungen auch philosophischer Schriften legte. In den erwähnten Dedikationen nennt P. die parva moralia «das bescht und allernützlichst, so gefunden wurt in allen Büchern Aristotelis, so er vil von Tugenden beschryben hatt» und von den Oeconom. sagt er: «Dises Büchlin aber soltn in sunderheit wyssen und gläsen habn die jungen Burgersün, ee sy frowen nämen, und wissn wie dieselben syn soltnd, wie zu erwerbn und wie ouch zum Haushaltn angebrocht werdn, daran aber gar vyl wyll glägn syn».

Item transtuli tercium librum Nicol. Cusani de concordia catholica germanice. Interpretatus sum Psalterium ad verbum latine infra 10. dies 1543 in Aprili. Verum haec ideo germanica transtuli jam Ratio germanicae interpretation. enumerata, ut nosti fili Samuel, tunc praesens, ut intelligeres philosophiam moralem Aristotelis, quae tunc praelegabatur, et Ciceronis non oportere tanta jactura temporis et laborum injuria discere ex graecis originalibus, quae non minus clare immo longe clarissime tradi posset ingeniosis juvenibus omnibus, et breviori tempore, ut sic ad alia quoque maxime necessaria studia juventus exerceretur: ad sacrosancta christiana dogmata, ad leges naturae et caesareas, ad historias tam rerum naturalium ex Plinio et similibus quam gentium et regnorum, quorum omnium scientia necessaria et utilis sine tantis laboribus plantari in Germania non minus posset, quam olim in Graecia, quae eo nomine celebrabatur doctissima, cum nulla alia quam populari uteretur; sicut et Rhomani, Rhomani, Graeci qui Graecorum praeceptores et grammaticos urbe pellere maluerunt, quam multis linguis confundi imperium; et quae in graeca vel alia lingua erudita et utilia advertebant scripta, a suis adhuc ignorata, ea diligentissima cura faciebant transferri in suam vulgarem, intelligentes esse proximam viam excludendi ignorantiam, quae barbaries dicebatur et erat. Non enim barbarus dici meretur populus Stulti Germani hactenus ob quamcunque linguam, sed ob inertiam et ignorantiam philosophiae divinae, naturalis et moralis, quae non minus luculenter tradi potest et intelligi clare lingua germanica, nobilissima ditissima omnium, quam alia quacunque etiam graeca, quae copiosior esse tractatur quam latina. Vestrum ergo erit, ut non tantum haec Aristotelica aliquando clarius proferenda curetis, si libeat philosophiam docere, sed et neothericorum quorumdam longe accomodatiores methodos omnis philosophiae in germanicam transfundere linguam studeatis, ex amore ad patriam, quae vera est et Deo gratissima pietas, et Dei quoque cultus, dum ea, quae fidei sunt in Deum et ecclesiae Dogmata non negligantur, ut nunc nostro tempore sancti quidam viri facere inceperunt et faciunt, unde fastuosi illi et jactabundi linguaces, qui decem verba scribere non dignantur, nisi tria inserant graeca et undecimum hebraicum. Quanto satius esset et necessarium magis, Turcica discere, qui nimium Turcica discenda nobis propinqui esse incipiunt, ut tandem eos ad catholicam veri-

tatem verbis doctrinae mansuefacere possemus et reddere huma-
niores et non ob nostras vanitates nimias juste infensos nobis. Et
quid ecclesiis nostris germanicis deest, quominus intelligant veritatem,
invitis Romanis et Graecis. Qui jam 30 fere annis germanica
lingua edocti sunt per pios et fideles praedicatores, qui. in ecclesia

Germanica
lingua do-
cenda eccle-
sia nostra Germanorum non nisi germanice loqui elegerunt prudentissime, in
quo docere possunt quicquid est pietatis et liberalium disciplinarum,
ut in ecclesia nostra germanica clarissime docentur et exponuntur
dogmata ecclesiastica. Moses nunc populo nostro clarissime loquens
longe clarius intelligitur a civibus et vetulis, a virginibus et juvenibus,
quam nuper a Doctoribus Parisiensibus et Monachis quamlibet
Scotistis et Thomistis; sic prophetae loquuntur ad nostrum populum,
Christus, Evangelistae et Apostoli in nulla alia lingua quam
germanica; ut nihil tam sit abstrusum in canone biblico, quod

H. Bullin-
gerus non summa cum luce et fructu a nostro H. Bullingero proponatur
et intelligatur a populo; is post excidium sancti nostri viri Zwinglii,
eidem suffectus doctor ecclesiae, quamlibet linguas sacras omnes
intelligat solide, nulla tamen unquam utitur, nisi vulgari et populari,
adeoque materna, exemplo Chrisostomi et Gregorii similiter quoque Augustini, unde et jam ab annis duodecim praedicavit cum
fructu maximo et sine omni omnium auditorum querela, non
tantum novum Testamentum, Evangelia et Apostolos, sed et

Comparatio
doctrinarum prophetas quoque et Mosen et ferme totum veteris Testamenti
sacrosanctum canonem, idque majori perspicuitate sententiarum,
et verissimorum dogmatum, quam ab initio Parisiensis universitatis
aliquis potuerit in cathedra doctorali; id inficiari ne docti quidem
possunt. Is autem noster fidelissimus et doctissimus concionator
et episcopus ecclesiae Tigurinae suas quoque et ipse partes porri-
gere non cessat; post Zwinglium et Leonem nunquam hactenus
aspernatus est aliquam praelectionem Theodori nostri, etiam secundo
tractantis canonem sacrum; quin omnes alios meo judicio excellens
in modo tradendi, persuadendi, docendi et loquendi commo-

Bullingeri
studia in
ecclesiam
Tigur. dissime et eloquentissime; is inquam Bullingerus praeter ea, quae
per impressuram edidit probatissimos codices et commentarios de
omnibus argumentis necessariis et in novum Testamentum nunc
totum, populo quoque ecclesiae Tigurinae praedicavit catholicissime
et dissertissime, ut eidem similem nunquam audierim; praedicavit,

inquam, ut ambo vos scire potestis, utque sciatis et pro defensione nostrae ecclesiae producere verum valeatis; anno 1532 praedicavit epistolam Pauli ad Hebraeos utrasque divi Petri epistolas, evan- *Utiliter et clare omnia* gelium quoque secundum Joannem, omnia integre, clare et intelligibiliter. Anno sequenti 33tio praedicavit acta Apostolorum, epistolam ad Romanos, utramque ad Corinthios et eam, quae est ad Galatas et ad Ephesios. Anno 1534 pro suggestu similiter docuit prophetam Amoz, Jonam, Abacuk, Sophoniam, ea sane commoditate, quasi ipsi prophetae viventes haud aliter quam ipsis populis Tigurinis a Domino misi fuissent, ut nemo unquam quereretur e vulgo quoque, sine fructu et ratione utili omnia dici vel dicta fuisse in ecclesia. Sed et epistola ad Philippenses et Colossenses cum utraque tam ad Thessalonicenses quam Timotheum cum eis quae scriptae sunt ad Titum et Philemonem, anno subinde 1535 praedicavit evangelium Christi secundum Matheum et Abdiam, Zachariam quoque cum Haggeo et Malachia; et quis unquam alibi per tot saecula noscitur canonicos hos libros ecclesiis proposuisse, *Caret exemplo* idque tam intelligibiliter et sine omni fastidio ecclesiae, etiam in *ecclesiae nostra institutio* plebe, ut in X annis non X viri visi fuerint exisse ecclesiam ante finem sermonis.

Anno autem 1536. Genesim praedicavit, et evangelium Lucae cum Osea et Joele. Per annos 37. et 38. evangelium Joannis et Exodum praedicavit, anno 39. et 40. iterum Epistolam ad Hebraeos praedicavit cum catholicis divis epistolis Joannis et evangelium Marci et Deuteronomion totum plus quam biennio dominicis quoque diebus cum multa attentione et fructu praedicavit ecclesiae; et ego ex ejus ore scripsi eum Deuteronomion, nihil obmittendo *In Deuteron.* quae consequi potui; anno vero 1541. praedicavit iterum utrasque divi Petri epistolas, sextis autem feriis Josuae praedicavit et Judicum et nunc Samuelis primum cum evangelio Lucae dominicis diebus, usque in praesentem annum, qui est quadragesimus tertius sub fine, dum haec scribo; omnia per verum hunc Ecclesiae nostrae Doctorem praedicata sunt per annos duodecim. Praeter omnes illas praedicationes quotidianas, quae fiunt quater in hebdomada *Alterius instituti sermones ecclesiastici nobiscum Tiguri* et quinquies statim a lectione Theodori, in qua eadem fere populo proponuntur et exponuntur in ecclesia, quae hora praecedente audita sunt a Theodoro in scholis nostris theologicis, sic tamen, ut quo ad hunc actum nulla permittatur intermissio vel vacantia, ideoque non nihil mutatur de ordine, ut unus et alter liber, ut est Ecclesiastes et Cantica, non sint populo praedicati, quando in aliis exponendis populo tardior est progressus in ecclesia quam in scholis, non obstantibus scholae vacantiis. In eodem labore praedicandi laboravit gratis et sine omni praemio accepto sanctae memoriae Leo Judae, ferme XX annis fidelissime praedicans etiam in majori ecclesia Tigurina, quod non obligabatur, erat enim plebanus D. Petri parrochiae. Is autem Leo, quae egerit multa valde et utilissima praedicando, scribendo, interpretando ex latino in germanicum et ex germanico in latinum, testantur ejus opera multa praeter chatechismos, quos scripsit in utraque lingua, et insuper judex fuit et assessor XX fere annis in consistorio ecclesiasticae disciplinae et in causis matrimonalibus. Haec non frustra scribo, charissimi filii, cupio enim nedum omnium talium virorum exemplo vos aptari, quandoque et ad similia fideliter agenda accingi, ut decet optimos viros, sed patriam vestram, ubi educati estis, amare studentes, simulque ejusdem famam bonam defendere contendatis, quandoquidem nescio qua ratione a quibusdam non solum oditur, sed et falso traducitur, ut schismatica et Schwermeria[1]) et nescio quibus aliis injuriosis dicacitatibus indigne traduci auditur.

Praeterea confeci indices plures in opera Tiguri impressa, nempe in commentaria epistolarum sacrarum H. Bullingeri, in geographiam Vadiani,[2]) inque ejus aphorismorum librum, quem mihi dicavit.[3]) Biblia Monsteri contuli ad verbum cum hebraico,

Marginal notes: Leo Judae · Ratio hujus chronicae iterum · Indices · Biblia Monsteri

---

[1]) Sic!

[2]) Epitome trium terrae partium etc. 1534. Ueber diese Bullinger gewidmete biblische Geographie (Rudolphi a. a. O. S. 27) vgl. besonders *Geilfuss:* Vadian als geographischer Schriftsteller 1865. Pellikans Mitarbeit findet sich übrigens weder in diesen noch in den sofort angeführten weiteren Drucken Froschauers erwähnt. Hier heisst es beim Index einfach: opera chalcographi in rem studiosorum adjectus.

[3]) Ueber das Werk: VI libri aphorismorum de consideratione eucharistiae, s. Kesslers Sabbata, a. a. O. II, 436 und Rudolphi a. a. O. S. 28; Vadian vindiciert in einem Briefe an Luther vom September 1536 seinem Lehrer Pellikan einen grossen Antheil daran; Pellikan überwachte auch den Druck bei Froschauer. Die Dedikation machte dem bescheidenen Pellikan um so grössere Freude, da sie von Worten herzlichster Verehrung begleitet war.

quando id Monstero prohibitum erat agere Basileae, ut ceperat, ex odio chalcographorum contra Froschouerum.[1]) Biblia quoque BibliaLeonis Leonis Judae et Theodori similiter ad verbum contuli cum hebraeo, ne quid obmitteretur, primum ante impressionem, secundo[2]) post Erasmiparaphrases german. c. text. primam, ante secundam editionem forma minore; et paraphrases quoque Erasmi Roterodami in totum novum Testamentum distinxi Index in paraphrases et applicavi ad singulas capitulorum sectiones, ut sunt impressae, In apocalypsim german. cui et indicem magnum et laboriosum adjeci; quin et ne manca expositio non poenitenda esset testamenti novi explicatio, adjeci expositionem in Apocalipsim germanicam[3]); in Stopaeum quoque indicem copiosum confeci.[4]) In Stopaeum ind.

In zwei Briefen an Vadian (geschrieben während des Drucks den 7. und den 22. Juli 1536; Autogr. in St. Gallen, ep. mscr. III, 209 und IV, 40) spricht er seine Beschämung darüber aus. Im ersten heisst es, das Werk verdiente dem Kaiser oder den Gelehrten der gesammten Christenheit gewidmet zu sein; im zweiten: «inscriptionem elegantis et divini operis tui aegre feram, qui majorem honorem nec accepi ullum in omni vita, si tantum non tam indignus essem et operis dignitati nihil ex ipso decederet, quin vel eo nomine mihi et veritati gratulatus sim, quod lucubrationibus meis in vetus testamentum multum autoritatis ea addet nominis mei celebratio per te, virum tantum et talem. Faxit Dei bonitas ut omnia feliciter utique cadant et in Dei unius gloriam, ne quid unquam in carne gloriemur, qui pro Dei dispensatione agimus et in conditoris gloriam conditos nos meminisse semper debemus».

[1]) Den Titel dieser Münster'schen Bibel s. *Rudolphi* a. a. O. S. 30; was *Fritzsche* s. unten S. 450 und *Diestel*, Geschichte des Alten Testamentes in der christlichen Kirche, S. 260, über diese Bibelübersetzung sagen, findet durch diese Notiz Pellikans seine Bestätigung und Ergänzung. Letzteres hauptsächlich insofern, als weder Fritzsche noch auch *Geiger* (Studium der hebräischen Sprache, S. 82) diese Froschauer'sche Ausgabe erwähnen.

[2]) Ueber diese beiden posthumen Ausgaben der sehr guten lateinischen Bibelübersetzung des Leo Judä und Pellikans Mitarbeit an derselben s. *Fritzsche* in Herzogs Encykl. XVII, 451 und die Vorrede Bullingers, in welcher erzählt wird, wie Leo auf seinem Sterbebette die Revision des Werkes dem Pellikan übertragen habe. Vgl. auch *Pestalozzi* Leo Judä S. 93.

[3]) Titel und Beschreibung dieses sehr hübsch ausgestatteten Buches s. *Rudolphi* a. a. O. S. 28 und 33. Die lateinische Originalausgabe (Froben 1522) schliesst bekanntlich mit dem Hebräerbrief. Soweit übersetzte Leo Judä einfach den Text des Erasmus, wie er selbst sagt «in gemeines landliches, nicht in hohes höfisches Deutsch»; dagegen hat die Paraphrase der Apokalypse nicht er selbst (wie Rudolphi S. 33 angibt), sondern eben Pellikan verfasst.

[4]) Gemeint ist die Ausgabe der sententiae des Stobaeus durch Conrad Gesner im Jahre 1543; s. *Rudolphi* a. a. O. S. 34. Copiosus wird der Index auch in der Vorrede von Gesner genannt.

140

Et indicem composui quadruplicem in bibliothecam Tigurinam, complectentem primum nomina authorum ad ordinem alphabeti

Bibliotheca tigurina quadripartita

requirenda, deinde bibliothecae libros vel codices quid complecterentur, et quo numero notandos curavi per numeros codicum et locorum, ubi essent inveniendi promptius; primus niger, secundus rubeus, tertio indicem feci secundum artes liberales et materias juxta philosophiam divinam, naturalem, rationalem, legalem, historicam, et penes linguas, latinam, graecam, hebraicam et germanam; quarto annotavi locos communes, supra quadringentos tractatos integris libris, a gravibus authoribus, diligenter, ad magnum profectum studiosorum nostrorum.[1]) Adscripsi quoque filio et mihi ad hebrai-cam impressuram Parisiensem translationem[2]) Theodori vel Leonis

Esaj. Jer. 12 proph. inter-pretationes adscriptae.

in Esajam, Jeremiam, et XII prophetas. Dictionarium chaldaicum

Chaldaicum Dictionarium

Xantis Pagnini Romae vel Avenionis impressum, a Bonifacio Amorbachio mihi dono inde[3]) missum Monstero tradidi cum Tal-mudico meo olim rescripto, ut ex duobus illis conficeret unum,

Bonifacius Amorbach

quod et fecit tandem et Basileae imprimi curavit.[4]) Et grammaticam hebraicam olim a me compositam cum dictionario manu mea scripsi ad gratiam et usum Gregorii Reyschii, Cartusiani amici, de quo etiam superius quaedam commemorata. Egi quoque per Mar-

Concordan-tia hebraica

cum meum Heilander, ut conficeretur concordantia hebraica, addita latina translatione vulgata, opus multae utilitatis. Eos tres magnos codices me consentiente vendidit Marcus Frobenio imprimendos, sed neglectum opus est hactenus[5]), tum quod laboriosum et pre-

---

[1]) Den Anfang zu diesen Arbeiten hatte Pellikan, der ohne Zweifel den richtigen esprit bibliothécaire besass, nach Zwinglis Tod gemacht (s. Möri-kofer II, 464). Er schreibt darüber an Mykonius (die coenae Dominicae 1532) negotiosissimus sum translatione librorum Zwinglii nostri et adornatione biblio-thecae nostra Carolinae, quam mihi curandam demandarunt.

[2]) scil. latinam.

[3]) von Avignon, s. *Fechter* a. a. O.

[4]) s. *Geiger,* das Studium der hebräischen Sprache, S. 85.

[5]) Ueber die Entstehung und das Wesen dieser Concordanz s. den o. a. von *Geiger* in den Jahrbüchern für deutsche Theologie 1876, 215 ff. abge-druckten Brief Pellikans an Th. Blaurer. Nach dem, was Pellikan hier sagt, ist dieses Werk jedenfalls nicht, wie Geiger annimmt, das von *Steinschneider,* bibliograph. Handbuch Nr. 1533, erwähnte 1540 gedruckte Lexikon. Mit Stein-schneiders Angabe kann nur das in der Einl. B. 1 erwähnte Dict. hebr. gemeint

tiosum esset opus impressori et non omnibus comparandum, tum quia antevertit Frobenium Sebastianus Gryphius, Lugdunensis, qui Pagnini thesaurum eleganter impressit, ut nostra concordantia impedienda timeretur, quando etiam noster Theodorus promiserat et paraverat imprimendam concordantiam absolutiorem, quae tamen hactenus delitescit et ipsa, speratur tamen aliquando et citius producenda.[1])

Redeo autem nunc ad domesticas res, tibi scitu aliquando jucundas, sicut et mihi illorum memoria grata est, et in Dei circa me beneficiorum cumulo non obliviscenda; redeo inquam ad tempus nativitatis tuae, quod fuit annus vigesimus septimus, quem sequens annus vicesimus octavus celeber ab initio fuit disputatione Bernense et nativitate filiae charissimae Elizabet; vicesimus nonus adduxit primam Capellanam seditionem, sicut et trigesimus primus secundam et nobis clade magna lugubrem quidem, sed Dei gratia minus exitialem, quam hostes voluissent; hinc enim pro Zwinglio suscitavit Ecclesiae suae viros optimos et doctissimos plures, de quibus dictum, praeter alios multos nobiles viros ex scriptis propriis et discipulorum, ut non facile invenias in Germania urbem tam felicis proventus in bonis literis, ut videre licet Tiguri hactenus habitos, et juxta spem posthac habendos quos libet, et delectat hic quoque annotare ad honorem ecclesiae nostrae perpetuum, ut sciatis cum posteris per quot et quales viros ecclesia Tigurina reformata fuerit et speretur conservanda per gratiam Dei et benignam providentiam, quamlibet non sine tentationibus. Quorum omnium antesignanus est et dux fortissimus doctrina et manu, diligentia et constantia incomparibilis Huldricus Zwinglius;[2]) accessit illi Leo Judae, et

Catalogus virorum illustrium ecclesiae Tigurinae

---

sein. Dasselbe findet sich in der hier angeführten Ausgabe der Marg. philos. von 1540. Dort hat es Wolff gefunden, aus dessen Bibl. hebr. es dann Steinschneider herausgeschrieben hat.

[1]) Hier ist im Manuscript von anderer Hand die Bemerkung beigefügt: « nihil erit ».

[2]) Der Begeisterung für Zwingli und Bullinger gibt Pellikan bei jeder Gelegenheit Ausdruck. Dem a Lasco schreibt er 28. Juni 1544: « ab annis XIX, quibus Tiguri ministravi ecclesiae, nulla unquam intercessit inter doctos in quibusquamque dogmatis discordia, qui ab initio reformationis sic omnia inchoata feliciter Dei gratia sunt per Zwinglium et symmystas, ut hactenus nihil mutandum visum fuerit in ceremoniis et doctrina. Sed qui et eidem succes-

Doctor Heinricus Engelhart, Erasmus Faber, Jacobus Ceporinus, Felix Frij, olim Scholiarcha, postea et usque modo Studii et Canonicatus praepositus; Caspar Megander, Miconius Oswaldus. Supervenerat et Andreas Carolstadius aliquot annis, utrique Basileam destinati post obitum Oecolampadii;[1]) Joannes Ammianus, Rodolphus Collinus, praelectores in linguis latina et graeca sicut et ego in hebraica; Doctor Sebastianus Hoffmeister Diaconus;[2]) et Nicolaus Balingus Diaconus cum Nicolao Zehnero Diacono Leonis; et Franciscus Zinck Diaconus quoque; quibus successerat Heinricus Bullingerus et Theodorus Bibliander, nostri praeceptores; Otto Werdmüllerus, Rudolphus Gualterus, Leonis successor; Doctor Conradus Gesner, urbis nostrae Archiatros medicus;[3]) Christophorus Clauserus Doctorque; item Conradus Clauserus, Diethelmus Faber, Petrus Cholinus, Joannes Stumphius;[4]) Joannes Rellicanus; Georgius Binderus, Joannes Frysius; Benedictus Evander, et reliqui, qui fere omnes nobiles sunt ex scriptis utilibus et piis editis impressura, opera et occasione honestissimi et, fidelissimi viri et chalcographi aeque diligentissimi ut peritissimi Christofori Froschoveri, cujus laudes testantur ejus opera et merita; nec negligendus est, sed aeterna laude apud Tigurinos dignissimus Magister Petrus Fabri, unicus chalcographiae corrector per plures annos,

---

serunt duo, Bullingerus in ecclesia et Theodorus Bibliander in theologica schola, Doctores semper pulcherrime concordarunt, suavissima cum tranquillitate regentes ecclesiam.

[1]) Dies Letztere ist nicht ganz zutreffend; denn Mykonius war schon vor Oekolampads Tode nach Basel gekommen und Karlstadt kam erst nach Oekolampads Tod gen Zürich, wo er — bei ihm etwas höchst Wunderbares — sehr beliebt war und nur ungern fortgelassen wurde; s. die Biographien der Beiden von Hagenbach und Jäger.

[2]) Ueber Pellikans Begegnung mit Hofmeister in Paris s. oben S. 53 und M. Kirchhofer: Seb. Wagner, genannt Hofmeister, 1808; besonders S. 65.

[3]) De Gesneri ingenio mihi multa promitto in re medica (Brief an Fries vom 23. Dez. 1536; s. Siml. Samml.); sonst war Pellikan kein Freund der Aerzte seiner Zeit, er sagt a. a. O.: «quod medicinis uteris audio non libenter, ex quibus tarde convalesces, habebis continuo deterius, ubi pharmacopolo acquieveris».

[4]) Weiter unten als Herausgeber der Acten des Constanzer Concils genannt.

diligentissimus in linguis omnibus, quod opera illius abunde
testantur. Et prodeat nunc civitas alia quaecunque, unde pro- Laus Tigurina in Domino
dierint tot docti scribentes et utiles libri; etiam non connumerato
doctissimo et eloquentissimo sanctissimoque viro Doctore medico
et poeta laureato zelosoque theologo et excercitatissimo Joachimo
Vadiano Sangallensi, qui haud gravatim volet inter Tigurinae ecclesiae Doctores numerari, tum, quia uxorem Tigurinam elegit, tum,
quia ex memoratis doctis Tigurinis magno numero discipulos
educavit et fidelissime docuit, et nostrae doctrinae indefessus
adjutor, admonitor et propugnator exstitit, vir sancta et aeterna
memoria Tigurinis colendus; et haec quoque juvat commemorasse
me vobis charissimis Conrado, Samueli nostro et Theobaldo, ex Conradus Wolfard
sorore nepotibus et ut tui Conrade non poeniteat in Tigurina
schola triennio profecisse, quamlibet per aetatem parum, ut
criminabantur quidam contra me, quasi hic neglectus sub Bindero
extiteris, qui talis evasisti, qualem desideravi semper, et cujus me
poenitet neutiquam. Tu quoque fili Samuel haec legens non tam Samuel filius
superbias de tuis gentilibus et patria, quam invocata Dei gratia,
et implorato s. Spiritu pro bona mente assequenda, contendas,
summo studio addere quidpiam non solum ad patriae splendorem,
sed ad fidelium in patria et alibi fructum pietatis insignem, ad
solius autem Domini Dei nostri gloriam ac honorem. Vix autem
exprimere possum, mi fili, gaudium, quod hoc die, dum haec
scribo, concepi ex epistola Conradi nostri, qui jam secundo mihi Epistola Conradi de Samuele
scribit inter alia:[1] «Spero, Samuelem nequaquam degeneraturum
a paternis tuis moribus et doctrina, sed potius longe te supera-
turum, cum primos suae aetatis annos non sine fruge consumat;
egregie proficit in Graecis et Mathematicis et cetera quaedam»;
quae ut plausibilia mihi sunt et matri, sic Dominum oro, ut vera
continuentur et in studio pietatis absolvantur; et certe nisi me

---

[1] Conrad Wolfhart (Lycosthenes), Pellikans Schwestersohn, war von
1542 bis zu seinem Tode 1561 in Basel theils als Dozent philosophischer und
historischer Disziplinen, theils als Diakon bei St. Leonhard thätig. Er und
Joh. Fries, Pellikans Schwazer (s. *Leu*, helv. Lex. VII, 415 ff.) wohnten lange
Zeit im Augustinerkloster, und hier stand Samuel Pellikan unter der Beiden
Obhut. Der Vater versäumte nicht, öfter über die Erziehung seines Sohnes
Instruktionen nach Basel zu schicken; s. Simler'sche Sammlung.

excedas multum, qui maximam partem dediscere coactus fui et
scientiis et moribus pro conditione temporis, in quod incidi, parum
laude dignior eris, qui in tempus felicius et in libros et praeceptores
incideris laudatissimos et doctissimos, ex quibus nihil dediscendum
hauseris; tantum autem cupio, et hortor, ut non putes sufficere
Linguae nosse linguas, graecam vel latinam, nisi optimos quosque authores
diligenter legas continuo et lecta mediteris et inter legendum
cogites, ad quem usum singula tibi lecta sint quandoque profutura;
et ut ex doctrina qualicunque non te credas meliorem, nisi te
conscientia quoque tua humiliorem testetur et in pietate et vera
religione ardentiorem, ut ex fide in Deum et charitate in proximum ad gloriam Dei, non tuam proficias, et non sine fructu sancto
hic victurus sis, sive id ad longos dies futurum, quod a Dei
benignitate, ut fiat, anxie peto, vel ad breves annos, ubi malitia
forsitan mutatura sit animum. Itidem cupio fratribus tuis et meis
dilectis duobus filiis.[1])

Suspicor te
venisse 31.
anno Secundo itaque ad propositum rediens, charissime me Conrade,
recordari non possum, dum haec scribo, quo anno ad me missus
veneris, nec quo anno abieris, sciens triennio te mecum fuisse,
quando et tui gratia, credo primum, advenisse patrem tuum, cum
lavarer in urdorff, ubi aliquot diebus mecum lavabat; id vero anno-
tatum inveni, advenisse sororem meam, tuam matrem, anno 32do,
sexta die Junii et post aliquot dies cum dilecta uxore mea et
reliquis honestis matronis thermas ex composito adiisse, et ibi
in Baden lotas pariter, cujus Junii 23. die descenderim ipse quoque, sorori valedicturus et uxorem visitaturus.

Census bene-
ficii 32 Sequente vindemia accepi annonam de beneficio pullos 64.
Hordei quartalia quinque. Decimarum 25 frusta. Ex Camera 82
modios. urnas vini ex Cellario tantum quatuor cum dimidio. Ex
sancto Leonhardo tres cum dimidio pro debitis. Ejusdem anni die
decima Junii venerunt mihi e Berna duo commensales nobiles,
Georgius
Wingarter Georgius Wingartner et Johannes Steiger, fratres ex vitrico Johanne
Joh. Steiger zu Lauff, cujus et ea ratione filius fuerat Hieronimus Frickerus.

1533 Anno 1533. contigit 23. Februarii nix alta, pluvia frigida,

---

[1]) Damit meint Pellikan entweder die beiden Wolfhart oder Conrad
Wolfhart und Israel Lüthard.

tonitrua, grando et fulgur cum maxima multitudine noctuarum, occupantium templum nostrum majus. In Aprili recesserunt praedicti duo Bernenses, juvenes grati et boni, abunde solventes plus quam debita.

Praebenda mea valuit eodem anno 78 pullis, hordei 1 Mütt, Praebendae censua decimae 29 partes, Cam. 63 urnae, ex Cellario 23, ex villico 6 urnae. Die autem 24. Octobris Jacobus Rösch filius Consulis Jacobus Rösch factus est commensalis et mansit biennio.

Anno 1534 Februarii 26ta Stephanus Wylli factus est com- 1534 mensalis de Curia, pro 25 florenis; deinde 18. die Conradus Stephanus Wylli Clauserus mensam meam coepit amplecti. Annona fuit ex beneficio Conradus Clauserus pulli 77, Dec. 31 partes, Camerarius 74, ex cellario vini urnas 29, villici 4 urnas. Duodecima Octobris tres terremotus notiti mane.

Anno 1535. Martii tertia supputatione facta cum Christofero 1535 Froschofero, qui folia lucubrationum mearum supputaverat 744, Christoferus Froscho- pro quibus danda aestimavit 186 florenos; dedit mihi centum ferus debuit 186 fl.; de- florenos in coronatis; debueram ei pro libris ab adventu meo 44 bui 44 florenos; acceperat a Frobenio quinque florenos; facta utrinque subtractione debebat mihi adhuc 50 fl.; Frisio dedit XX fl. quos accepi a Nuschler, residuum adhuc tunc debebat. Conrado autem Wolfardo postea dedit per quosdam annos circiter XXIII florenos.

Annona ejusdem 35. anni non adsignata fuit praeter Cameram, unde 70 frusta et ex Cellario vini urnae 56 et ex villico XI et X Köpff.

22. Junii nata filia Anna, obiit postea X Septembris. Anno 1536 pro novo anno obtulit mihi mater tua Anna encenium non faustum:[1] duos cyphos argenteos, quos ex pecunia Froschoferi confici fecerat. Circa festum Joannis Baptistae ad nundinas Zurzacens. gradiens, inde navigio Basileam veni, deinde Argentinam, Peregrinatio ad Argen- honestissime nimis diu ibi tractatus, quibus diebus Bucerus, Capito tinam et Zwickius redibant ex Wittenberga cum quibusdam articulis, qui Articuli Wittenberg non placuerunt, nec sunt a nostris accepti, quia defendi non poterat.[2]

---

[1]) So nennt Pellikan das Neujahrsgeschenk offenbar, weil in diesem Jahre seine Frau starb.

[2]) Für diese Expedition Pellikans, sowie überhaupt für seine Stellung zu Butzers Unionsarbeit verweise ich auf die Einleitung.

Redii per Rubiacum; ubi pernoctavi cum sorore cum Heinrico Billing et Joanni Frisio, qui Basileae se mihi socios junxerant, et cum quibus Basileam redii per Enshen,[1]) ubi salutaveram prius non mihi visum Theobaldum sororis filium. Multo autem honore affectus a chalcographis Basiliensibus et fratribus, qui fuerant mei subditi in monasterio olim, cum uxoribus mecum pransi ad florem.[2]) Redii eques Tigurum. Mense autem Augusto die 18. ingressi sunt Angli duo, Joannes et Wilhelmus,[3]) quibus ad tempus adfuit tertius, qui et Wilhelmus. Erat annona anni illius quoad Cameram 73 frusta, de vino bono urnae ex Cellario 56, de villici vineis 11

Marginal notes:
Honor mihi Basileae delatus

Angli Joh. Buttlerus Wilhelm Udroph.

---

[1]) Ensisheim.

[2]) Bei dieser Gelegenheit war es auch, dass Pellikan sich mit Erasmus aussöhnte. Die beiden Männer hatten früher in sehr intimer Beziehung gestanden; dies erhellt u. A. aus einem Briefe Zwinglis an Beat Rhenan vom 25. März 1522 (s. Mörikofer a. a. O. I, 177), wo er diesen ersucht, mit Pellikan zwischen Luther und Erasmus zu vermitteln. Die Disharmonie zwischen Pellikan und Erasmus war wie so manche andere Friedensstörung über dem Abendmahlsstreit entstanden. «Putabat Erasmus», schreibt Joh. v. Lasco am 31. August 1544 an Pellikan, «te auctore id fieri, ut idem cum Oecolampadio sentire diceretur. Neque vero id tam grave erat, quam ille grave videri volebat, sed hoc ille rebus suis vehementer noxium esse putabat et volebat praeterea nomen suum hac opinione gravari. Deinde habebat fortasse instigatores suos, quibus id potius quam Erasmo ipsi imputandum esse censeo». Der empfindliche Erasmus fühlte sich sehr beleidigt. Mit bitterer Ironie schrieb er an Pellikan: «evangelii vigor non abolet morales virtutes sed perficit». Pellikan versuchte, ihn eines bessern zu belehren; darauf erhielt er die höhnische Antwort: «nihil erat in tota epistola tua, quod mihi non magnopere displicuerit» (Leidener Ausgabe III, 963 ff.) Diese Briefe liess Erasmus bei Froben drucken, ohne Pellikans Antworten beizufügen, was diesen natürlich sehr erbittern musste. Ueber die schliessliche Versöhnung schrieb Pellikan an Joh. v. Lasco: «providentia et gratia Dei contigit, ut paucissimis ante obitum Erasmi nostri diebus casu Basileam descenderem et ab eo ferme tribus horis ultimum colloquium invitatus assequerer in domo Frobenii junioris, mense Junio anno MDXXXVI, quo et obiit in Domino. Sine omnium expostulatione amice colloquebamur. Quamvis non admodum amice Frobenii agerent epistolas ad meam indignam traductionem imprimendo. Sed non solus fero ejusmodi injurias. Tu amicus nosti, ut sincere coluerim virum et ex animo tecum, quae sentiebam eloqui debebam, quorum nondum poenjtuit».

[3]) Einen Brief des Guilhelmus Udroffus Anglus e Londino aus späterer Zeit an Pellikan über den Gang der Reform in England theilt Kessler (Sabbata a. a. O. II, 501 ff.) mit.

urnae. Verum toto aestate aegrotabat ex anhelitu dilectissima uxor Aegrota
uxor Anna Fryesin, et continuo aggravabatur, donec sub finem vindemiae quindena lecto decubuit, et quanto magis infirmabatur, tanto minus mortem exhorruit, corde satis jucunda, sed anhelitu constricta, usque ad diem Simonis et Judae, qui erat Sabbathum, ubi jacens et sedens satis jucunda fuit, verum sub horam tertiam mota ab ancillis post modicam morulam spiritum me aspiciens ultimo leniter expiravit, pie in Domino, ut nemo dubitare potuit, sic ad pauperes liberalis et ad vicinas omnes pacifica; multorum valde lachrimis funus prosequebatur magna frequentia: dimisi statim omnes commensales et moestus aegre domum regebam solus. Aberas tunc tu Samuel Basileae cum Frysio a festo Johannis Baptistae, quem mater dolens dimiserat et tamen volens sed multo desiderio fatigata tui donec desperans de adventu tuo et fratris defuncta est.[1])

Anno 1537 cum in quartum mensem instarent amicorum Conjunx se-
cunda ut
contigerit plurimi de altera ducenda uxore, et multae a pluribus nominarentur serio et joco,[2]) tandem 16 die Januarii, cum mane diei mecum turbatus statuissem prorsus nullam ducere aliam infra dimidium anni vel amplius tempus, hora vespertina contigit, Domino ordinante, ut mihi Dominus Rudolphus Dumysen loqueretur de una famula provectioris aetatis, quae optime dispensare didicisset curam omnem domesticam, ob quam rem et acceptissima esset dominabus suis sororibus, apud quas servivisset annis plus minus decem et octo, eam mihi ex animo fidelis suadebat ducendam, quam ego videram nunquam, nec ipsa me; tamen de meo nomine audierat

---

[1]) In einem Briefe an seinen Schwager J. Fries gibt Pellikan (2. Dez. 1536; s. Siml. Samml.) einen ausführlichen und rührenden Bericht von den letzten Tagen und Stunden seiner Gattin und spricht die Absicht aus, sich nicht wieder zu verehelichen; doch schon drei Wochen darauf (23. Dez.) schreibt er an denselben, er begreife nicht, wie man ihm eine zweite Ehe abrathen könne. Er sei aller zeitlichen Dinge unkundig, habe immer ausschliesslich der Wissenschaft gelebt und würde ohne Hausfrau jedenfalls in grosse ökonomische Bedrängniss gerathen; da doch sogar seine sparsame Anna « in corpus suum minime prodiga, ex tantis reditibus vix quicquam reponere potuerit pro prole futura ».

[2]) In dem eben angeführten Briefe an Fries sagt er: ultra 20 foeminae verbis et scriptis e proximo et remotis uxores mihi offeruntur, juvenes et vetulae, divites et egenae. Tam sum pulcher et felix!

148

et noverat defunctam uxorem meam, qua cum familiariter tota fuerat ante biennium in Thermis; audiens multa de eadem bona, statui inquirere etiam alios de ejusdem moribus. Nemo non suadebat mihi eam ducendam. Egit D. Rudolfus, ut in sua domo eandem alloquerer et viderem jam accinctam ad lavandum reculas lineas dominae suae; placuit persona,[1]) sed magis fama persuadebat, ut consenserim votis domini Rudolfi, qui curavit omnia, ut statim vigesima Januarii die Sebastiani Sabbato nuptiae in ecclesia primum confirmarentur cum ea, quam nunquam nisi semel videram, ut dixi; vix unquam tanto votorum favorabilium plausu celebratae sunt nuptiae ut illae, quando omnes mihi favebant uxorem domesticam talem, et ejusdem illius fautores ei favebant me maritum, ut pariter provideretur ambobus, id quod magno Dei in utrosque favore contigit in praesens usque cum spe non confundenda, ut confido in Domini gratiam pro futuro. Eam tu, charissime fili, qualis sit es expertus semper, quae mihi servit ut famula, diligit ut soror, curat ut filia, te et cognatos tuos amat, juvat et beneficiis afficit pro virili ut soror et impensissime diligit facto magis quam verbis, haud aliter, quam si te proprio enixa fuisset utero, sollicita valde, ut curet non tam res suas quam tuas quoque, ut didicisti experientia, et prima die gratiam Dominus contulit, ut eandem sororcula tua, mea charissima filiola Eiizabeta, plurimo cum amore prosequeretur, a qua et pulcre fuit instituta in moribus et vestibus exornata. Nosti, ut ad pascale tempus sequens eo anno redieris cum Frysio et quam tu eam pariter dignam aestimaris quam diligeres cum sorore, quos ambos tenerrime diligebat, eatenus ut nihil obmitteret eorum, quae decent fidelissimam matrem, summa cura propensa pro vestro bono et meo.

Redierunt ad meam mensam Angli duo, non meo commodo, nec faustis avibus, ut enim priore aestate commensalibus factis illis uxor chara deinde obiit, sic ubi denuo ingressi sunt, obiit mihi 7. die Julii charissima filia, juxta matrem contigue sepulta levi quidem, tamen aliqua consolatione. Ab isto tempore erant mecum Anglici usque in hiemem sicque Genevam abierunt; et Stephanus

Nuptiae cum Elizabetha (margin)

Angli redeunt (margin)

obiit filia Elizabeth (margin)

---

[1]) Sie hiess Elsa Kalb und wird in einer alten Stammtafel barbata virago genannt.

mecum erat et Conradus Suter duobus fere annis. Anno 1538 mecum fuit iterum Conradus Clauserus, supervenit Michael Adam, neophitus ex Judaeis, circa Pentechostes, qui consilio meo coepit cum Leone emendare germanica Biblia;[1]) mansit mecum usque post natalem Domini; eo hieme erat mecum Stephanus Wylli, sed et Johannes Risenstein, fugientes pestem.[2]) Ex Camera habui 65 frusta, ex cellario iiij urnas, e villico nihil.

Anno 1539 in principio Michael Adam duxit uxorem, Johannes Frisius similiter et simul frater ejus Bartholomeus. Commendavi Frisio filium Samuelem ad mensam, ut studeret graecae et latinae. Ad festum S. Johannis venit frater Johannes Luthard[3]), cum duobus filiis, Christofero et Israele. Israelem ego suscepi et hactenus tenui, Christoferum plebanus in Cloten accepit. Ad autumnum venerunt Butlerus, Risenstein et Johannes Cellarius, quia iterum grassabatur pestis Basileae, Buthlerus infirmus, donec famulam quoque impraegnavit. Circa Galli festum accepi Annulam nostram, de voluntate uxoris, ut filiam haberet loco meae Elizabeth mortuae. Ex camerario habui 75 et ex Cellario centum urnas vini, ex villico autem 13 urnas.

Anno 1540. licentiata est Genofefa ancilla, suscepta Adelheidis; et resumptus Samuel in meam domum et tutelam. Circa finem februarii abierunt Risenstein et Johannes Cellarius Frankofordensis. Ego praelegi filio Dialecticam, Rhetoricam, Arithmeticam,

Marginalia: Conradus Suter / Conradus Clauser / 1538 Michael Adam / Risenstein / 1539 / Johannes Frisius / Bartholomaeus / Johannes Luthard / Butlerus Risenstein / Johannes Cellarius / Anna assumpta / 1540 / Adelheidis ancilla / praelecta filio

---

[1]) s. Mezger a. a. O. S. 119; von Adams weiteren Arbeiten unter Pellikans Anleitung s. oben.

[2]) Die Beiden waren offenbar vorher in Basel gewesen, wo zu jener Zeit die Pest regierte; so Basler Chroniken I, 156.

[3]) Mit diesem alten Freund und Kampfgenossen war Pellikan stets in enger Verbindung geblieben. (Vgl. die Einl.) Derselbe hatte ihm (s. Siml. Samml.) nach dem Tode seiner Gattin u. A. geschrieben: «hoc te solari debet quod tu eam cariori atque perfectiori modo denuo recipies, dum finem fidei tuae nactus fueris vitam sc. aeternam». In dem nämlichen Briefe klagt L. auch über die Verschlimmerung der Dinge in Basel: «penes nos qui canes latrantes erant, obierunt partim, partim abjecti sunt; in vicem ipsorum successerunt canes muti; interim evangelium nostrum languescit et frigescit, Satan fortificatur, vitia denuo multiplicantur, et nemo est qui se ut murum opponat». Vielleicht brachte er eben desshalb seine Söhne nach Zürich.

150

Geometriam, Astronomiam[1]). Circa Pentecosten venit frater Joannes
Luithardus visitatum filios suos, cum quo abii ad Baden propter
Dominum militem Johannem Bock, cum uxore et familia ibi lavantem. Erat aestas calidissima, vinum crevit ubique optimum,
Tiguri autem multum et valde bonum. Annona praebendae fuit
79 pulli. Decimae 24 et 12 malter; ex camera 67; cellario 87
urnas, et villico 14 urnas pro portione mea.

Anno 1541 in Januario comiitia in Wormatia, ubi fuit meus
Conr. Wolffhard: in Februario legimus acta scripta ad nos de
Wormacia per Grynaeum[2]). Impressa acta concilii Constantiensis
per Johannem Stumpff. Mensam coepit in Martio Johannes Jacobus
Escher 4 Martii die; ejusdem mensis die 28 Christoferus Froscho-
ferus junior coepit habere mecum mensam.

In die Pascae primum ministravi ad mensam Domini, legens
epistolam, pro Domino praeposito infirmo. In Aprili epistolas
accepimus a comiitiis Ratisbonensibus. Lutherus horrenda scripsit
contra Heinricum Brunzwickensem, ex quo ego excerpsi lectu
digna, latina reddens. Nona Maji Thermas abii cum uxore et
pueris indigentibus; 30ma die mensis visitarunt me Γ omini mei et
fratres ex Tyguro: Heinricus Bullingerus, Leo Judae, Erasmus
Fabri, Joannes Jacobus Ammianus, Rudolphus Collinus, Otto Werd-
mullerus, Wernherus Steiner, Nicolaus Wyss, Christopherus
Froschoferus, quos prima coena hospites habui; postera die illi
exceperunt prandio omnes Tygurinos, qui tunc lavabant, personas
quinquaginta tres; coena illis repensa est ad hospitium Leonis
a lavantibus Tigurinis; tertia die redierunt Tigurum; quarta Junii
redii e Termis. Consul Reschius donavit me ariete dimidiato.
Duodecima Junii coepit miseria Steineri, quae duravit biennio fere
usque ad mortem. 27 die noctu colicam passus, remedio praesente
evasi. Julii 7 die legi acta Ratisponae, quae attulerat Rodolfus

Margin notes:
Johannes Bock. Ursula
1541
Johannes Jacobus Escher Christoferus Frosch. jun.
Thermae adii
Steineri fata
Colicam passus

---

[1]) Auf die mathematischen Wissenschaften legte Pellikan Zeitlebens grossen
Werth. Er schreibt in dem oben angeführten 2. Briefe an Fries: «quae
Astronomia docet Mathematica de motibus et astris, de numeris et quanti-
tatibus, certe necessaria est homini docto (sine quibus hallucinatur ubique)
quantumlibet in omnibus linguis erudito».

[2]) Jedenfalls keine sehr erbauliche Lectüre! Grynäus war der einzige
schweizerische Abgeordnete, und Wolfhard ohne Zweifel bloss sein Adjunkt.

Galterus. Simon Grynaeus obiit 17 Julii. Coepit nobiscum pestis ^{Grynaeus obiit} in fine Julii duravitque in principium usque Martii. In Augusto Samuel legit mecum Iliada Homeri integre. 21 Augusti celebratus est primus catechismus in nostra ecclesia.[1]) Prima 7^{bris} venit ^{Catechismus primus. Decanus Pataviensis} Decanus Pataviensis nobiscum disputaturus, cui respondimus et ^{canus Pataviensis} satisfecimus, ut in pace abiert Constantiam.

Anno 1541, 21. Septembris jus civitatis Tigurinae consequutus ^{Civis assumptus} sum[2]) et inscriptus hoc modo: Herr Conradt Pellican ist umb das er hye Zürich der christenlichen Kilchen und gmeyner Statt vyl Jar mit höchstem Flyss gedienet, und sich Eehrbarlich und wol in synem Stand getragen hat, von minen Herren uss Gnaden umb dryg Rynisch Guldin[3]) zum Burger uffgenommen, die hat er bezalt, und den Bürger Eyd geschwohren Mittwuchs Sant Matheus Tag anno 1541. Proventus beneficii hoc anno, 1ᵸ hordei. pulli 89. Decimae 26ᵸ et 2 Mlr avenae. Camerarius 63 frusta, cellario urnae 71; ex villico viii urnas 8 Kopff.

Anno 1542 Kalendis Januarii oblatum est mihi munus pre-¹⁵⁴² tiosissimum omnium operum Erasmi Roterodami, quae testamen-^{Opera Erasmi donata} tarius ejus fidelis eximius Doctor Bonifacius Amorbachius, a sua ^{ab Amorbachio} juventute mihi dilectus ut filius, mihi dono misit a Basilea Tigurum, erant autem novem tomi.

Eodem die Froschouerus misit mihi fructum laboris mei, Paraphrases Erasmi teutonice interpretatas et per me impressioni aptatas cum textu et auctas meo labore, utcunque Apocalipsi cum praefatiuncula; misit autem exemplaria simul quatuor, ut amicis gratificarer honesto donario, quod et feci, unum enim pulcre coloribus illustratum, quoad imagines, dono misi novo Episcopo Argentinensi[4]), domino meo et patriae meae, una cum

---

[1]) Unter catechismus ist hier Katechisation zu verstehen; s. *Pestalozzi, Leo Judä*, S. 63.

[2]) In seiner Bittschrift um Ertheilung des Bürgerrechts erklärt er, dass er diesen Schritt nur um seines Sohnes willen thue, «den ich ouch nienen lieber wyssen will denn in der Dienstbarkeit Uwer miner Gnädigen Herren».

[3]) Der damalige Kaufpreis des Bürgerrechts stand bedeutend höher; Pellikans College Rud. Collin bezahlte 10 Gulden dafür.

[4]) Der bisherige Bischof von Strassburg, Wilhelm II. von Hohenstein, der von 1506—1541 regiert hatte, war, wie wir oben von Pellikan selbst gehört haben, dem aus seiner Diöcese hervorgegangenen Reformator gar nicht hold.

Episcopo Erasmo Argentinensi donum missum epistola, qua precabar, ut non tantum grato animo acciperet munus Erasmi, qui et ipse Erasmus comes ab Lympurg diceretur, sed et curaret legi per diocesim suam ab his sacerdotibus, qui latina non satis intelligerent et tamen populos suos verbo Dei et evangelio Christi pascere desiderarent pro suo officio. Is illustrissimus princeps non solum id doni gratiose suscepit, sed et Donum Episcopi jussit parari inauratum argenteum poculum valoris, ut dicebatur, XXX florenorum, quod mihi, ut nostis utrique, per te Conradum consobrinum meum misit, quod et praesentasti 13. die Novembris hoc anno 42. cum hujus modi epistola:

Epistola episcopi ad me Erasmus, Dei gratia electus ecclesiae Argentinensis Alsatiaeque Landgraphius doctissimo nostro, dilecto Domino Cunrado Pelicano S. D. Grata nobis fuit et adhuc est tuae erga nos voluntatis significatio, gratum etiam opus paraphrasticum, cum quia nobis missum, tum quia Erasmi Roterodami cujus apud nos chara remanet memoria; valde nobis placet hoc genus scriptorum verum, prudens, tranquillum et, ut dici solet, aedificans. etc. quamquam nullum munus divino volumine dignum inveniri potest, tamen constituimus vicissim nostram erga te voluntatem declarare et hoc te poculo donare, quod testimonium esse voluimus nostrae erga te benevolentiae, quae a tuo labore atque scriptione profecta, a nobis retinebitur. Vale.

Ex Tabernis Alsaticis XXX. die Septembris anno 42⁰.

Qua autem ratione poculi tam pretiosi donum non retinuerim, sed Domino nostro remiserim, quod tamen progenies nostra, Domino volente, in rei memoriam sit retentura semper, operis Epistola mea ad episcopum Argent. pretium credo id quodque per epistolam a me tunc remissam memoriae vestrae commendare. Sic autem rescripsi:

Clarissimo et reverendissimo principi et praesuli dignissimo Argentinensi Erasmo clementiae vestrae clientulus devotus Conradus Pelicanus Rubiacensis S. D.

Illustrissime Princeps. Legi quas celsitudo tua scripsit litteras certe humanissimas; accepi item poculum quod misisti magnificum plane atque munificum, et longe quidem pretiosius quam unquam meruerim pertenui meo munusculo. Gratulatus sum mihi ipsi non mediocriter non tam ob ipsum munus splendidum, quam ob literas tuae celsitudinis pietate charitateque plenas. Ago

gratias Domino nostro Jesu Christo, qui eam cordi tuo gratiam
indidit, ut et libros sanctos sancte amplectaris et pauperes Christi
ministros, me imprimis, non contemnas. Dominus Jesus adaugeat
tibi spiritum· suum bonum et servet te ad multam animae cor-
porisque incolumitatem ecclesiarumque amplissimam utilitatem.
Amen. Interim quantas ipse possum agere gratias, tantas et multo
quam cumulatissimas ago tuae benificentiae pro tanta ista insigni
humanitate et liberalitate splendidissima, impense exoptans, aliquam
mihi occasionem de tua amplitudine bene merendi offerri. Sentiret
prudentia tua beneficium haud indigno esse collatum; ceterum,
quod ipsum munus profecto gratissimum remitto, ne quaeso secus
tua interpretetur prudentia, quam factum est. Astringimur, quotquot Tiguri sumus cives et inquilini, bis annis singulis solenni
juramento, ne quis nostrum ullum munus adeoque vel ullum Juramentum
contra mu-
quidem teruncium ab ullo accipiat principe aut ab urbe ulla; nera cap-
tanda
feriuntur gladio, quicunque hanc praevaricantur legem sacramento
receptam. Ea autem lege eoque sacramento eliminarunt e repu-
blica sua sancti magistratus vulgatissimas regis Gallorum pensiones
haud exiguas, Pontificis etiam Romani munera, principum quoque
stipendia, urbium dona ac militiam mercenariam.[1]) Nam a recepta
evangelii praedicatione, ab annis inquam XX et amplius, ista
omnia proscripta et in urbe et agro antiquata sunt. Et quanquam
non ignorem ingens esse discrimen inter munera honoraria et
corruptoria, neque dubitarim de aequitate senatus nostri clarissimi,
nolui tamen hanc quaestionem referri ad senatum, qui eam diserte
agnovissent haud dubie aequi et justi omnes, munus hoc tuae
celsitudinis liberalitatis honorarium esse, illustre generosi animi tui
argumentum, et concessissent, ut sunt homines aequissimi et
sapientissimi, verum hic ego quorundam malevolorum, principum
muneribus inhiantium, metui calumnias et corruptionem, ne for- Scandali occasio
tassis meo, licet dissimili, exemplo abusi liberius optimam calcarent fugienda
legem. At hic novit tua pietas illud Pauli: omnia licent, non
omnia conducunt, si offenderit fratrem esca, non edam carnes in
aeternum. Quod ego remitto munus tam jucundum non ex con-

---

[1]) Ueber die bezüglichen durchgreifenden Bestrebungen Zwinglis s. Mörikofer a. a. O.

temptu aut animo sinistro, rustico vel etiam supersticioso, sed dexterrimo et justas ob causas remitto, oroque tuam amplitudinem, ut aequam ac veram meam excusationem, omnis doli atque praetextus vacuam, recipias. totus interim tuus ero, tenacissimis charitatis ac observantiae vinculis tuae pietati constrictus, praesertim cum sanctissimus sanctae memoriae D. Erasmi Roter: labor in Testamentum novum non displicuit, placuit enim et nobis, unde et Tiguro germanice loquentem prodire voluimus, nihil ab hoc alienum credentes vel docentes, quod apostolica nobis tradidit doctrina et illustravit diserta Erasmi facundia. Anitimurque, volente Domino, ut fidelium Germanorum vulgus vetus quoque Testamentum pari et simplicitate et claritate lectum intelligi possit, ne non intellectum legens offendat in fide et moribus, quando ibi difficultates perniciosiores occurrunt et a sanctis inveniuntur expositae lectoribus quibuscunque supra modum utiles et necessariae. Dominus Jesus servet te piissimum praesulem ad instaurationem regni sui, princeps illustrissime. Salutem tuae celsitudini et pietati adscribere jussit eruditorum in ecclesia nostra Collegium, qui de poculo charitatis biberunt omnes, indolentes non nihil necessitatem remittendi muneris, quod tanta dignatione extiterat oblatum et intentione sancta et liberali charitate.

(marginal note: Erasmus catholicus)

Datum Tiguri. XVI Novembris. Anno 1542.

Misi una et sorori charissimae Rubeacum similem ligatum codicem pro illius consolatione; verum princeps inclitus Rubiaci tunc existens, honorare quoque cupiens comitem ab Eberstein simili munere, rogari fecit sororem, ut suum quoque codicem largiretur pro pleno pretio illi rependendo, quo a me alium similem codicem per omnia assequeretur. Aegre eam persuadere poterat, sed tamen pecuniam mihi mittens, dato priore Domino suo, recepit postea alium; quin et tanta gratia suscepta est a Domino excusatio mea, ut laudarit institutum tam Dominorum Tigurinorum valde et cum admiratione, tam meum quoque, qui simpliciter obedire voluerim; ordinavitque statim, ut poculum semel mihi assignatum charissimis, quos haberem, possidendum perpetuo cederet, unde et sorori unicae Rubiaci residenti poculum dono dari commisit, id quod coram oppidi primoribus peractum est ad laudem generis nostri et pro gratia Domini episcopi Erasmi ad nostros,

(marginal note: Poculum donatum ab Episcopo meis charissimis)

quod et perpetuum memoriale habet insignium Pontificis et stem-
matis sui. Id vos, quamvis sciatis factum, volui tamen inter alia
memorabilia a posteris quoque retineri ad exercitium virtutis et
honestatis, quae etiam in hac vita suum apud honestos habet
honorem et pretium, non solum in coelestibus apud Deum et
coelites in aeternitates perpetuas.

Secunda die anni, valde infirmabar, sed post triduum con- Biblia
Leonina
valui. undecima Martii coepta est imprimi Biblia Leonina vel Tigurina feliciter. quarta Aprilis Samuel abiit usque Basileam cum
Israele et Theobaldo; passus fui eo die renum magnum dolorem.
Biduo Pascalis diaconum egi pro M. Erasmo in Coena Domini;
4. Maji infirmabar, purgationem accepi, claudus in sinistro latere,
deinde dolor quoque oculorum invasit. Die 25. Maii emi domum Domus
empta
Zum Hind¹), ducentis florenis, daturus centum infra duos annos,
reliquos annuo censu solvendos, sed redimendos dum libet et licet.
19 die Juniio biit Leo Judae, Evangelista ad S. Petrum, fidelissimus Leo Judae
obiit
et indefessus servus Dei in vinea Domini praedicando, scribendo,
transferendo utilissima admodum feliciter, in cujus locum electus
a populo Rudolfus Gualtherus, homo juvenis ex annis, sed prudens, Rodolphus
Gualtherus
doctus, eloquens et integer. Octava die Julii Basileae obiit integerrimus vir, bonus et zelosus praedicator Basiliensium Johannes
Luythardus, pater mei Israelis, frater et amicus perpetuus. coepi Johannes
Luthardus
Aedificatio
aedificare in mea domo gradus omnes, duas stubas, coquinas duas
cum fumario duplici et tribus cameris cum parvulo cellario, et
tectum cum loco secreto, expensis tota aestate centum florenis et
amplius pro habitatione uxoris, ubi viduanda erat, et pro filio
Samuele, si volet Dominus. Tertia die Augusti dum circa sextam
mane convocato capitulo quaedam deliberarentur, subito nihil mihi
sentienti periit omnis cogitatio cum aliquali tantum coloris in facie Syncopis
nihi passa
6 horis
destitutione, ut prorsus nihil scirem: deduxerunt me domum Do-
mini duo Erasmus et Collinus prorsus nihil scientem vel memo-
rem, quamvis irem sine defectu et loquerer, sed de multis quae-
rendo: paraverunt cibum mihi et capitis loturam cum rasura, me
haec omnia ignorante prorsus, reposuerunt me in lectulum, ut

---

¹) In der Neustadt; sehr wahrscheinlich das Haus, das jetzt Herr Prof.
Salomon Vögelin besitzt.

dormirem, post duas fere horas evigilans, redeunte scientia et memoria, gratia Dei prorsus nihil defuit, sed de factis et dictis istis 6. horis prorsus nihil potui nec possum memorari: statim vero redii ad studia mea die sequenti. Die 16. Septembris laboravi graviter ex calculo et convalui. Sexta Octobris obiit amicus M. Wernherus Steiner feliciter et Deo devotus et sponte. Die 17. Octobris finem imposui structurae absolutae in mea domo. Die 23. Octobris obiit vir doctus et optimus, Doctor Johannes Zwickius, Constantiensis Evangelista, dum in oppido Bischoffzell peste afflictos consolari nititur verbo Domini periculo vitae, quod et incidit, sed temporalis, pro qua charitate sua christianissimus vir et amicus incomparabilis mihi commutavit aeternam.[1]) Annona eiusdem anni pulli 89, decimae 23^h et XI^m avenae, ex camera 73 frusta et cellario vini urnae 19, de villico 4 urnas et 24 Köpff. Secunda Decembris obiit Petrus Choli vir doctus et pius. Anno 1543 die 22. Martii Samuel meus abiit Basileam ad Magistrum Conradum Wolffhart avunculum ad contubernium Augustinianum. 23 Februarii finita sunt Biblia Tigurina; sexta Martii coepi revidere impressa Biblia, si quid omissum. 6. Maji suscepi hospites optimos viros, Wigandum et Johannem ex Hassia, qui per aestatem cohabitarunt. Die quartadecima Octobris misi volumen biblicum Tigurinum, unum pro Domino episcopo Argentin. alterum pro praetore Rubiacensi, ab eodem rogatus, quandoquidem primum codicem dudum missum suo nomine Episcopo donare intenderat, misi primum per Samuelem, secundum per Quirinum. Hoc tempore

Marginalia: calculus Wernherus Steiner (☹)

Marginalia: D. Joh. Zwickius

Marginalia: Wigandus et Joh. Pinicius

---

[1]) Vgl. die schöne Schilderung von Zwicks Sterben, welche *Keim* in dem trefflichen Aufsatz bei Herzog XVIII, 699 gibt. Pellikan war mit Zwick nahe befreundet. Aus einem Briefe des Letztern (vom 9. September 1538, s. Simlersche Sammlung) erfahren wir, dass Pellikan auch an der zweisprachigen Zwickschen Ausgabe des neuen Testaments einen namhaften Antheil hatte. Dieselbe stellt dem Lateinischen des Erasmus das Deutsche der Zürcher zur Seite und trägt den Titel: «Novum testamentum omne latina versione, oppositum aeditioni vulgari s. Germanicae in usus studiosorum vulgatum». Das gantz neuw Testament zu Teutsch dem Latinen entgägengesetzt mitsampt den nodtwendigen Concordanzen. 1535. 4°. Zu dieser Ausgabe, deren Titel Rudolphi a. a. O. Nr. 228 unrichtig angibt, schrieb Zwick auch die Vorrede, Pellikan dagegen bloss die Marginalien. Das Autographon befindet sich auf der Zürcher Stadtbibliothek. Mscr. C. 13. 14.

annona praebendae fuit pulli 77, decimae 24ʰ 12ᵐ avenae, vini
urnae ex cellario 14, ex villico urnae iiij et 2 Köpff. Coepit praelegere Theodorus noster librum Apocalypsis Joannis Apostoli Apocalypsis
decima Decembris. Anno 1544. post solutiones primas bis c ℣. 1544
datas pro domo mea, secunda die hujus anni dedi adhuc centum
libras Johanni Aberhardo pro redimendo censu annuo v librarum.
Adhuc restant redimendi v annui census per c. libras. Eodem
mense coepi et absolvi hucusque hanc peculiarem chronicam de
rebus nostris, memoria neque indignam neque inutilem; praeter
ea, quae jam ab anno 41 coepi in diario assignare, pensum ope-
rarum mearum et casus quotidie memorandos accidentes, qui per
senium memoria sum labili, collegi quoque indicem omnium meorum librorum et signavi codices tam ligatos quam non ligatos
notis cifrarum, primum eorum qui sunt in forma regali vel majori,
deinde qui in folio, consequenter mediae et in quarto, tandem
quoque nondum ligatos, majores cum parvis, ne quid eos facile
amissum ignorari possit, praeter libros, quos Samuel habet, quos
et ipse similiter adnotare debet. Haec scripsi eo die, quo ecclypsis Ecclipsis
integra fuit solis, sed parum visa ob alioqui nubilosum diem atque
nivalem; erat vero dies 24. Januarii, hora 9. Die Caroli[1]) Bullin- Orationes
gerus ad Clerum latine orationem habuit de eo quomodo se gerat Bullingeri
fidelis quique ac minister praesertim verbi Dei in periculosissimis
hisce nostris temporibus, quam rescripsi et ejusdem occasione alias
quoque rescripsi factas XII Septembris Anno 1543, de ira Dei
placanda et aliam pro eodem die anno 38. de officio Pastorum
et quartam de providentia Dei pro die Caroli anni 1535. Aliae
sunt impressae passim pro prologis. 30 die Januarii coepi legere
Eneam Silvium de concilio Basiliensi impressum duos libros; historiam quoque duorum Heinricorum caesarum 4ᵗⁱ et 5ᵗⁱ Waldensium quoque sanctissima scripta ad regem hungariae, et historiam Wesaliae actam olim Moguntiae conscriptam a Jacobo Wimpfli-
gensi[2]), qui interfuit, cujus tamen nomen non est adscriptum.
Quinta Februarii coepi legere epistolare Oecolampadii et Zwinglii Epistolare

---

¹) Der 28. Januar. Ueber die an diesem Tage üblichen Festreden vgl.
Pestalozzi: Bullinger S. 301.
²) s. *Schmidt* bei Herzog XVIII, 169.

librum optimum et virorum illustrissimorum et dignissimorum aeterna sanctorum memoria: similiter cum prologo verissimo doctissimoque Theodori nostri.

Martii 4 die testamentum meum contestatum est per senatores duos Johannem Wegmann et Johannem Rymelin, quod et confirmatum est a senatu Tigurino X die Martii. Summa ejus, ut substantia mea supputata sine libris ad 600 florenos; testatus sum uxori Elizabethae Kalbin id quod juxta urbis consuetudinem datur uxoribus relictis cum propriis rebus suis valore 40 ₰ et dote quam promisi 30 ₰, ut insuper habeat centum florenos ea conditione, ut annuatim cedant ei X ₰ per dies vitae, quos tamen c ₰ possit in usum absumere, si absumtis suis egere videbitur necessariis bona fide patentibus causis. Similiter domicilium in mea domu ad Damulam, ut possideat inferiorem stubam et culinam cum grandi camera, et minore sub stuba illa et cellario cum dimidio spatio sub tecti altitudine, idque sine censu ab ipso dando per dies vitae suae, sed nec inquiratur de relictis, sed simpliciter verbis suis stetur quandoquidem honesta, fidelis et verax reperta est mihi semper. Residuum cedere debet filio meo Samueli, qui si moreretur absque heredibus, uxor utatur omnibus meis possessionibus ad vitam, deinde cedant meis heredibus, verum pauperibus pueris Israeli et Annae propter Dominum educatis cuilibet dentur 20 ₰ et 30 ₰ dotales per vitam meam, deinde suis quoque amicis heredibus, et si quid a me residuum habuerit potest moriens dare benefactoribus suis portionem, reliqua meus filius hereditabit. Omnia tamen legata mutare me posse volui et permittitur. Datum 1544. anno.

Martii 13 die coepi Isajae commentarium Germanicum corrigere et apposui prologum, si quando videatur imprimendum, finivi die 23. Decima nona Martii supputationem habui cum Christofero Froschofero ab anno 1535 ad hunc et pro libris a me et pro filio acceptis et passim donatis obligabar ei 67 florenos, vicissim ipse mihi tantum pro commentariis et ceteris laboribus, ut aequalem fecerit compensationem, ut nihil ego illi vel ipse mihi obligaretur.

Martii 18 ex epistola e Mediolano mihi missa relatio facta, antichristum Romanum, Galliarum regem et Venetos Enobarbam piratam cum classe sua in Italiam vocavisse cum militibus adversus

Caesarem; is Enobarbus Tolonum[1]) recepit dono regis Galliarum,
ubi sodomiticam Turcae excercent cum nostris; et Pontifex Cor-
sum quendam praesidem suae classis, quia depraedatus erat Turcas,
absolvit ab officio et capere voluisset, nisi fugisset dimissa classe
in urbe veteri.[2])

His diebus absolvit Hein. Bullingerus responsionem suam ad   Contra
Johannem Cochleum pro libro de canonicae scripturae authoritate,   Cochleum
cui ego adjeci indicem. Libellus est notatu digna comprehendens
plurima.[3])

Eisdem diebus legi primum tomum operum Huldrichi Zwinglii,   Index in
sanctissimum opus et collegi in eum quoque copiosum et utilissi-   Zwinglii
mum indicem.   primum
                Tomum

In principio Aprilis triduo legi Saxoniam Alberti Krantz,   Albertus
docti viri et eloquentis, qui in eo solo mihi defecisse est visus,   Krantz
quod ut clericus fidelis Papae nihil prorsus putavit scribendum
nisi cautissime et brevissime contra statum Papae et episcoporum,
quamlibet judicaverint corruptissimum: nihil prorsus attingens de
causa fidei et veritatis canonicae, ne excommunicaretur proditus
vel in conscientia sua seducta authoritatis opinione in antichristiana
papistica illa ecclesia. Inveni inter legendum eundem quoque
scripsisse et Daniam, Wandaliam, Norwegiam, Schwetziam et
chronicon suae patriae Hamburgensis, quod vocat metropolim.
Didici summatim ea legens articulos, qui sequuntur, nempe: Papam   Articuli pa-
a mille annis nescisse, quod cultus Dei verus sit fides, spes, chari-   pistici
tas, curasse autem totis animi sui studiis fastum, ambitionem,
divitias, potentiam, regimen mundi et Romanum imperium, et illud
quoque fortius et latius, non viribus, sed dolo assequendum;
honorem summum ambivit et extorquere nisus est a summis in
mundo. Id assequutus est mendaciis, fraude, astutia, falsificatione
verbi Dei, superstitione violenta et armata, nequitiis omnis generis,
fecit se contrarium Christo per omnia, sedens in ecclesia ut Deus   Antichristus
suus, caput, regem, mundi Dominum, irrisorem totius catholicae
professionis, et mercatorem omnium Sacramentorum, quae instituit

---

[1]) Toulon.
[2]) Civita vecchia.
[3]) Vgl. *Pestalozzi* a. a. O. S. 302 ff.

ad suum quaestum, luxum et fastum. Nihil sanctum habetur opud ipsum et suos, nisi sibi utile et gloriosum. Ejus dogmata et exemplum sequuti sunt proportione sua episcopi, sacerdotes, monachi omnes. Clerus totus non cessavit, donec praevaluit per omnia ipsorum Deus; roborati divitiis et potentia contempserunt verbum Dei, Prophetas et Apostolos; egerunt violenter et per nephas contra sensum communem pro suo statu omnia. Caesares optimos et piissimos deceperunt hypocrisi et imposturis, dominiis exuerunt per falsa dogmata et viduarum patrimonia rapuerunt astuti. Officia gravissima compensarunt reliquiis Sanctorum, indulgentiis, benedictionibus; non per omnia obedientes coëgerunt excommunicationibus; fidelissimos servos Dei, quanto devotiores Christo et veritati, tanto oppressi magis ab atheis Pontificibus, lucrati nihil, nisi quod bardi et stulti Alemani haberentur et riderentur. Pertinacissime bella gesserunt ob patrimonium Petri per caesares pios, vicissim negarunt investituras, electiones, jura, principatus. Si quis vel in aliquo Papae contradixisset, excommunicatus fuit a Papa, derogatum authoritati, obedientiae, absolutionibus juramentorum iniquissimis; incitavit regna contra Turcam toties tantum pro sua potentia amplianda Papa; infinitos exercitus perdidit frustra ob terram Judaicam maledictam.[1]) Fides qualiscunque passim dilatata

---

[1]) Pellikan hat sich stäts davor gefürchtet, ne nimium judaissare videamur, obgleich oder vielmehr gerade weil er ein so gründlicher Kenner und grosser Verehrer des Alten Testamentes war. Eine mystische Vorliebe für das heilige Land war ihm ein Gräuel. Er schreibt den 28. Juni 1528 an Capito (Autographon im Antistitialarchiv zu Basel): maxime autem in commentariis tuis (zu den Propheten Habakuk und Hosea 1526 und 1527) me movit ut scriberem, quod reditum Judaeis in Judaeam et quasi regnum corporale permittis futurum eis, quod et amicus Cellarius (de operibus Dei electionis et reprobationis mit Vorrede Capitos 1527) sapere videtur. Id pace et charitate utriusque capere nequeo, quod fidelium regnum in Christo est, Hierosolyma spiritualis est et gloriosiores esse hoc saeculo nequeunt, quam ut Christum agnoscant et fateantur nobiscum et cives se fidelium et domesticos fidei credant. Promissiones Dei augustiores sunt, quam ut miserum illud hominum genus, conciliandum Deo, terreno regno muniretur. Auch Zwingli, auf Capitos Wunsch von Pellikan über diese Frage interpellirt, sprach seine Verwunderung aus, dass ein Christ, der an die Anbetung Gottes im Geist und an das Reich Gottes in Christo glaube, an die Wiederkehr einer jüdischen Theokratie in Palästina denken möge.

non evangelii praedicatione, sed armis; fortissimos caesares sola Papae excommunicatione vicerunt. Haeresis unica et maxima habetur contra papam docere vel sentire; contra tales et sanctos caesares a Papa cruce signantur christiani milites, ausi sunt petere in ejusmodi usum decimas a clero germanico. Clerus nihil debet caesari, nolente Papa, quamlibet a solo caesare didatus. De praedicatione verbi Dei et evangelii nulla mentio in omnibus historiis Papae. Ubi contra Lituoniam parum a monachis proficitur, arma rapiuntur, Lituonia idque non ut Christo per fidem et charitatem, sed Papae per quaestum subdantur; mendaciis ditati episcopi et monarchi excom- municationibus abusi servantur. Episcopi agunt armis duces exer- Episcopi impii cituum, principum proditores et raptores, gentium oppressores ad gratiam summi eorum Pontificis. Episcopi jurati Papae, consules caesarum causa fuerunt litium pernitiosissimarum; propter Papam qualicunque de causa a caesare deficiunt episcopi, bella moventes Peccata caesarum ob Papam. Summa, ne vestigium quidem regni Christi apparet in ecclesia papistica, Satan potentissimum dominium exercet in pon- tificatu Romano. Piissimi principes sola fide et timore Dei servati sunt, quamlibet parva; si quid peccarunt, episcoporum et consilio et exemplo peccarunt, excusati magna ex parte invincibili ignorantia, ab inimico homine persuasi usque ad extrema credere verbis de- pravatorum in fide et moribus. Omnium horum ratio unica negli- Neglectus verbi Dei gentia circa verbum Dei et inobedientia eidem. Haec omnia vere didici ex hac et aliis historiis et mundo parum credita hactenus, sed posthac experientia teste comprobanda.

Aprilis 14. die, feria 2ª Pascae proelium commissum a caesa- Proelium in Pedemon- rianis Hispanis, Germanis, Italis cum Gallis, Helvetiis et sociis, tanis stetit autem victoria apud Helvetios et Gallos,[1]) occisis hostium 15 milibus et captivis Germanis peditibus multis et amice tractatis ab Helvetiis. Hispani capti venditi sunt ad classes maritimas. Interim caesar Spyrae comiitia agit et audii graves querelas prin- Querelae cipum et urbium contra Ducem Henricum Brunzwicensem, contra episcopum Constantiensem, qui et Lundensis dictus est.

---

[1]) Es ist durchaus nicht ungerechtfertigt, dass Pellikan die Schweizer den Franzosen voranstellt, denn Franz I. verdankte den Sieg bei Cerisoles im Piemont bekanntlich hauptsächlich seinen schweizerischen Söldnern.

Hospites habui Flandrenses Cornelium Gualterum et Georgium Cassandrum, reversos ex Roma, ubi vixerunt 8 mensibus, docti et amatores antiquitatum, qui retulerunt apertum sepulchrum pro fundamentis ecclesiae sancti Petri, in quo reperta corona duarum virginum pretiosis vestibus et ornamentis indutarum, ad valorem 12 millium et amplius ducatorum, in auro et gemmis, in coronis et annulis; filia una Honorii fuit, altera sponsa Stiliconis, id repertum ex annulorum inscriptionibus.

Sepulcra virginum regiarum (margin)

Junii 13. die hospitem habui nobilem et doctum virum Josephum Ungarum Budensem, cujus parentes a Besta se transtulerant ad Cassoviam, antequam Turca caperet Budam, is 5 annis Wittembergae studuerat theologiae et bonis literis voluitque ante reditum suum ad parentes invisere ecclesias Germaniae et audire doctos; venitque per Spiram, ubi caesar comiitia agebat ad Argentinam colloquutusque aliquot diebus fratribus Argentinae, praecipue autem cum Bucero de causa sacramentaria, a quo et impetravit in scriptis sententiam de coena Domini, quam inscripsi libro Buceri annotationum in 4. evangelia; clarius quidem quam alias, sed quae nondum possem ad plenum intelligere. Audivit a nobis quoque hic de ea re sententiam et fidem nostram et legit epistolas et alia quaedam Zwinglii et Oecolampadii aedificatusque abiit, promittens se rescripturum nobis, et commendans ecclesiam Argentinensem et nostram prae aliis in doctrina, moribus et ceremoniis. Cum quo Constantiam deduxerunt eum Rudolphus Gualterus, ego, junior Zwinglius, Bibliander et Froschoferus. Ego eques nimium fatigatus tamen perveni Vitudurum, ubi humanissime tractatus a fratribus, timore majoris incommodi redii Tigurum die 23. Junii.

Josephus Ungarus Cassoviae (margin)

Sententia Buceri de eucharistia (margin)

Die 25. ejusdem meus ex sorore nepos Conradus Wolfart ducta sorore Jo. Operini Christiana, vidua elegante prudentia, moribus et forma celebravit nuptias sine pompa Basileae, dum jam ageret lectorem in Dialecticis et Rhetoricis et praedicatorem in Arlasen[1]) villa, exercitii gratia.

Conradus meus Christiana Soror Oporini (margin)

Mense Julio revidi et correxi, quae Germania scripseram in vetus Testamentum, in Genesin, Exodum, Leviticum et Numeros Deuteronomion, priores Prophetas et Isajam cum Jeremia.

---

[1]) Arlesheim.

Vigesima nona die consilium sumpsi navigio descendendi ^Descensus ad Rubiacum^ Basileam, quo die pervenimus ad Baden, postero die ad Loufen- ^cum uxore^ berg, tardius impediti nebula; cum vero navis cataractas traduci eo die nequiret, viam pedes cum uxore et Valentino Boltz arripui, ^Valentinus Boltz^ quem sors et Dei voluntas nobis conterraneum Tiguri junxerat, ambos eodem animo patriam communem visitandi; pervenimus itaque eodem die ad Mumpff, deinde ultima Julii pervenimus Basileam, prandio exacto in Augusta Raurica. Coenam mecum egerunt in domo Conradi mei Oporinus cum sua uxore et Bene- dictus diaconus in Munchenstein; postero die supervenit Theobaldus ^Benedictus Schür-^ Wolfart, Samuele vocatus, prandioque exacto et salutatis multis ^meister^ amicis, pedes pervenimus ad Hapssheim, prandium sumpsimus postero die in Ensheim, deinde Rubiacum pervenimus sabbato 2. Augusti; invenimus sororem et sororium gaudentes mecum et cum uxore mea. Munera allata varia pro cibo et potu ab accuren- tibus vicinis pro more! Valentinus vero Bolcius abiit matrem salutaturus in Keisersbergam.

Dominica quae prima Augusti erat, dies 3. prandium et coenam ornabant laeti amici. A prandio coenobium Minoritarum invisi. Gardianus sese abscondit, duobus fratribus locutus redii ad meos cum filio et Theobaldo, sequenti die prandium et coenam exhi- ^Senatus Ru- biacentis^ buerunt patricii urbis in praetorio honestissime cum episcopi praefecto D. Wilhelmo Böcklino; protoscriba erat Martinus Mit- ^Wilhelmus Böcklin^ tersbach, ambo docti valde et humanissimi. A prandio visitavi arcem secundum omnes habitationes novatas et veteres officio praesidis nobilis. Aderat quoque mihi scriba ejus urbis cum uxore affine, quae filia fratris Theobaldi sororii; die Augusti quinta a praefecto nobili et docto Wilhelmo Böcklin invitati ad prandium in arce pransi fuimus, ego, soror, filius et sororius. jamque rediit Valentinus de Keiserberga simulque cum eo Mattheus Erbius[1]) ^Mathias Erbius^ evangelista in Rychenwyler et D. Nicolaus Regius in Hunnwiler ^Nicolaus Regius^ et paedotriba Keisersbergensis, qui post trium horarum colloquium invitati a patriciis in praetorio sunt pransi, abierunt ad sua, viri optimi et consentientes nobis in fide et charitate. Supervenit mihi

---

[1]) Ueber Erb vgl. *Pestalozzi*: Bullinger, S. 458 und desselben Leo Judä S. 70.

164

matrona annosa cum munusculo me allocutura, nomine Barbara
Heslerin, divinitus docta religionem certissimam, Deo sine dubio
grata et amabilis, quae fidem sanctissimam simpliciter et sancte
confitebatur et recitabat quid olim passa a magistratu ob fidem
suam, quam animose defendens evasisset manus lictoris, nata in
valle Gregoriana et familiaris sorori meae. Eodem die coenam
habui iterum cum Dominis in praetoria et nobili Wilhelmo cum
Valentino, cumque a multis impense invitaremur, maxime a Petro
Fischer et Petro Zan cum uxoribus, non tamen acquievimus, quin
mane abiremus post pluviam non late sparsam. sicque prandium
in Ensheim sumpsimus et in Syritz pernoctavimus. sequenti die
prandium Basileae sumpsimus apud Conradum meum, coenam apud
Oporinum in sua domo; octava die Augusti invitatus a senatu,
universitate et chalcographis prandium pretiosum sumpsi apud
Clavem, domum communem,[1]) ubi assidebant Adelbertus Mejer,
Theodorus Brand, consules, Marcus Heidelin, magister civium et
Blasius Schollius senior, magister civium tunc cum consulibus multis,
simulque Miconius, Wolfgangus,[2]) Amorbachius, Oswaldus,[3])
Cellarius, Sebastianus,[4]) Doctoresque reliqui et impressores, men-
suras donantes de Malmaseto vel graeco vino pretioso, instructis
6 mensis convivis, quibusdam ob accursum multitudinis abeuntibus,
quia locus non esset, in fine prandii consules decreverunt, neminem quidquam contribuere, sed per urbis fiscum omnia in honorem
Tigurinorum et meum expendenda; rara gratia eorum, qua et me
humaniter dimiserunt. Eodem die coenam pretiosam habui cum
Doctore Bonifacio Amorbachio: ego, uxor et Valentinus cum Conrado et uxore. Nona die summo mane Basilea excessimus. In

Marginal notes:
Barbara Hässlerin
petrus fischer, petrus zan.
Senatus convivium solvit pro omnibus
Bonifacius Amorbachius

---

[1]) Zunfthaus.
[2]) Wolfgang Wyssenburger, Professor der Theologie. S. Athenae rauricae S. 72.
[3]) Oswald Ber, Professor der Medizin. S. Athenae rauricae 176.
[4]) Sebastian Münster. Für diesen hat Pellikan im Jahre 1549 den Artikel
Ruffach in die Kosmographie geschrieben, und eine seiner letzten literarischen
Arbeiten war eine kurze Biographie Münsters, die Heinrich Petri (Brief vom
15. Juni 1554; s. Siml. Samml.) bei ihm bestellt hatte, um sie einer zweiten
Auflage der Kosmographie vorzudrucken.

Rynfelden pransi fuimus, pernoctavimus in Frick. Sequente Dominica 10. Augusti pransi fuimus in Bruck ad stellam. Ibi collocutus
a prandio cum D. Hartmanno de Hallwyl[1]) et Nicolao balingio: Hartmannus
processimus, viso monasterio olim Clarissarum in Kunigsfelden,   ab Hallwyl
Nicolaus
ubi et honeste tractati, processimus per dirmssdorff[2]) usque ad   Balingius
Dietigken, ubi pernoctantes, mane diei undecimae domum redivimus cum Valentino, qui die 12. cum puero consanguineo suo
Joanne Canczler properavit ad propria, nempe ad Schwanden in
provincia Claronensium Helvetiorum. — Dum istis diebus Rubiaci   Judaei com-
agerem, annotavi ex veteri scriptura, quae in choro ecclesiae ibidem   busti et in-
terfecti
legitur: anno 1309. factum fuisse combustionem Judaeorum et   Rubiaci
ibidem anno 1338 interfectos esse Rubiaci Judaeos, in rei memoriam. Item annotavi ambitum ejusdem urbis inchoatum anno
domini 1380 sub episcopo Argentinensi Friderico de Blankenheim,
idque literis memoriae commendatum est secus ecclesiam sancti
Valentini in muro vel moenibus urbis. Progenitores quoque sororii   Sororii pro-
mei Theobaldi Wolffhard, qui in Gebwiler natus est, et filios   genies
genuit ex mea sorore, Elizabeth Pellicana, olim cives fuerunt in
Villseck, unde et testimonium vitae et geniturae assequuti sunt
Anno 1442 dictus est autem Pater Conradi et Theobaldi Wolffard
eisdem literis Wolfard Kůch, unde Wolfardus proprium illis nomen
habeatur latine Bonaventura magis quam cognomen; est autem
Villseck oppidum diocesis Bombergensis, non longe ab Amberga
et a silva Bohemica, quae annotatu rationabilia judicavi pro nata-
libus filiorum sororis meae Conradi et Theobaldi Wolfard ut intelligatur Wolfardum fuisse avo tuo vel proavo proprium, ut Bonaventura vel Eustachius, sed cognomen parentelae et cognationis
esse, si super sint reliqui quoque Kuch et placenta. Sumptus ejus
peregrinationis fuerunt 6 coronarum. — 18. Augusti hospites
suscepi Doctorem Münsingerum et alium quendam ex Friburgo,
cum quibus Enno Frysius praepositus Embdanus, qui mihi gratissima
nova vel potius bona vetera retulit de Domino barone Johanne

---

[1]) Für diesen hatte Capito einst 1516 seine in der Einleitung erwähnte
hebräische Grammatik geschrieben; Hallwyl war mithin ein alter Bekannter
Pellikans, ebenso Baling, s. oben.
[2]) Birmensdorf.

Alasco polono mihi amico veteri ex Basilea de quo a XX annis nihil audieram.[1]) Scripsi epistolam consolatoriam ad Dominam olim Abbatissam in Gnodental, tunc in Friburgo viventem ad S. Claram, dictam Anna Beyerin nobilem de Podman.[2]) Legi tunc scripta quaedam Postelli non admodum et ubique syncera, quem postea audivi Romam venisse et monachum factum inteliciorem. Osiandri speculum et conjecturas simul fere oblatas legi, similiter epistolam Rodolphi Gualteri ad Telaminum Bernensem[3]) elegantem et doctissimam de causa eucharistiae.

Prima Septembris hospites habui Gallos insignes et doctos optimos viros ex Granopoli Antonium Alphatium et Joannem Borellum, optime institutos in ratione fidei, qui et de multis egregiis illic viris narrabant pia studia multa.

Indicem in secundum tomum operum Zwinglii hoc tempore concinnavi utilissimarum materiarum, consequenter et reliquos hospites colui ex Basilea Alexandrum Ryschacher diaconum ad s. Leonardum simulque Severinum Cosmi olim amici mei filium cum Joanne Lepusculo. Tentavi pro Germanorum adolescentibus civium filiis logicam germanicam facile intelligendam a volentibus uti ingenio haud aliter vel minori fructu quam Romani et Graeci sua lingua. Restat ad mundum scribenda diligentius et absolvenda. Triduo legi Cuspiniani historiam de caesaribus.

Hospes nobis gratissimus advenit Doctor Albertus Hartenberg[4]) Frysius cui charitatem ostendimus quatriduo in hospitiis, modo quoque commensali cum doctis reliquis 25. Augusti, abiit 29. ejusdem.

---

[1]) Vgl. *Bartels:* Johannes a Lasco (Väter und Begründer der reformirten Kirche IX). Lasco war im Sommer 1525 in Basel gewesen, freilich in erster Linie um des Erasmus willen, doch scheint er auch mit Pellikan sich nahe befreundet zu haben; wenigstens correspondirten die beiden Männer in herzlichster Weise miteinander; s. *Gerdesius:* Scrinium antiquarium 1750.

[2]) Dieser Aebtissinn hatte Eberlin von Günzburg 1524 einen seiner Traktate gewidmet. Vgl. des Herausgebers Monographie über Eberlin S. 200.

[3]) Bernhard Tillman, Professor der Theologie und Philosophie in Bern; *Leu* XVIII, 180.

[4]) Ueber Hardenbergs Besuch in der Schweiz vgl. Herzogs Real-Encykl. V, 542.

Prima Octobris rediens Christoferus Froschoferus attulit gratissimam epistolam mihi cum reliquis a Domino Johanne Alasco e Frysia, commemorante putasse et audisse me dudum mortuum, sed collaetante vivo nunc. Advenit mihi hospes futurus per X menses, nobilis et religiosissimus et apprime doctus theologus adolescens Gerardus zum Camph Frysius Embdanus, speculum honestatis et honoris divini zelosissimus. Hospitem quoque habui quendam Minoritam Jeronimum Marianum, Italum,[1]) is cum esset bene institutus in fide vera, mihi quoque narravit de multis Magistris Minoritis in Italia, qui evangelium Christi fideliter et solide, quantum possent, praedicabant,[2]) nominabat hos: Benedictum Locarnum,[3]) qui fuisset regens Bononiae Montalcinus;[4]) alius regens Mediolanensis, qui ob stilum veritatis conjectus teneretur in carcere,[5]) item Franciscus de Mediolano, olim Parisii lector theologus, Marcus quoque Antonius ejus socius de Varixia, Julius quoque de Brixia,[6]) Jeronimus Genouensis, Jeronimus ferrariensis, Alexander Pataviensis, qui et ipse ob veritatis praedicationem servaretur in carcere,

---

[1]) Girolamo Mariano, Guardian eines Klosters bei Mailand, flüchtet 1456 zunächst nach Mendrisio, dann nach Zürich und zwar direkt zu Pellikan, an den er von dessen Freund, dem ennetbirgischen Vogt Fricker, empfohlen war.

[2]) Nach einer Mittheilung von Dr. *Karl Benrath* in Bonn, dessen Freundlichkeit ich die meisten der hier folgenden Notizen verdanke, hatte schon 1532 Giovanni Pietro Caraffa, der nachmalige Paul IV., sich in einem Schreiben an Clemens VII. über die grosse Anzahl der ketzerischen Mitglieder des Conventualenordens vernehmen lassen.

[3]) Vgl. *Pestalozzi:* Heinrich Bullinger, S. 360, und *F. Meyer:* die evangelische Gemeinde in Locarno, wo (Band I, S. 33) von dieser ganzen Stelle unseres Chronikons die Rede ist.

[4]) Giovanni Mollio von Montalcino, über dessen Verurtheilung und Tod 1553 die «wahrhafftige Historia» Auskunft gibt. Dieselbe findet sich abgedruckt in der Zeitschrift für die gesammte katholische Theologie 1862 und benützt bei *Christoffel:* Lebens- und Leidensbilder evangelischer Märtyrer Italiens. 1869.

[5]) Dies ist ohne Zweifel der Fra Ambrogio aus Mailand, welchem wegen «luteranismo» 1544 der Prozess gemacht worden; s. Rivista cristiana 1876, S. 178.

[6]) Die Rivista cristiana 1875, S. 447 gibt Nachricht von einem aus Brescia stammenden, im Jahre 1558 vom Sant' Uffizio verurtheilten Giulio.

Bonaventura de Pieve de Saccho,[1]) Pasquillus de Venetia, Galla-
theus de Venetia,[2]) Augustinus de Ogeria, Baptista de Mediolano.[3])
Retulit is quoque frater quomodo Generalis totius ordinis minister
Magister Bonaventura Custazaia dictus prohibuerit authoritate officii
sui et jussu pontificis, ne in studiis generalibus minoritarum legantur
biblia sancta sed tantum Scotum legendum mandarit. Aiebat sacra
legi Papiae magnifice per Julium Veronensem.

Adagia germanica Sebastiani Franck redegi in alium ordinem
commodiorem, quae impressit Froschoferus.[4]) Octobris 27 die coepit[5])
post Apocalypsim fere tota anno expositum legere Genesim summa
diligentia et eruditione, et magno fructu excipi a discipulis, maxime
a Rodolpho Gualtero, a quo ego rescribere coepi diligentius pro
fratribus aliis instituendis, quibus communicanda sunt hujus modi
studia. Annotationes hebraicas conscripsi ex Rabinis in unum
Commentarium, maxime ubi Grammaticam docent, idque solum
in Genesim.

Reformationem archiepiscopi Coloniensis germanice impressam
legi diligenter et sic placuit, ut voluerim ab omnibus episcopis
reliquis sic inchoare; infirmiora quaedam erant, quae essent
tempori et incipientibus permittenda; et de causa eucharistiae
nihil inveni, quod displicuit: notavi adfuisse tam Philippi Melanchtonis candidius ingenium et Buceri studium illi solitum et nimis
perplexitati aptum.[6])

----

[1]) Der oben angeführte Brief des Caraffa erwähnt eines häretischen Con-
ventualen Alessandro aus Pieve di Sacco.

[2]) Girolamo Galateo ist 1541 nach elfjähriger Haft in Venedig gestorben.
Vgl. über ihn Rivista cristiana, 1873.

[3]) Auch Fra Battista ist einer der in dem oben angeführten Briefe Caraffas
Genannten.

[4]) *Rudolphi* a. a. O. S. 37 nimmt richtig 1545 als das Jahr der Herausgabe an; die Vorrede des Eustachius Froschouer trägt das Datum 16. Hor-
nung 1545.

[5]) scil. Bibliander.

[6]) Ueber Hermann von Wieds Reformationsprojekt und die darein ver-
flochtene Bucer-Melanchthon'sche Abendmahlslehre vgl. *Seckendorf,* historia
Lutheranismi, zumal S. 446. Darüber, dass Hardenberg und Lasco dem edeln
Kirchenfürsten bei seinen reformatorischen Bestrebungen an die Hand gingen,
spricht sich Pellikan in einem Briefe an Lasco sehr günstig aus: «ut vero

Hospites per aestatem recepi et commensales Schafthusianos, primo quidem Johannem Joachimum, perplexi ingenii hominem, sed probum et doctum. post mensem sequutam uxorem recepi quoque, denique Johannem Franck juvenem, Bartholomeum quoque filium hospitis ad coronam. Similiter Johannem Casparem Altorff, cuius pater salmonem donavit, Heinricus quoque Nater, simul cum Conrado Borer et Jacobo a Cham, quem jam ante dudum mensa et institutione foveram. Heinricus Bullingerus Cochlaeo respondit, quae legi diligenter.

Decembris quarta die obiit illustris et christianissimus consul Tigurinus, qui rexit post patrem et avum urbem XX annis in summa concordia et dexteritate, promovit diligenter, quae fidei sunt et morum, defendit pro viribus doctores evangelii, cuius filium Jacobum Rösch bienno tenui commensalem et discipulum; in cuius locum postea electus est D. Jo. Rod. Lavater, vir prudens et magnanimus, propter cuius electionem extructae fuerunt epulae magnificae in praetorio vel curia. Rescripsi hoc mense scripta domini Alasco de sacramentis et D. Magistri Regeneri scholarchae Gryeningensis in Frisia, optimorum et doctissimorum virorum monumenta, nostris per omnia conformia et consonantia doctrinis, non Lutherana.[1]

His mensibus vendebatur triticum pro quinque libris tigurinis, idque longo tempore cum maximo pauperum gravamine. Accepi librum Lutheri in genesim et alia a Marco Crodel cum epistolis amarulentissimis,[2] cui respondi humanius. Anno hoc 44. vidimus quatuor eclypses, unam solis integram, sed ob nubes visam non

Diethelmus Rösch

Θ

---

reverendissimo Domino fidelissimoque pastori Coloniensis provinciae in tam sanctis institutis adsis, consilio et actione, gaudemus ex animo. Quam ubi personalibus officiis juvare non licet, ferventi precum mearum officio apud Deum juvare non obmittimus, orantes, ut exemplum tam illustre pietatis rarissimum alii quoque ecclesiarum praesides subsequantur».

[1]) Das Gleiche sagt ein Brief Pellikans an Lasco vom 3. März 1545. Leider gibt *Bartels* a. a. O. kein Verzeichniss der Werke a Lascos; er citirt S. 41 bloss eine Ausgabe der brevis et delucida de sacramentis ecclesiae Christi tractatio von 1552.

[2]) Den unverschämten Crodel nennt Pestalozzi a. a. O. S. 236 sehr charakteristisch «Luthers Cartelträger».

clare, tres lunae, tot simul contigerunt uno anno olim temporibus
Caroli magni, anno domini 808: sub Leone 3. pontifice.

Hoc anno fuerunt in Frisia sectae perniciosae et plurimae
cuiusdam Mennonis Somon, item Alberti Petri, qui cum aliis
volarunt in aera et reciderunt, Hermon sutor dicebatur. Alii dicebantur: Davidiani, Logistae, Libertini, Quintiniani, Franconiani etc.

Hoc anno Basileam pro filio Samuele et anno 43. XV fl. per
Bebelium, VIJ coronatos per Wirzium, per Froschoverum XIJ
Coronatos, per Lindouwer 6 coronatos, per Con. Suter 6. coronatos, 4 coronatos praesens dedit mater, per Suterum X coronatos,
dum interim viveret cum Conrado Wolfardo.

1545   Anno domini 1545. vocatus a Basilea 6. Januarii venit ultima
Samuel Pellicanus. Die Caroli orationem habuit Theodorus de
pertinacia; libro Lutheri contra nos responsum est per Bullingerum[1])
per impressuram germanice, Gwaltherus vertit latine, simul addita
apologia pro libris Zwinglii, tunc per quator annos impressis.

Undecima Februarii diaconatum suscepit electus Basileae apud
Sanctum Leonardum Conradus Wolfard, nepos ex sorore.

Ad initium Februarii venit Johannes Ewich Perennius Burensis,
homo doctus et poeta egregius, quatuor mecum hebdomadis egit,
pauper et gratis ac infirmus. Abiit 3 Martii, promisit solutionem
ubi valuerit vir bonus, sed morte praeventus non potuit. Interpretatus sum his diebus Rabi Salomonem in Exodum et Genesim,
similiter Rabi Abraham Aben Ezra in quinque libros legis Mosaicae.

Aprilis sexta abierunt Gerardus et Samuel, quasi per Bernam
et Losannam ac Genefam, per Sabaudiam, Mediolanum, Bononiam
et Venecias abituri, sed Bernae infirmatus Gerardus remisit Samuelem,
qui rediit, 16 huius, quem post sequutus venit Gerardus.

Aprilis 15. die, abiit Johannes Frysius cum nobilibus Grebelis
in Italiam, visurus Mediolanum, Bononiam, Venetias, unde attulit
libros Judaicos omnes, quos Bononiae et Veneciis invenit venales:
Bibliorum secundam cum commentariis editionem, duplex et totum
Talmud et Maiemonem cum aliis multis valde, valore centum florenorum. E Bononia venientes suscepimus hospites Joachimum de
Hamburga et Fridericum e Spira.

---

[1]) S. *Pestalozzi:* Heinrich Bullinger S. 229 ff.

Maji undecima venit Calvinus Johannes, cum tribus sociis, quorum duo fuerunt filii Guilhelmi Budei[1]), causam in Gallia Waldensium nobiscum tractavit, ut juvarentur. Contulit de scriptis nostris ad et contra Lutherum; satisfecimus objectionibus suis ut fatebatur.[2]) Epistolae e Wittenberga allatae a Philippo Melanchtone, gratissimae nobis quia humanissimae, de Lutheri scriptis et nostris. Maij 20. die hospites habuimus ex Friburgo magistrum Christoferum Wertwin Pforzensem et praepositum Joachimum Salicetum in Stein Gardianum prope Fiesen. His diebus transtuli commentarium Rabi Levi ben Gersoni in proverbia Salomonis et verti targum Jerosolymitanum in Mosen. Junii decima septima abiit Gerardus zum Camph, piissimus juvenis, rediturus in patriam, cui junxi comitem itineris Samuelem filium, qui ad Sanctum Gallum euntes propter dominum Vadianum, per Constantiam et Schaffhusen Basileam venerunt, deinde Argentinam, Coloniam, Brabantiam et Hollandiam cum Phrysia visitarunt.[3])

Julii 22. venit Doctor Gerhardus Westerburg cum nobili viro D. Johanne Maczinski Polono, D. Gerardus legendos praebuit suos tractatus plures, doctos et utiles, quamvis germanicos: de adoratione eucharistiae et divis. Molendini mirabilem et utilem structuram ostendit; vir pius et doctus D. Johannes Matzinski commensalis factus est 23. Julii mihi.

Convivium generale habitum pro boue lucrato in Curia 500 et amplius hominum utriusque sexus, quale non prius visum, 23. die Augusti.

Septembris die 28 rediit Samuel, febre quotidiana affectus, quae duravit usque in Decembrem, quando cessavit sed non in

---

[1]) Die Familie des Philologen Budäus war nach dessen Tode nach Genf geflohen. Einer der Söhne, Ludwig mochte als ein angehender Orientalist für Pellikan ein besonderes Interesse haben. S. *Schmidt* in Herzogs R. E. II, 429.

[2]) Ist diese Notiz richtig, so hat Calvin in jenen Jahren drei Reisen nach Zürich gemacht: im Mai 1545, im Februar 1547 (s. *Pestalozzi* a. a. O. S. 638) und im Mai 1548 (s. *Stähelin:* Calvin II, 112).

[3]) Auf diese Reise gab Pellikan seinem Sohne (Brief nach Strassburg vom 23. Juni 1545, s. Siml. Samml.) u. A. folgende Ermahnung mit: «discas ubique ab omnibus, apiculae more semper agas; videbis ubique bona et mala, cura, ut melior, doctior, prudentior et sanctior redeas. Non te ubique prodas meum filium, sed coram amicis et ubi commodum fuerit».

totum, quin noviluniorum temporibus rediret usque ad pasca sequens.
Post vindemias coepi transferre ex libris Frysii[1]) primum librum Eliezer de viis vitae, alphabetum filii Sirach etc.
Decembris 3. hospites habui Conradum Wolfrad cum Johanne Operino et Hervagio in tertium diem. Die ejusdem 12. finivit Theodorus noster librum Geneseos; 15 die postea coepit Exodum. Octobris die 21. hospitem suscepi nobilem Frysium Ludolphum Maninga a lutisberg. Cui frater est Haio Maninga in Geldria a Lutisberg. Qui tandem abiit septima Januarii, nihil solvens, quia pauper et exul.

1546   Anno 1546. postquam hebraici et talmudici libri nostri Frisii ligati et parati fuissent, indiculoque parato omnium, quae is in hebraicis haberet librorum, coepi imprimis revidere et conferre quaedam Talmudica, quaedudum anno 1538. transtuleram ex secundo libro Talmudico, qui dicitur עירוב, ex ejusdem libro primo quem nominant מסכת שבת. Eamdem partem tunc mihi attulerat improbus quidam filius Judaei improbioris patris ex Bremgarten.

Is enim Judaeus medicum praetendens, codicem attulit talmudicum jam nominatum, vicissimque a me mutuo accepit duos vel tres libellos hebraicos, quibus uteretur in hospitio rubeae domus; tandem ob flagitia et debita dimisit mihi librum talmudicum, meos libros vendidit et voravit. subsequitur pater Judaeus improbus et ab me exigit, quem dicebat non filii sed suum talmudicum codicem, cum quo certare nolens propter tam stultae doctrinae librum, quem parvi facerem, reddidi codicem patri et meos libellos amisi. Verum contigit eodem anno adpellere Michaelem Adam, neophitum non impium et satis doctum ex Argentina et Constantia venire, quem hospitio fovi per multos menses gratis, cibum praebens et domicilium, donec a Froschofero non modicam precuniam pro labore cum Leone Judae in corrigenda Germanica Biblia acquisivit et interim divitem quoque viduam pro uxore duxit. Ea habita opportunitate tam libri talmudici quam Adae hujus, ne nihil

---

[1]) d. h. aus den Büchern, welche sein Schwager Fries ihm aus Italien mitgebracht hatte.

pro expensis assequerer, exegi dimidiam horae interdiu, qua libros
aliquos talmudicos, germanice exponendo ore suo, ego calamo
annotarem sensum latine; id ipsum egi in multis prius recitatis
libris juxta sua nomina. omnia illa dalmutica deliramenta, jam per
Frisium assequutis libris, hoc 46. anno coepi conferre iterum,
corrigere et in linguae exercitium tractare et memoria renovare
post octo fere annos. Quaedam non solum de textu Mischnae,
sed etiam de Gamara Babilonici Talmud, quod mihi eodem tempore 38. anno amicus Capito Argentinensis transmiserat, ex quo
non paucos libellos simili studio transtuleram. Omnia ipsa jam
contuli et correxi, ut sunt libri apud eos dicti עירוכים ,יומא,
סנהדרין ,מכות et haec ex Babilonico. Sed et פיאה et glossam
Gamara in librum יומא et Sanhedrin in duo capita tantum, deinde
משקין, חגיגה, מגילה, העבית¹) ex Hierosolymitano. His nunc omnibus collatis et correctis, habita nunc a Deo mihi ingesta occasione tot
librorum, quos Johannes Frisius, uxoris frater, attulerat nihil tale
me cogitante vel rogante, coepi diligentius laborare, certe improbo
labore, qui tamen omnia vincit, vertique pro virili primum Introductionem Rabi Mosse bar Maymon in Talmud, quem Lyra Introductio
in Talmud
nominat, Mosen egyptium, asserens eum post Mosen primum
omnium Judaeorum fuisse doctissimum, quem et hodie quoque
omnes Judaei principem Rabinorum statuunt moderniorum; ipse se
dicit Hispanum esse, sed scripsisse sua pleraque Arabice. Vixit
coaetaneus Abrahae aben Ezrae, circa annum 1180, paulo post
Rabi Salomonem Gallum Wormaciensem. Eam introductionem
coepi 22. Februarii 1547 et finivi 3ª Maji. Transtuli quoque
Gamara talmudica non continua, sed excerpta quaedam singularia
ex libro ברכות per aliquot capita; et alia quoque continua ob
linguae studium et exercitium iu eundem librum auxilio Michaelis
Adae; sed fastidio tandem utriusque abripimus opus. Ejusdem
auxilio transtuli introductorium aliud breve in Thalmud cujusdam
Rabi Samuelis principis, sic enim suos Rabinos jactitant et cele-
brant, muli mulos.

---

¹) Der gebräuchlichere Name dieses VIII. Traktates der Seder Taharoth ist
מַכְשִׁירִין

R. Eliezer   Semitarum vitae librum R. Eliezer Magni transtuli, brevem quidem sed moralem, judaico modo scriptum. Deinde alphabetum filius Syra filii Syra transtuli, idque duplex, cum alia quadam fabula poenitenda et turpi ejusdem Syrae, item librum ternariorum Rabi Cados et tractatum quoque quaternariorum et quinariorum senariorum quoque usque ad denariorum tractatulos. Gesta quoque Rabi Josuae filii Levi justi et aliorum multorum fabulae judaicae per me translatae sunt.

R. Eliezer, fil. Hirc.   Transtuli quoque librum prolixum Rabi Eliezer, filii Hircani qui magnus cognominatur, refertum fabulis additis ad librum Geneseos et Exodi et libro Hester, usque ad capita quinquaginta quatuor allegatur passim Pirke Eliezer. Librum sancti timoris R. Jonae Gerundensis inchoatum. De immortalitate animae Aristotelicus De morte R. Abraham, filius Chisdai, de morte scilicet non timenda sapienti De anima transtuli scriptum. Liber Galieni de anima versus est a me eo tempore: exhortationes tres, et quasi soliloquia animae ad conscientiam suam et ad Deum. Libellus de jugulo et mactatione animalium versus est. De benedictione mensae vel ciborum libellus versus est. Quaestio quaedam et resolutio non finita sed tentata. Doctrinae 50. pro quinquaginta discipulis cujusdam sapientis versae. Expositio in librum אבות per capita 4, non absoluta sunt. Josephi historiam legi totam contulique ad operas M. Adam. Excerpta ex Bresith Rabba, per centum capita, hoc est super totum librum Geneseos. Rabbi Bachai in Exodum, usque ad c. XVIIJ transtuli. R. Salomonem transtuli in Exodum, a 26 Februarii anno 46 usque ad XVI Martii. R. Salomonem in Leviticum inchoatum et finitum postea 17. Augusti, in librum Job. R. Abraham prizol usque ad 8. c. Rambam מדע, doctrina, liber primus translatus ad finem p. X. c. finitus Junii 25. anno 1546. Ex capite quarto libri דעות Rambam, libro tertio תורת תלמור 7 capita Rambam.[1]) De idolatria vitanda 7 capitibus, Rambam. Tentata expositio libri המרע difficilior quam textus, idquod apud Judaeos est usitatissimum, ut Rabini expositores difficilius loquantur et minus intelligantur, quam

---

[1]) Damit kann bloss der 3. Theil der Mischnah torah des Maimonides gemeint sein, der genau 7 Kapitel hat. Freilich ist die hier gebrauchte Bezeichnung nicht der gebräuchliche Titel, aber korrekt gebildet und zutreffend.

liber exponendus. Hactenus acta usque ad Augusti initium 1546 anni.

Mense Octobri praelegi studiosis quibusdam sphaeram materialem et finivi; deinde compositionem astrolabii et usum ejusdem praelegi.

Decembris die 22. coepi rogare Dominum Doctorem Christophorum Clauserum pro filia Elizabetha desponsanda Samueli filio, qui ultro consensit, cujus sponsalia deinde celebrata sunt quinta Januarii anno 1547, promissis ab eo centum florenis pro filia, et ego totidem pro filio et dotem centum librarum promisi.

Die autem 13. Januarii celebratae sunt nuptiae, invitatis fere   1547 quinquaginta personis, cum minimum cuperemus celebrari. Donaria invitatorum excessurunt numerum 30 florenorum.

Ob bellorum rumores delectus fuit exercitus a Tigurinis et dux electus Bernardus a Cham[1]) 22. Januarii. Equi ordinati ad necessaria belli, sed gratia Dei pax nobiscum duravit, captique sunt quidam bellaces, qui contra mandatum Dominorum bellum petere tentaverant. Allatae definitiones vel sessiones sex ex concilio Tridentino cum annotationibus nostrorum improbantibus eas, quas legi.

Dolui graviter ex brachio dextro et scabie, ut otiosus consisterem, successit hinc dolor vehemens ex calculo per triduum, qui ingens urina elapsus est post sex dies. Martio mense legi Tertuliani opera, diligentius quam antea. deinde Prudentii carmina contuli translationes veterum Augustini, Tertulliani et Cypriani cum vulgata et annotavi ad Parisiensem Roberti Stephani magnam.

In Aprili thermas cum uxore adii in Urdorff cum Domino Bullingero, Adriano Fischlin, Eustachio Froschhofer. Eo tempore 25. Aprilis captus est a caesarianis Dux Johannes Fridericus Saxoniae a quodam nobili dicto Thil vom Trot, cui se sponte captum commisit, circa Silvam dictam Schweinart circa Kosdorff.[2])

Rabi Davidis Michlol verti latine ex hebraico. Mense Junio thermas foverunt Conradus Wolfart in Baden, misi illuc eis pisces

---

[1]) Der nachmalige Bürgermeister. Vgl. *Pestalozzi*: Heinrich Bullinger S. 483.

[2]) Die Schlacht bei Mühlberg fand bekanntlich am 24. April statt.

\

per Samuelem et invitavi. Suscepi Biblia hebraica majuscula litera in quatuor voluminibus ligata pro quinque florenis, qua et numeris versuum annotavi et contuli cum translationibus et adsignavi difficiliora loca. 15. Julii hospites laetus suscepi Conradum Wolfart ac Johannem Oporinum cum uxoribus et domino a Stauffen. Abierunt decima nona, tractati passim hospitaliter.

Transtuli Rambam de idololatria, item de benedictione sacerdotali germanice; de oratione et multa excerpsi stulta et inutilia ad confusionem Judaeorum.

Prandium generale Helvetiorum celebratum 21. Augusti in curia vel luco, mensis adornatis magnifice 158.

31. Augusti coepi transferre commentaria R. Davidis Kimhi in Ezechielem 20 folia, diebus 20, finivi 25. Sept. Adfuit comes Georgius a Wirtemberg cum familia et singularibus amicis meis ac veteribus Ludovico ab Rischach et Johanne ab Utenheim. 27. coepi vertere commentarium R. Levi ben Gerson in prophetam Danielem, absolvi 1ᵃ Octobris.

2. Octobris emi bibliothecam Hebraicam ab affine Frisio pro centum florenis et 20, quae infra annum solvi praeter X fl., quod multi valde essent prorsus inutiles et nullius momenti et per deceptionem Judaicam et Frysii ignorantiam empti absque omni ratione. Coepi statim interpretari exercitii gratia librum Gerardi Ravenstein, libros duos intitulatos itinera deserti, metricum et solutum, stilo talmudico, itemque germanice versus primi libri, finivi infra X dies.

23. Octobris calculo graviter sum afflictus triduo, duobus enixis calculis die sexto; sed statim rediit dolor calculi per 4 dies. 5ᵗᵃ Novembris Samuel Basileam abiit ad honorem Huldrici Zwinglii et ad Rubiacum, rediit die 16. ejusdem 23. Novembris finivi Rambam de libro legis. Anno 48. 2. Januarii infirmata est Elizabet nurus graviter per 16. dies, post quos convaluit.

1548   Samuel collaborator electus pro schola superiore 18. Januarii, 2. Februarii transferre coepi Rambam de articulis fidei et Helocham דעות, item postea transtuli epistolas Judaicas Rambam et R. Davidis Kimhi ad Judam quemdam et ejusdem Judae Medici ad Davidem, item argumenta libri more Hanfuchim incompleta, item librum הישר.

Martii 23. adfuit potens dominus comes Claudius De Maure, Dominus de Landal in Brittania, cuius secretarius Lodovicus Mercantius, qui me humanissime complexi sunt et promiserunt omnia bona, donaverunt uxorem duobus coronatis. Venerant ex Roma, optime instituti in vera religione, opera Domini Johannis Gurie, officialis olim episcopi Rhedonensis, qui commensalis mihi fuit aliquot mensibus et meam charitatem et officia domino illi rediens commendaverat nimis, certe vir liberalis et optimus. Martii 30. graviter infirmata est Elizabeth apoplexiae quadam specie per X dies. Augusti 8. thermas adiit cum Samuele, a quo tempore melius semper habuerunt et sani redierunt 4. Septembris.

4. Septembris Domino Johanni Hoppero Anglo nunc episcopo, doctissimo et optimo viro praelegi commentaria in omnes 12. Prophetas minores Rabi Davidis Kimhi gratis omnino.[1])

Septembris 8. uxor mea Elizabeth abiit ad thermas cum Margareta Clausera, interim venit cum uxore sua Theobaldus Wolfart, adfuit 4 diebus. Rediens cum Samuele ivit ad Baden cum uxoribus, redierunt a thermis 4 octobris. Lelius Sonzinus Senensis Italus[2])

---

[1]) Ueber John Hoopers Zürcher Aufenthalt und dessen Folgen s. *Pestalozzi* a. a. O. S. 257 ff. und 443 ff.

[2]) Laelius Socinus (vgl. über ihn *Pestalozzi* a. a. O. S. 451 und *Trechsel* in dem Artikel «Antitrinitarier» bei. Herzog I, 404 ff.) kehrte fortan von seinen Reisen jeweilen nach Zürich zurück, wo man ihn sehr schätzte und wo er auch 1562 starb. Pellikans Fürsorge begleitete ihn auch auf seinen Reisen. Nach einem Briefe Oporins an Pellikan (19. Juni 1549, s. Siml. Samml.) hatte dieser den Basler Druckerherrn gebeten, S. während seines Aufenthaltes in Basel bei sich aufzunehmen. Oporin antwortete: «Laelium Socinum a vobis omnibus tantopere commendatum libenter recepissem domum meam, nisi ea ita esset operibus typographicis referta, ut mihi ipsi vix relictus sit angulus vacuus, in quem me aliquando recipiam. Prospexi tamen ei apud D. Munsterum, qui cubiculum est daturus et apud viduam D. Grynaei p. m. ubi habiturus est mensam». In einem Briefe Pellikans an den kaiserlichen Gesandten Ascanius Marsus in Luzern (Februar 1551; s. Siml. Samml.) ist von Socins Aufenthalt bei Melanchthon die Rede. Von dieser Wittenberger Reise kehrte S. im Herbst 1551 nach Zürich zurück; Pellikan an Mykonius 16. Oktober: «Laelius rediit, homi mihi charus dignusque cui benefiat. Candidus non quidem corpore sed animo et vir integer, optimi et magni viri filius, homo pius et doctus». Socinus brachte auch in dem von ihm mitverfassten berüchtigten Werk «Martinus Bellius» Citate aus Pellikans Schriften. Vgl. *Mähly:* Seb. Castellio S. 39 und 45.

coepit habitare mecum homo pius et doctus 19. Octobris. Pariter Johannes Spe Gelrensis et Johannes Fabri Montanus compater et Johannes Andreas Italus juvenis. Lelius abiit 25. Junii anno 50. Decima octava Novembris graviter laboravi ex calculo 7. diebus post quos enixus sum duos calculos. Duodecima Decembri coepi transferre commentaria R. Davidis K. in Josuae et Judicum labore decem dierum.

Anno 49. mense Januario transtuli R. David Kimhi in quatuor libros: II Samuelis et II Regum. Contuli iterum Rab. Salomonis translationem in Paralip. et in Ezram. In Danielem commentarium R. D. K. transtuli in Martio. In Martio transtuli Rambam in Job, revidi Rabfenaki commentarium in proverbia, in Maio transtuli commentarium R. D. K. in psalterium totum. In Junio rescripsi et transtuli Postelli candelabrum. Augusti 22. podagra me cepit in pedica majore dextra.

Principio Decembris anni 49. fuit mecum 8. diebus Robertus Stephani,[1]) qui videns quae transtuleram hactenus ex commentariis Rabinorum in sacros codices, rogavit instanter, ut in residuis omnibus pergerem, idque non ad sensum tantum, sed ad literam quoque pro hebraismis discendis. Igitur statim coepi pergere in Isajam, Jeremiam et ceteros omnes, nempe R. Salomonem, R. D. K in omnes Prophetas majores et minores sed et R. Abraham aben Ezra totum in omnes libros biblicos. In Maio thermas adii consilio medicorum ob calculum et podagram. Redii 3. Junii.

In Augusto 10. die coepit mecum habitare Petrus Paulus Vergerius episcopus Justinopolitanus 4. septimanis vir sanctus.[2])

Eodem anno 49.[3]) scripsit mihi Thomas Courtean famulus Roberti Stephani ejusdem jussu e Genefa 16. die decembris: nunc igitur accipe ut licet primum duodecim Biblia cum annotationibus in 8° 28 bazionibus; 12 Psalteria cum annotationibus pro 4 batz, 4 thesauros linguae sanctae pro 28 batzionibus, 6 institutiones

1549

1550

---

[1]) Ueber Pellikans Verhältniss zu dem berühmten Genfer Buchdrucker gibt er selbst im Verlauf weitere Aufschlüsse.

[2]) Vgl. über ihn und seinen Aufenthalt in der Schweiz die treffliche Monographie von *Sixt*.

[3]) Es soll offenbar heissen: 50.

Sancti Pagnini 13. batz. vendesque unam quodque eorum pretio ad latus superscripto, eoque facies ut literis heri meis, quas antea misi, monitus es, videlicet ut vectori nunc satisfacias coronatum pro ductu, quemadmodum cum illo de pretio conveni, reliquas autem pecunias ad tuum usum accomodes.

Ceterum anno 51, 22. Februarii Robertus Stephani inter alia   1551 scripsit: Obsecro, ut per famulum meum mittas, quicquid unquam verteris ex commentariis Hebraeorum neque te torqueas in relegendis et expoliendis omnibus. Negotium illud sine meum esse una cum concordantiis, curabo omnia diligentissime neque cuiquam alio ascribam eam diligentiam, quam praestabimus, quam tibi. Abbrevationes tuas novi. Magis proficio in commentariis Salomonis in Canticum a te versis, quam in iis, quae ad me misisti in priores Prophetas limatiora. Aegre fero sane tantam senectutem occupari in relectione hujus modi; non possum una parte juvari, aut me omnia simul habere oportet aut nihil; nunc enim ut sunt negotia, in Genesi versor, nunc in prioribus, inde in posterioribus Prophetis, nunc in Job, nunc in Psalmis. Interea paro, quae tuo nomine edi poterunt; malo autem a te quam a Monstero[1]) haec omnia accipere. Quando pecunias non vis, mitto thesaurum et Budei commentarios. Velim habere quae tu Musculo[2]) misisti; si quos alios libros velis tuis dari, scribe. Benedicat Dominus familiae tuae, Samueli maxime, cui gratulor patrem similem, quem tu meo nomine resalutabis. Filios eram missurus, verum coeli intemperies obstitit. Eidem optimo et diligentissimo doctissimoque regio impressori scripsi eodem anno 10. Aprilis: Mitto libentissime omnia mea praescripta in manus tuas, quibus ad publicum profectum uteris pro voto et judicio tuo docto ac fidelissimo,[3]) ea autem conditione

---

[1]) In einem Briefe an Valentin Pacaeus sagt auch Pellikan von Münsters etwas leichter Bücherschreiberei: «facilia prodit difficilia negligit». Münster selbst charakterisirt sich in einem Briefe an Pellikan (20. Juni 1549; Original auf der Kantonsbibliothek in Zürich) sehr naiv, indem er die Entschuldigung einer längeren Unterbrechung seiner Korrespondenz mit den Worten begleitet: «etiamsi interim loquax fuerim in omnes Germaniae partes».

[2]) In dem Begleitschreiben an Musculus (5. Februar 1551; Autographon in Bern) nennt er seine thalmudischen Arbeiten «improbi laboris mei immaturum fructum».

[3]) In einem Briefe an Mykonius (16. Oktober 1551, s. Siml. Samml.)

mitto, ut si vel tu vel filii tui aliquando eis uti ad aliquorum editionem nolitis vel non possitis, ut tandem vel post mortem tuam redeant ad manus filii mei, si vivet, vel ad ecclesiam Tigurinam, ut eis utatur Professor hebraicae linguae mihi Domino ordinante successurus, ut labor meus tantus aut qualiscunque non pereat, sed prosit non tantopere laboraturo, ut ego laboravi tot annis improbe et sine omni auxilio instructorum, cupiens semel Judaicae doctrinae authores a nostris quoque non ignorari exemplo pie doctorum nostri temporis. Utcunque modica videatur pars illa Judaicorum scriptorum, quae sine nostrorum piorum scriptis nobis multum proficiant.

Misi autem Domino Roberto Stephani Geneuam Rabinos subscriptos versos latine: R. David Kimhi in Genesim non totam, in Josuae, Judicum, Samuel, Regum, Esaiam, Jeremiam, Ezechielem, XII prophetas et psalmos; R. Abraham aben Ezra in Mosen, in prophetas omnes praeter Jeremiam et in psalmos et reliqua hagiographa, R. Salomonem Sarchi in prophetas priores et posteriores omnes, in psalmos, Cantica, Ruth, Ecclesiasten, Hester, Esdram et in verba dierum; R. Levi ben Gersom in parabolas Salomonis et Danielem; R. Mosen Gerundensem Ramban in Job; R. Abraham prizol in Job usque ad 20 caput; commentarium Kabucki in parabolas Salomonis; R. Simeonem in verba dierum insertum R. Salomoni.

Ad haec ipse respondit in haec verba 26. Aprilis 1551: Quam exhilaratus sum accepto tuo fasciculo vix dici potest, charissime frater; si quid amplius ex Italia aut Neapoli accepero, ad te mittam; interea dissutos codices ex postrema Bombergi editione ad te mitto, ex quibus vertere poteris commentarios R. D. Kimhi in verba dierum sive libros Paralipomenon, ubi in Genesim absolveris etc. Ne quid autem vereare, etiam minimum folium perditum iri ex omnibus, quae ad me misisti, magna fide asservabuntur a me, revertentur quoque aliquando omnia ad ecclesiam vestram magno

---

sagt Pellikan über sein Verhältniss zu R. Stephanus: «totus sum in judaicis stoliditatibus nunc talmudicis, postquam transtuli integre tres eorum celebres Rabbinos in tota Biblia, rogatu Roberti Stephani, cui omnia Genevam misi, apud quem utilius resident quam mecum, quibus usurus sit suo tempore ad studiosorum profectum».

cum fenore;[1]) ubi aliquid absolverimus excusum ad te mittam: properare non possumus etc. Genevae.

Ab illo tempore, quo libros quosdam jam transtuleram et miseram Genevam anno 1550. in Januario verti Rabi Salomonem in Isajam Prophetam, in Jeremiam, Ezechielem et reliquos omnes duodecim, quos finivi 14 februarii, deinde in Psalmos omnes et reliquos libros transtuli רש״י.

Anno 51, 6 Januarii nata es Anna Samueli hora prima 30 minutis post meridiem.[2]) Levatores Josias Simmler et Anna Leuwin. 1551

Januarii 18. die misi ad Genevam Roberto Stephani commentarium R. Salomonis in Prophetas priores et R. Abraham Aben Ezra in Isajam. Martii 28. coepi vertere R. David Kimhi in Genesim, Domino Roberto Stephani, finivi 8. Aprilis. Similiter 29. Aprilis coepi vertere R. David Kimhi in verba dierum; finivi II Maji. Similiter tunc verti R. Saadiam in Danielem.

In Junio coepit commensalis esse mihi Andreas Heffel, Brutenus usque ad 24 Augusti. Cui impensas dabat Abbas in Aldersbach Joannes Philonicus, cuius erat ludi magister; id posterius didici ex lectione libri Joannis Dugonis Philonii Walperskirchensis. Abiit Basileam 14 Augusti.

Ab Augusta per Caesarem ejecti pastores venerunt ad nos Tigurum. Joannes Mecardus, Joannes Ehingerus, Jacobus Dachser, Joannes Mathsperger, Joannes Heinricus Heldius, Joannes Barcardus.

Prima die Septembris coepi vertere bresit Rabba finivi et 19. Novembris, coepi in Exodum idem Rabba et in Deuteronomium extracta finivi anno 52, 2. Februarii. Anno 52 natus est Conradus 1552

---

[1]) In der That finden sich die meisten der genannten Manuskripte auf den beiden Zürcher Bibliotheken. Vgl. den «Index manuscriptorum Conradi Pellicani in utraque tam Carolina (jetzt Kantonsbibliothek) quam Civica (Stadtbibliothek) Tigurinorum bibliotheca asservatorum», im Anschluss an eine Lebensbeschreibung Pellikans in *Hottinger: Altes und Neues aus der gelehrten Welt*, Zürich 1717, I, S. 52 ff. und den in der Einleitung a. Artikel aus *Gesners* Biblioth. univ.

[2]) Pellikan schreibt am 16. Oktober 1551 an O. Mykonius (s. Siml. Samml.): «consolatur Dominus senectutem meam, quamdiu placet clementiae suae, ex filiola filii elegantissima, nostro judicio (sic!). Speramus et prolem alteram post tres menses. Domini voluntas fiat cum gratia et gaudio sacro».

Pellicanus[1]) nepos, die Januarii 27. hor. 4 post m. Anno 1552, 16 Februarii coepi vertere Rabi Bachai filium Aser in Genesim, integre per Bresith, sed a Noa consequenter excerpsi solum notabilia; idem egi in Exodum a 15 martii, idem in librum Numerorum coepi sed non continuavi. 19. Junii accepi epistolam latinam admirandae elegantiae atque doctrinae ab inclita virgine Jana Graja a familia nobilissima Suffolciensi nata, quae postea tracta ad regnum Angliae post obitum Eduardi regis capite truncata est decima Februarii anno 1554.[2])

1553   Anno 1552, Julii 18. emi domum uff dorff pro 405 florenis, quos successive reddidi usque in annum 1554.

Augusti 26. thermas cum uxore et filio petii ob calculum[3]); 20 septembris redii domum. Vindemia fuit ad 144 urnas.

Kalendis Februarii nata Samueli filia Elizabet hora 9 ante meridiem. In Majo legi omnia opera Theodori Bibliandri secundo. in Junio et deinceps legi omnia commentaria mea in vetus test. et in Ecclesiasticos omnes usque in medium Augusti, postea legi Germanica scripta mea in Genesim, et cetera et in Isajam. Legi etiam Genesim, Germanicum Lutheri commentarium.

Novembris die 12 coepi scribere in Ezechielem germanice. nona Decembris finivi usque ad 40 c. Tertia decima ejusdem coepi in Hoseam, 23. die finivi germanice et cessavi, negotium committens D. Ludovico Lavater, qui continuabit.[4])

---

[1]) s. vorige Anmerkung.

[2]) Ueber das liebliche Verhältniss der edeln Jane Gray zu Bullinger s. *Pestalozzi* a. a. O. S. 444. Ohne Zweifel war es Hooper, der sie auf Pellikan aufmerksam gemacht. Leider findet sich von dem Briefe, den sie an Pellikan geschrieben, nur die Notiz «intercidit». S. Hess (Mscr.) gibt an, die junge Fürstin habe Pellikan um eine kurzgefasste hebräische Sprachlehre und um die Dedikation seiner thalmudischen Arbeiten gebeten.

[3]) In dem soeben angeführten Briefe an Mykonius beschreibt Pellikan den Zustand seines Alters mit folgenden Worten: «Ego quidem raro nunc scribo epistolas, quod fere omnes amici mei olim per Germaniam noti praecesserunt et me expectant statim successurum, quamvis Dei gratia pro tanta aetate LXXIV annorum nihil queri liceat, utcunque accidentia quotidiana ex calculo patiar et integro fere anno scabiem oportunam una tecum passus sim, propter quam bis thermas adii et nunc melius habeo, incertus quamdiu».

[4]) Dies hat nun Lavater nicht gethan, dagegen haben wir in der Ein-

Eodem mense tactus est misere Conradus Licostenes paralisi die . . graviterque laboravit et ad Februarium restitutus utcunque. Anno 1554 in Januario coepi relegere totum Targum in Biblia 1554 a me versum olim et annotavi numerum versuum pro commodiori usu ad hebraica conferenda.

    Martii 25. anno 1554, die Pascae hora 5 post mer. natus est Joannes Jacobus, nepotulus; 28. die Aprilis coepi revidere versum a me commentarium R. Abraham in Genesim, dictum fasciculus Myrhe, quem verteram anno 52 in Octobri usque in Decembrem. Anno autem 1554 secunda Maji coepi vertere eundem authorem in Exodum.

27 Maji coepi ejusdem versionem in Leviticum. 7. Junii in Numerorum, 23. Junii in Deuteronomium, sicque totum finivi opus in Mosen Kalendis Septembris 1554. Decima Septembris coepi vertere secundo capitula Rabi Eliezer, filii Hircani, continentia sententias doctrinae Judaicae, frequenter a Rabinis allegatum opus; finivi 24 Septembris Anno 1554.

Ejusdem anni 6. Octobris coepi historiam regum Israelitarum tempore domus secundae, id est Machabeorum et tandem Romanorum et destructionis Jerusalem. — Junii 23[1]) thermas adivimus ego, uxor, filius, ubi toti sumus cum Conrado Licosthene et uxore sua Christiana usque ad 26. Julii. — 31. die Julii in gratiam Oporini transtuli secundo R. David Kimhi in Hoseam et Basileam misi eidem, quem 8. Augusti finieram. — 18 Septembris obiit Rubiaci sororius meus Theobaldus Wollfhart, consul et quaestor ibidem annis multis.

---

leitung gesehen, inwiefern er sich allerdings um Pellikans literarischen Nachlass bekümmert hat.

    [1]) Die nun folgenden drei Notizen werden wahrscheinlich aus dem Jahre 1555 stammen.

Anno 1556. Paschalibus feriis[1]) obiit Conradus Pellicanus, sacrarum literarum in schola Tigurina hebraicus Professor; in ejus locum successit Petrus Martyr Vermilius,[2]) Argentorato a senatu amplissimo Tigurino vocatus.

---

[1]) 6. April. Fabricius sagt in der oben angeführten Gedächtnissrede über Pellikans Tod und Begräbniss Folgendes: «in suorum complectibus placide et quiete decessit, sicut in omni reliqua vita placida et quieta hujus viri fuerunt universa. Tantum vero sui desiderium civibus reliquit, ut nulla pars civitatis a moerore et luctu sit aliena. Non consules amplissimi, non tribuni fortissimi, non reliqui senatores prudentissimi, non matronae, non puellae, non pueri, non senes a funere et dolore abfuerunt. Hinc tanta pullatorum, tanta atratorum turba. Hinc squalor, hinc situs non vestes modo, sed ora simul et vultus civium occupavit».

[2]) Vgl. *Schmidt:* Peter Martyr Vermigli S. 184 ff. Nach einem Briefe, den derselbe aus Oxford am 31. Mai 1550 an Pellikan geschrieben hatte (Original auf der Kantonsbibliothek in Zürich), waren die beiden Männer in freundschaftlichen Beziehungen zu einander gestanden und hatte Vermigli einst bei Pellikan in Zürich gastliche Aufnahme gefunden.

ANHANG

zu Seite 43.

Pellikans Gespräch mit Capito über das h. Abendmahl im Jahre 1512.

(Aus der oratio historica des Joh. Fabricius, D. 3 ff.)

Libet hoc loco commemorare, propter juniores maxime, quae quinto anno postquam ex Italia rediit, Bruxella acciderunt. Cum enim illac Pellicanus, conventus gratia, qui Spirae tunc agebatur, iter haberet, ad Wolphgangum Capitonem divertit, qui tunc ejus loci regebat ecclesiam. Is Pellicanum, quem pridem familiariter noverat, seorsim ab aliis sciscitaturus aliquid, parumper abduxit ibique eum serio obtestatus est, suam sibi de sacramento corporis et sanguinis Christi dignaretur aperire sententiam. Pellicanus amico veteri tam enixe haec abs se flagitanti non gravate morem gessit. Exorsus autem a rei ipsius difficultate, haec, inquit, quaestio mi Wolphgange me quoque diu multumque exercuit, sed Dei gratia pulchre mihi satisfecisse videor. Ut verum tamen fatear nihilque te celem arcanorum meorum, transsubstantiationis commentum, quod nunc passim in ecclesia dominatur, nullam plane apud me fidem meretur, propterea quod cum prima coenae institutione minime convenit, cum omni denique sinceriori theologia ex diametro pugnet. Christus enim coram in mensa assidebat, nec cum suam quisque portionem carperet, de Christi carne et sanguine quicquam detractum est aut diminutum. Atqui haec non corporis oculis, dicat aliquis, sed spiritu et fide sunt dijudicanda. Sint sane, spiritualis tamen homo dijudicat omnia, et fides non statim quaelibet accipit indifferenter absurda, sed si quae humanae quidem rationi

repugnant, cum verbo Dei tamen recte consentiunt. Qui D. Augustini locum pro suo errore adducunt, quod scilicet Christus se ipsum
in manibus suis gestarit, non animadvertunt, quod simul absurdis
se ipsos constringant. Si quidem enim Christus verum et reale
corpus suum, non potius symbolum corporis (quod Augustinus
tamen sensit) in manibus gestavit, jam Christo affingunt duo simul
corpora natura, proportione, dimensione longissime inter se mutuo
distantia. Si vero, quod D. J. Chrysostomus sensit, Christus
quoque de pane hoc symbolico comedit deque poculo bibit, jam
suum quoque ipsius corpus in se ipsum recondidit. Si tam mon-
strosas metamorphoseis fingere licet, quo temeritas humana non
prosiliet tandem? Eadem nimirum ratione tot animos Christo
affinget quot corpora. Audivi, qui de corpore glorioso subtiliter
admodum, ut ipsis quidem videbatur, mea vero sententia pueri-
liter satis et inepte multa disputarent. Quid enim attinet hoc
loco de glorioso ́corpore disputare, cum postridie, quam coenam
cum suis celebrasset, Christus in passibili suo corpore, quod pro
nobis λύτρον fecit, diros cruciatus tulerit. Quod si autem Christi
corpus passibile simul et impassibile fuit, necesse est duas pug-
nantes qualitates, aut simul in eodem ut dicunt fuisse subjecto,
aut permutatione quadam et alteratione sese mutuo subsequutas,
aut certe singulis qualitatibus singulas fuisse substantias, aut quod
aeque absurdum alterutram harum qualitatum fuisse absque sub-
stantiae. Intelligis Wolphgange quo mea nunc pergat oratio. Si
duae diversae qualitates, passibilis et impassibilis inquam, in unius
Christi corpore, connexione quadam inseparibili, coadunatae fuerunt,
non intelligo, quomodo Dominus per omnia fratribus sit similis
factus, sed nec satis assequor, quomodo alteram qualitatem absque
altera suis dare potuerit. Quod si dicunt has duas qualitates pro
arbitratu Christi, permutatione quadam sese mutuo subsequutas,
ita ut liberum fuerit Christo modo hanc modo illam assumere aut
deponere, haec quoque transsubstantiationis figmenta nihil omnino
suffragantur. Constat enim Christi corpus eodem momento, quo
panem et vinum inter suos distribueret, omnibus in mensa con-
spicuum fuisse ea dimensione et quantitate, qua primum accubuerat.
Huic ego cogitationi, mi Capito, cum non nihil indulgerem,
incredibile dictu est, quam variae sese animo meo ostenderint

imagines monstrosae omnes et valde absurdae. Scholasticis ergo sophismatis valere jussis, ad eam theologiam me contuli, quae sacris literis continetur aque purioris ecclesiae consensu non abhorret. Nec ideo de sacramento hoc perperam sentio. Sic enim judico, corpus et sanguinem Christi in sacramento hoc non quidem carnaliter aut realiter, ut nunc loquuntur (hoc est corporaliter) sed sacramentaliter, id est modo rationeque sacramentis usitato et familiari ahiberi credentibus. Habes Wolphgange meam de sacramento sententiam, quam precibus tuis tantopere a me contendisti. Ad haec Pellicani verba Capito mirifice affectus dicitur, adeo ut singularem prae se ferret voluptatem, quam non verbis tantum, sed vultus quoque figuratione non obscure declaravit. Maximo, dicebat, Pellicane me perfudisti gaudio, qui sententiae ejus, quam pridem veram deprehendi, premendam tamen occultandamque duxi, tantisper dum cum majore fructu foras aliquando emanaret, te socium et patronum cognoverim.

PERSONEN-REGISTER ZUM CHRONIKON.

BERICHTIGUNGEN UND ZUSÄTZE.

Seite 2, Anm., Zeile 3 von unten streiche man: sich.
Seite 2, Zeile 12 von unten statt prime lies primo.
Seite 3, Zeile 3 von oben statt atatis lies aetatis.
Seite 4, Zeile 2 von unten statt filii lies fili.
Seite 6, Zeile 17 von unten statt cedes lies aedes.
Seite 8, Zeile 5 von oben statt postratus lies prostratus.
Seite 9, Zeile 11 von oben statt Opidium de nuce lies Ovidium de nuce a.
Seite 10, Zeile 5 von oben statt ab lies ob.
Seite 10, Anm., Zeile 2 von unten statt Gofmann lies Hofmann.
Seite 11, Zeile 15 von unten statt Cumbardo lies Lumbardo.
Zu Seite 13, oben, verweise ich nachträglich auf Hains Repertorium Nr. 12493.
Der erwähnte Buchdrucker hiess Joh. Ottmar.
Seite 13, Marginalien, Zeile 6 von unten statt Scriptores lies Scriptoris.
Seite 14, Anm., Zeile 9 von unten statt besten lies sonst so.
Seite 15, Zeile 1 von unten statt opportunitatis lies opportunitas.
Seite 17, Zeile 4 von unten ist zwischen esse und z ausgefallen: h, subjectum
　　punctum esse a, sequentem litteram esse —
Seite 19, Zeile 4 von unten statt הפתג lies המתג.
Seite 20, Zeile 8 von oben statt fervorum lies fervorem.
Seite 20, Zeile 12 von unten statt te lies et.
Seite 20, Zeile 11 von unten statt Staatim lies Statim.
Seite 21, Zeile 12 und 17 von unten statt קעת lies קצת.
Seite 22, Zeile 5 von unten streiche man: audiens.
Seite 24, Marginalien, Zeile 5 von unten statt -ceptores lies -ceptoris.
Seite 26, Zeile 5 von unten statt Calio lies Calw.
Seite 28, Anm., Zeile 3 von unten statt † lies I.
Seite 29, Anm., Zeile 2 von unten statt arig lies virg.
Seite 31, Zeile 2 von unten statt Autunensis lies Xantonensis.
Seite 32, Zeile 3 von unten statt Loccern lies locum.
Seite 33, Zeile 17 von oben statt cepit lies coepit.
Seite 37, Zeile 10 von unten statt referent lies referrent.
Seite 39, Zeile 9 von unten statt peum rimum lies eum primum.
Seite 40, Zeile 12 von oben statt anxio lies anxia.
Seite 41, Zeile 1 von unten statt Mulbrumiensis lies Mulbrunnensis.

196

Seite 42, Zeile 2 von unten streiche man den Punkt am Ende der Zeile.

Seite 50, Zeile 16 von oben und Seite 51, Zeile 3 von oben: Die beiden hier genannten Clarissenklöster Pfullingen und Sefflingen kommen auch in der Korrespondenz vor, die Pellikan mit Blaurer anlässlich der Berufung nach Tübingen führte; Blaurer schrieb an Pellikan, wenn er sich nicht zu definitiver Annahme des Rufes entschliessen könne, so solle er ihnen doch wenigstens für einen Monat bei der Reformation des Pfullinger Klosters helfen. Hierauf antwortete Pellikan mit einer ermahnenden Epistel an jene Nonnen und bat Blaurer, dieselbe auch nach Sefflingen zu schicken: ibidem enim et ego notus sum sicut Pilatus in Credo. Sefflingen lag auch Eberlin sehr am Herzen. Vgl. unsere Monographie, S. 200.

Seite 52 sind in der Anmerkung die Nummern 7 und 8 umzustellen.

Seite 65, Zeile 10 von unten statt veteram lies veterem.

Seite 75, Zeile 3 von unten sagt Pellikan ohne weitere Motivirung, Adam Petri habe Luthers Schriften nachgedruckt usque ad annum vicesimum quintum. Dies findet seine Erklärung in einem Beschlusse des Rathes vom 12. Dezember 1524 (zu finden in dem in der Einleitung citirten Hefte des Staatsarchivs), wonach alle Drucker der Stadt Basel «hinfür nichts sollen lassen trucken oder selb trucken weder latin hebreisch kriechisch oder tütsch, sunder das zuvor unnder die herren je zur zyt vonn einem ersamen Ratt der statt Basell darzu verordnet, besichtigen lassenn, unnd so innen das von denselbigen verordneten herrenn zu trucken zugelossen, sollenn sy ieren Namen darunnder ze trucken verbunden, und welcher solches ubersicht furgott das nit halten wurt sol je nach sinem verdienen vonn einem ersamen Ratt der statt Basell schwerlich darumb gestrafft werden, hynach wyssen sy sich zu richten. Inen ist ouch solches erkanntnus uff obvernempten tag offenlichen vor Ratt gesseit wordenn. Und sind dise hernach geschribene herren harzu verordnet worden: Her Adelberg Meyger alt Burgermeister, Her lux Zeygler alt oberster zunftmeister, Der Stattschriber.»

Seite 84, Anm. 1. Ueber eine im Jahre 1527 abgehaltene Disputation dieses Corbach mit F. Mykonius vgl. Herzogs Real-Encykl. X, 139.

Seite 105, Zeile 14 von unten vgl. *Stockmeyer und Reber*, a. a. O. Nr. 227.

Seite 163, Zeile 11 von unten ist ausgefallen: Samuel et Theobaldus adierunt Sultz et redierunt.

Seite 170, unten: Den Reisenden gab Pellikan ein Empfehlungsschreiben mit an seinen Freund Petrus Merbelius, kaiserlichen Sekretär in Mailand. In demselben klagt er über seine und seiner Kollegen schwierige Lage: sie müssten nach allen Seiten Front machen, links gegen die Papisten, rechts gegen Luther.

Seite 175, Zeile 6 von unten ist ausgefallen: Mathia Peherdinger, Richmůt, Jacobo Röst, Jo. Gesner, Jo. Meyer.

INHALTSVERZEICHNISS.

EINLEITUNG.

A. Litterarisches.

B. Biographisches.

CHRONICON C. P. R.

ANHANG.